始終在經驗中實事求是

英吉利的智慧

陸偉芳、余大慶　著

前言 FOREWORD

始終在經驗中實事求是

我們堅信，生產力的發展是社會發展的根源。但是，在生產力發展到一定水平時，為什麼有的民族走上了資本主義道路，有的民族卻長期滯留於封建社會，資本主義萌芽始終無法成長、開花結果呢？還有，走向現代化的道路，為什麼有的民族是那麼一帆風順：政治穩定、經濟騰飛、社會進步，有的民族卻動盪不安、大起大落、曲曲折折呢？毫無疑問，在生產力這個根本因素之外，民族的文化心理和思維方式也從深層決定著民及其社會的歷史走向。

英國就是那率先敲開了通向現代世界大門的民族：它把全世界從農業社會帶進了工業時代；它通過平穩的政治改革，逐步建成了一般形式上的高度民主，為西方資本主義民主制度樹立了樣板；它求實與理性的民族性格奠定了科學思維的基礎，從而推動了人類社會的科技發展。這說明英國民族自有其獨特的思維能力和行事技巧──這就是我們要討論的英吉利智慧。

這是一個人類文化學或社會學的課題，但我們不免要過多地涉及到歷史，因為人們看待事物、處理問題的方法是在一個相當長的時間裡形成的。民族智慧作為民族文化最本原性的內核，是每個民族面對生存與發展的處境和問題時形成的獨特思

路和行為方式，它是每個民族獨特的生活環境和歷史遭際的產物。

英吉利是個海島民族，這個島與歐洲大陸只有一水之隔，它的西部和北部群山起伏，朝向大陸的東部和南部卻地勢平緩，散布著一望無際的丘陵和水勢緩慢的河流。因此不管是商人還是海盜，是傳教士還是征服者，都可以輕而易舉地踏上這塊土地。儘管如此，英吉利海峽畢竟提供了一道天然屏障，使這個島國與大陸文明相對隔絕。島上的居民對大陸上的權力易手、信仰變化乃至各種時尚並非無動於衷，但是，他們對來自國外的每一種習慣和原則都作出獨特的改動，蓋上自己的印記。

這個島曾經是羅馬帝國的一個行省，吸收了羅馬的典章制度，甚至在基督教還沒有成為帝國的國教時，它就開始接受了大陸傳來的早期基督教，但又使它帶著那麼一點督伊德教的痕跡。後來聯繫中斷，它在中世紀的劇烈動盪中任憑沈浮。在它的新主人撒克森人逐漸皈依之後，它又回到了基督教世界；可是幾乎又被丹麥的異教徒拖出這個世界；它取得勝利，獲得統一，卻已經精疲力盡，只能是幾乎毫不抵抗地屈服在諾曼底征服者的腳下。它似乎淹沒在龐大的天主教封建制度中，可是又以它自己特有的英姿重新屹立於世界，成為新教的保護者和新制度的嘗試者。它在征服與反征服的鬥爭中鍛鍊了捍衛自由的勇氣，於是敢於反抗每一個踐踏自由的暴君。它的文化和語去日既非純粹拉丁化，也不全是日爾曼化。它有一整套習俗，有的是從羅馬法典中摘出的法律格言，有的是丹麥人或他們之前的盎格魯—撒克森人帶來的規矩；不管這些習俗的淵源所出，它們都在爐火鍛造中形成了英吉利習慣法。

於是，我們看到在十三世紀的英格蘭就產生了大憲章，也

產生了早期的國會。而到十五世紀末，當西歐其他國家仍然保持著羅馬法和羅馬統治制度的特徵和傳統時，在英格蘭就已建立了一套法律原則和幾乎可以稱為「民主精神」的原則。這些原則經受了動亂以及法國和西班牙帝國的衝擊，伴隨著王權的消長和失敗，國會、陪審團制度、地方自治以及新聞自由的萌芽茁壯成長。

到十八世紀，傳統社會那種社會束縛已經鬆動，個人的進取精神得到默認，精神的加鎖解除了，國家對人民的控制放鬆了，英國人於是自豪地宣稱他們是當時世界上最「自由」的國家。「自由」鼓勵著人的創造力，也鼓勵著社會需求，於是「快樂的英格蘭」（科貝特語，指產業革命前的英國社會）那無盡的商業需求以人的創造力為媒介，把社會生產力這個被縛的「普魯米修斯」從北海之隅這個小島上釋放出來，英國率先進入了工業化社會。

在這個過程中，英國獨有的政治、社會結構和宗教意識在特定的歷史環境下推動了英國人的謀利動機沿著合理化的渠道發展，由此形成獨特的工業精神（Industrial Spirit）。而工業精神的形成又反過來加速了現代化的進程。這種相互作用的結果，就是工業革命的爆發和完成。工業革命的成功，又為英吉利民主精神的發展提供了新的物質基礎，通過一代代英國人的努力，最終把一個貴族寡頭制的議會改造成高度民主形式的資本主義議會民主制。

民主精神和工業精神只是英吉利智慧中輝煌的兩個方面。英吉利智慧是英國人從本國的土地、四周的海洋、氣候以及自己的歷史遭際中總結提煉出來的。英國人是誰？他們是洶湧怒濤中一連數周等待風浪平息的遠航水手，是在惡劣氣候和貧瘠

土地上奮力耕作的農夫，是在世界各地活動的冒險家和在強敵面前毫不退縮的士兵。艱苦的生活和嚴峻的國際環境（古代面臨數次異族征服，近代又先後與西班牙、荷蘭、法國等國家交戰），使英國人養成了勇敢、機智、耐心、目光遠大、堅韌不拔，善於自我克制的美德。實際上，英吉利民族在漫漫的歷史長河中一直傳承著一種冷靜理智的求實精神，在惡劣的環境中不怨天、不尤人，只求助於自己的智慧和力量。

早在蒼茫的遠古時代，不列顛島上就矗立起相當於日晷的巨石之林，這是衡量人類在地面活動的一種有用的工具。如果說器物是以一種物化的語言詮釋著民族的智慧，這群「巨石紀念碑」不正說明了一種「實用主義」精神？於是我們看到，在中國人利用加熱的氣流作為動力來源，製造了「走馬燈」以供玩賞的若干世紀後，並沒有閒情逸致追求玩樂的英國人重新從燒開的水壺中發現了這個奧祕，但卻用來建造了切合經濟發展需要的動力裝置——蒸汽機；這個發明不僅增加了英國人的財富，而且作為人類用自己的智慧釋放出一種自然界潛藏力量的第一次成功的嘗試，使人類受到鼓勵，不斷探索，相繼釋放出電能、核能、化學能……

當英國的工業還是十八世紀初的那種手工業時，它也沒有製造什麼奢侈品，而是為農業製造生產工具，或者為日常生活製造又需品。我們看到，當貴族的奢華刺激著巴黎的化妝品和義大利的裝飾金銀業時，英國的貴族卻鼓勵航海和造船，向海外開拓商業市場，為增加財富而在傳統的生產工具和日用品製造的同時製造大量出口商品。這種實用主義精神使我們看到，在西班牙人對殖民地一味擄掠以供自己揮霍享樂時，英國人卻能把它作為原料產地和商品市場加以利用，以完成其資本的原

始積累。

　　實用精神反映到社會政治、文化生活中，使英國人能夠既像法國人那樣酷愛自由、敢於鬥爭，又能為避免太多的罪惡藉自由以行（法國羅蘭夫人語）而冷靜地自我克制，尊重社會權威和秩序，避免了法國那樣綿亙百年的劇烈社會動盪；使英國人像德國人一樣尊記守法，卻不像德國人那樣刻板僵化，那樣迷信和盲從各種權威和超人。他們善於利用傳統，既高揚之，又革新之，於是以其特有的民族智慧「舊瓶裝新酒」，讓舊的傳統形式適應新的時代內容，使社會的發展進步免於在動盪中實現，而不是因為一時被傳統束縛了手腳，就意氣用事，怒而與傳統「決裂」。他們聰明地認識到：決裂是無法實現的，因為傳統並不虛張聲勢，而是不知不覺地影響著每一個人。

　　就是在民主精神和工業精神中，我們也不難看到這種實用精神的影子。實用精神還體現在英國的外交傳統中，這就是那種均衡外交，有時甚至是綏靖外交（以安撫手段使局勢安定，又稱為姑息主義）。它不講僵硬和虛偽的道義原則，「既沒有永恆的敵人，也沒有永恆的朋友」，只有永恆的民族利益。正是部分地由於這個原因，英國被大陸上的人們稱為「背信棄義」的民族。

　　實用精神並不只是積澱在英吉利民族的潛意識裡，通過其經濟、政治等社會實踐才得以體現；它更是英吉利民族的學術傳統，是其傳統的理論思維方式。這裡最明顯的証據莫過於：當德意志沈湎於抽象玄虛、純粹思辨的哲學（這樣的思辨哲學早就被培根批評為「的確在構造學術之網，其精巧的絲線和作品令人讚歎，但卻毫無用處。」）時，英吉利卻在構造直接研究國計民生的經濟學大廈。舉凡在世界經濟學說史上占有重要

地位的學者，從威廉・配第、亞當・斯密、李嘉圖到馬歇爾、凱恩斯……絕大多數是英國人。就是在哲學領域，英國實用和求實的思維方式也同樣造就了毫不遜色於一般思辨哲學的從經驗主義、實驗主義到摒棄龐大思辨體系的現代分析哲學的另一種偉大傳統。甚至當代反對經驗証實標準的波普爾，仍然離不開由求實精神導致的經驗主義傳統（他提倡的是經驗証偽）。

正是這種不迷戀虛玄的思辨而執著實在的經驗思維方式，才奠定了科學的基礎，使人類社會的科技進步得以大踏步地實現。這種思維傳統甚至早就影響了英國文學，所以它不是那種抒發主觀信念和闡述抽象理念的「席勒式」❶傳聲筒、又學，而是冷靜地觀察人生、分析世界的「莎士比亞化」的實踐性、經驗性文學，是一種生動形象、真實可靠的人生哲學。

恩格斯曾公允地說：「英國的政治活動、出版自由、海上霸權以及規模宏大的工業，幾乎在每一個人身上都充分發展了民族特性所固有的毅力、果敢的求實精神，還有冷靜無比的理智。這樣一來，大陸上的各個民族在這方面也遠遠地落在英國人後面了……能夠與英國文學媲美的恐怕只有古希臘文學和德國文學了。在哲學方面，英國至少能舉出兩位巨匠——培根和洛克，而在經驗科學方面享有盛名的則不計其數。如果有人問，貢獻最多的是哪一個民族，那誰也不會否認是英國。」❷

---

❶ 「席勒式」和「莎士比亞化」作為文學理論的兩個範疇，是馬克思在一八五九年四月十九日致斐迪南・拉薩爾的信中首次提出的。見《馬克思恩格斯全集》第二十九卷第五七四頁。

❷ 《馬克思恩格斯全集》第一卷第六七九頁。

是的，誰也無法否認，在作為「世界公民」的愛因斯坦之前？最偉大的科學巨匠是英國的牛頓。對事實進行實事求是的科學觀察與分析，以求貴用，是英國人據以行事的依據，也是這個民族自己極為珍視、幾乎帶著宗教一樣虔誠的心情來看待的精神財富。

　　英國就是憑藉這種以合理、求實為特色的民族智慧，通過民主精神和工業精神的確立和影響，去解決民族的生存和發展這兩大問題的。於是，它闖出了一條避免動亂損害人們的生命財產，從而代價最小的現代化道路——漸進發展之路。這是一種持續、穩定、高速有效的發展模式，在政治穩定中實現了經濟的騰飛和社會的進步。毫無疑問，對於一切渴望現代化而尚未現代化的發展中國家，要解決能否不被「開除球籍」的生存問題，這樣一種獨特的發展道路和民族智慧是非常值得大家所借鑑的。我們之所以不憚鄙陋來探討英吉利智慧，其初衷也就在此！

目錄 CONTENTS

Chapter 1
人不是驢子：自由和自律的智慧

不可侵犯的個人天地和沈默寡言的民族

我們先從現代英國人的習俗來透視其自由的權利觀。

西方有一句諺語：「英國人的家就是他的城堡。」它生動地道出了英國人在自己家裡所擁有的不受別人干擾的自由和權利。英國人特別看重每個人自己的「個人天地」（privacy）（這是一個含義十分豐富的詞彙，英國人常把它掛在嘴邊），故此，他們理想的住宅是遠離鬧市、孑然獨立、曲徑通幽的別墅。如果有鄰舍，就要籬笆相隔，綠樹蔭窗，使室內人的生活起居、社交往來不為外人所知。鄰居推門直入、熟人未經約定就逕來拜訪，都是對人家生活的干擾，是非常失禮的舉動。甚至沒有什麼重要的事由或在不適當的時間給人家打電話，也都是干擾了別人的「個人天地」。由於這種緣故，在英國，市區公寓式的大樓一直不太受歡迎。有較多經濟收入的人總喜歡到郊區購置一所獨立或半獨立式的小樓居住。

英國人不僅忌諱別人闖進他的生活，而且凡是他不想主動

告訴別人的事，即使不是什麼難言之隱，也都屬於他的「個人天地」，不願旁人打聽。就像他在家裡做些什麼，跟什麼人來往，家庭關係怎麼樣，收入多少，屬於哪個黨派，選舉時投誰的票，乃至他吃些什麼，是不是喜歡喝酒等等，都不是一般人所應問的問題。如果問了，便是失禮，很可能自討沒趣。就因為如此，英國人一般不經介紹，不輕易與人搭訕。據說有這樣的事：兩個人同住倫敦郊區，天天搭乘同一列火車進城上班，長達十五年之久，竟從來沒有交談過一句話。英國人喜歡參加各種俱樂部，有人常年到俱樂部消遣時光，但在那裡卻不與人交往，每天把酒一杯，獨坐一隅，不發一言。而為了獲得這個「權利」，他每年要交幾十甚至上百鎊會費！

因此，英國人內向而含蓄。在英國，「一見如故」的事，可謂絕無僅有。事實上，跟一個英國人剛剛認識就海闊天空，滔滔不絕，會被認為是一種失態的表現。即使相識已久，英國人恐怕也不會像美國人那樣向你訴說他的個人私事。一位法國作家在談到與英國人的交往時寫道：「你還沒有摸清交情的深度，就別說得太多。在法國，如果你使談話倏然中止，便是失禮；可在英國，如果你怕冷場而一個勁地高談闊論，則是冒失……要是你非說出心裡話不可，那只能得到漠然相向的洗耳恭聽，讓你唱『獨角戲』。」

可能就是因為不輕易「談心」，英國人變成喜歡「談天」的民族。兩個人相遇，可能互問安好，也可能是一個說：「今天天氣真好！」另一個回答：「可不是，太好了！」對天氣的簡短評論，成了熟人之間互相致意的客套話。在社交場合，談論天氣更是一個重要話頭。有的人說起陰晴風雨來通今博古，從個人感受到歷年紀錄，能口若懸河，滔滔不已。故而有人說，「談天」是英吉利民族的主要消閒方式。英國的天氣也確

實特殊一點，一年之中有半年是**斷斷**續續的陰雨天；倫敦曾是著名的「霧都」，天氣有時一天四變。所以英國人談天時極少讚頌，一般總是埋怨。初來英國的外國人會以此為怪。有人曾這樣寫道：「英國人對天氣喋喋不休，埋怨不止，好像他們壟**斷**了全世界的壞天氣。」但過不了多久，這位異鄉來客就會發覺自己也不知不覺加入了「談天」者的隊伍。

有人說英國人性格冷漠，可能跟不列顛島陰沈的天氣有關。這或許有點道理。但如果說英國人的性格只有冷漠的一面，那就是不公正了。實際上，英國人有時也表現得感情奔放、熱情洋溢：足球場上**贏**得關鍵一球，隊員們會互相**擁抱**，喜形於色，觀眾們更是欣喜若狂，大呼小叫。遇有王室慶典，群眾則**麕**集街頭，事先為了獲得一席立足之地而夜不安寢。劇場裡，觀眾看完精彩的演出，會報之以經久不息的掌聲和歡呼聲……只是，英國人熱情、奔放的一面，我們一般只能在公眾場合見到。英國人個人之間的交往則往往以感情不外露為多。甚至，初次見面的兩個人，要不要握手，誰先伸手，都有講究。至於說兩個男人在大庭廣眾之下互相**擁抱**，在許多地方如東歐、阿拉伯和拉丁民族等都是友好的表示，在英國卻是天大的笑話。甚至一個成年男子去吻一個英國小男孩，都會使這個小男孩覺得很不自在。

由此觀之，英國人內心深處未必「冷漠」，其冷漠的外表，其實是由英國人強烈的個人權利觀所造就的，是為了能最大限度地享受不被別人干擾的個人自由。一般來說，今天，這種個人私事權的觀念已為西方文明社會所接受。在西方，這種不相互干擾，崇尚個人獨立的精神，大大減少了人們在無聊的爭鬥中被傷害的可能性，使人們得以把所有的智力和精力用於事業，從而更能獲得成功。

撒克森貴族民主和丹麥個人主義

今天英國人是那麼熱愛個人自由、珍視個人天地，那麼富於獨立精神，這難道僅僅是由於近代以來資產階級個性自由和利己主義世界觀流行的緣故？民主精神首先在英吉利確立，難道就沒有民族文化的傳統淵源？

今天的英格蘭人是撒克森人的後代，而野蠻的撒克森人乘各種簡陋的小舟破浪而來的時候，也帶進了日耳曼部落的原始民主制。那時的情形，據英國史學家J‧R‧格林的描繪，是這麼一副樣子——

> 村裡的大部分宅第屬於自由民或最底層的自由民；其中一些較大的宅第屬於出身比較高貴的自由民，這些人世世代代受到尊重，在戰時和太平時候，全村的首領都是從他們當中選出的。但是，村民的這種抉擇完全是自願的；出身比較高貴的人在法律上沒有享受半點特權。❶

因此，當他們建立國家時，自然就採用了貴族民主形式的政治制度。八世紀中葉，英國史上第一個大霸國麥西亞國王埃塞爾巴德首創「賢人會議」，後來「賢人會議」制推廣到南部各國。英吉利民族英雄阿爾弗雷德大帝就是由賢人會議撇開前王的兒子而擁立的。大帝優秀的兒子「長者愛德華」統一了英格蘭，大帝的孫子埃塞斯坦把賢人會議開成最有代表性和最有權威性的貴族代表會議，使其在維護國家的統一中起了積極作用。撒克森時代後期，當國家發生危機時，賢人會議的權力不

---

❶　格林：《英國人民簡史》（倫敦一八七四），第四頁。

受限制。國王出缺時，它有選舉後繼者的權利，不但繼承的次序可以變更，而且安排哪個家族來繼承國家權力也可任意挑選。近代議會民主為什麼首先在英國產生？賢人會議的歷史影響不能不說是文化傳統上的一個因素。

撒克遜時代，丹麥人入侵的陰影一直籠罩著英格蘭。然而丹麥人的權利觀也同樣富有自由色彩，而且對後來英吉利的民族性格產生了深遠的影響。九世紀的最後二十幾年裡，儘管還有部分丹麥人企圖征服英格蘭，但另一部分人則希望在已經控制的地區安居樂業，於是東英吉利有了一片丹麥區（即實行丹麥人習慣法的地區）。這些定居者由航海者變成了士兵，又由士兵轉為自耕農。他們保持著獨立思想，只有在性命攸關的時刻或重大問題上，才步調一致地遵守紀律。這種協調一致和紀律性是他們昔日海上生活的命脈。他們除了共同防禦之外，不對任何人承擔義務。他們用自己的劍奪來了這片土地，因此只忠於能保住土地的軍事組織。隨著時間的推移，他們逐漸忘卻了海上生活，忘卻了戎馬生涯，只關心田地——自己的田地。

他們喜歡田園生活的安閑，厭棄海盜生涯的流離顛沛。他們還同當地的英格蘭土著逐漸建立了和諧自然的關係。這些富有活力的個人主義者、獲勝的高傲武士的血統從此和島上的民族結合起來，使這個民族增加了一種活躍、強壯、持久而能復甦的特性。

就像數量較少的特殊金屬合金能提高鋼的硬度一樣，這種以土地私有制為基礎的強烈個人主義傾向，後來不僅對英格蘭人的性格，而且也對英格蘭的政治事務產生了長期的影響。我們注意到，不可一世的征服者威廉死後下葬時，有一個名叫阿斯林的平頭百姓竟膽敢前來干涉，叫喊說腳下這塊地皮是威廉從他的父親手裡奪去的，他在眾人面前要求惶恐不安的教士主

持公道。後來他得到了六十先令，戰功赫赫的國王才得以寒酸的入土。後來當亨利二世制定法律，建立皇家法院時，他也不得不遵從包括丹麥人習俗的傳統習慣。當時，這些堅韌不拔的丹麥裔農民的後代不僅已是自食其力的農民，而且地位也遠不如他們的祖先，但是他們仍然非常自信。在定居後的三百年裡，淒風苦雨並沒有消磨掉他們的堅強意志，也沒有淹沒他們對自己「祖先所征服的土地」的感情。

後來的歷史學家 F，斯坦頓說：「東英吉利仍然保持著丹麥人的影響。遠在諾曼底人征服之前，那裡就發展起獨特的鄉村社會形式。在這種社會中，保留了許多斯堪的納維亞的特點，自由農也成功地抵制了當時的田產莊園化趨勢。」❷

英吉利的怪人們

大文豪莎士比亞有句名言：「人不是驢子，誰甘心聽人家使喚？」（《錯中錯》）大概是因為太推崇個性自由的緣故吧，英吉利民族盡出些桀驚不馴的人物，英吉利成了出產「刺兒頭」的肥沃田地。但誰也無法否認，這些人物往往是享有一定歷史地位的英雄。

十八世紀下半葉的文壇領袖、高水準的《英文辭典》編纂者S·約翰遜就是這樣一位人物。在《英文辭典》剛剛問世不久，有一天，兩位面孔一本正經的老婦人來拜訪他，彬彬有禮地對他說：「您的辭典中沒有一句污穢的詞條，我們感到很滿意。」所謂污穢的詞條，是指有關「性」的語句。於是約翰遜

---

❷ 《英語國家史略》，第一一一頁。

帶著英國人特有的那種輕描淡寫的幽默感，也一本正經地回答：「因為全然沒有污穢的詞條，所以你們正在尋找。」

約翰遜在這部辭典中坦率地表明了許多並非正統的一己之見。他反對物品稅，於是就這樣給它下定義：「國家課收的不正當稅金。」關於公務員養老撫卹金，他的解釋是：「為了出賣國家而發給政府職員的薪金。」

約翰遜小時候很窮，買不起鞋，只能打著赤腳上學。可是誰要是偷偷地在他家門口放一雙鞋，他會憤怒地把它一腳踢開。晚年他聲譽鵲起，政府為了表彰其業績而發給年金，他就像過去反對公務員養老金一樣反對它。無奈最終由於貧困，他又不得不懷著謝意接受下來。

約翰遜以極其淵博的知識進行各種各樣的科學實驗，甚至在重病時還以自身為實驗對象。有天夜裡，他突發了輕度腦溢血，當他醒來時，已經不能說話了。為了辨明一下自己的精神狀態，他就用拉丁語做祈禱，禱文在嘴裡翻來覆去重複好幾遍，然後再把它寫進文章看是否準確。結果經驗証明，準確無誤。就一般陷於語言障礙的人來說，使用語言的機能將會產生很大的缺陷。但後人把約翰遜病發前與病發後的文章用電子計算機進行分析，其句讀及文法卻毫無二致。他這種頑強精神和堅定信念感動了眾多的英國人，贏得全體國民的敬愛。

約翰遜是頑強的文人，英吉利更有不馴的武士。海軍統帥納爾遜在拿破崙戰爭中建立了殊勛，今天他的名字是「勇氣」的代名詞。當他還是一位艦長的時候，就表現了敢於懷疑權威的勇氣。在一次激烈的海戰中，艦隊司令官發出「中止戰鬥，全艦撤退」的命令，他卻全力反對。當被告知旗艦已經懸掛撤退的信號後，納爾遜艦長無可奈何地改變了航線。他把望遠鏡貼近那隻瞎眼，環視著四周，故作奇怪地說：「我怎麼沒看到

撒退的信號呢？」今天，頂端刻著納爾遜缺隻胳膊少了右眼的雕像的紀念碑柱，在英國有好幾處。

「阿拉伯的勞倫斯」更是一位傳奇式的英雄。一九八九年迦納電影節為紀念他的一百周年誕辰，上映了二百十六分鐘的同名影片（由彼得·奧圖主演），一時成了熱門話題。我們只要看了這部影片，就會被他的魅力所傾倒。

勞倫斯懂希臘語和阿拉伯語，是一位考古學家。第一次世界大戰中參加了陸軍，並被提升為中校。英國為保住西奈半島的石油命脈，派他去煽動阿拉伯各族起來反抗奧斯曼帝國。他單槍匹馬說服了阿拉伯部落各族首領，開展游擊戰，攻占了土耳其人的要塞，成了阿拉伯的英雄。他被俘後，在敵人的拷打侮辱之中，得知自己只不過是英國利益的工具，其使命根本不是為了阿拉伯的獨立自由。英國人桀驁不馴的性格使他不惜與阿倫比將軍對立，努力籌建阿拉伯人的聯盟。當然，這種不符合英國利益的叛逆行動是不可能得到支持、取得成果的，他只好快快離去。戰後，他出了好幾本書，並著手翻譯荷馬史詩。在他看來，以往這些史詩的英譯本都是一些未曾經歷過野蠻、戰爭和航海的學者們所翻譯的，自然不如在中東作戰過的他，來譯得傳神。

其後，他以假名申請當兵，並被皇家空軍錄取，因事情暴露而被迫退役。但他並沒有因此罷休，又一次改名換姓，應募當兵。這一次當局給了他特別的方便，直接通過了空軍訓練過程，被送到高速機設計研究部。

最後，他因車禍而喪生。

勞倫斯是個集紳士、學者和軍人於一身的傳奇人物，一生跌容起伏，最後終於贏得了廣泛的敬仰和推崇。

約翰遜、納爾遜和勞倫斯都絕不是什麼「搗亂專家」，但

只要他們認為有必要，就對權威公然進行反抗。儘管如此，他們又都成了既成權威的象徵。這樣的事情，在英國偉人的生涯中比比皆是，比如諾貝爾文學獎金獲得者蕭伯納，比如偉大的學者羅素……

羅素的一生不像前面三人那樣富於傳奇色彩，但其活潑的個性同樣鮮明而獨特。他一生直言快語，從不韜晦。他滿懷政治熱情，可他不願消磨自己的個性以媚俗，因此兩度競選均遭敗北。儘管如此，卻絲毫不影響他的政治熱情。而且他對國會中那些睡眼惺忪的貴族一向鄙視。他一生毀譽頗多，上過法庭，坐過大牢，登過報紙，上過電視。他和妻子辦的比肯山學校就曾因好事者的流言蜚語而搞得滿城風雨，一些著作也為道學先生所痛詆。然而他仍然獨往獨來，不碌碌隨波，不唯唯苟合，不津津於現世名利的沽釣，既得的名望也不能束縛他的口舌和手腳。當他由一位叛逆者成為一位受人尊敬的長者時，他並不受寵若驚，反而為自己受到的這種景仰說了句頗堪玩味的話——

> 我常常認為那些受人尊敬的人乃屬惡棍、無賴之流，於是我每天早上都惶惶然對鏡自視，看看自己是否已經變成一副惡棍、無賴的嘴臉。

正如一位英國作者所說：「面對嘲笑，唯恐失去名聲而絕望的人，在歷史上屢見不鮮。而英國的怪人們卻有勇氣堅持走自己所選擇的道路，置百萬群集的敵意和嘲諷於不顧。英國人對於那些甘於排斥眾人意見、獨樹一幟的人總是給予很高的評

價。」❸

有一則小故事就說明了英吉利民族對這種獨立精神的推崇。這則題為「真正的勇氣」的故事談到三名海軍上將談論什麼是真正的勇氣。

　　德國將軍說：「我告訴你們什麼是勇氣。」說完，他召來一名水手，「你看見那根一百米高的旗杆嗎？我希望你爬到頂端，舉手敬禮，然後跳下來！」德國水手立即跑到旗杆前，迅速地爬到頂上，漂亮地敬了個禮，然後跳了下來。

　　「喝，真出色！」美國將軍稱讚說。接著他對一名美國水兵命令說：「看見德國人的勇氣了嗎？我要你爬那根二百米的旗杆，敬禮兩次，然後跳下來。」美國水兵非常出色地執行了命令。

　　「啊，先生們，這真是一次令人難忘的表演！」英國將軍說：「但我現在要告訴你們，我們皇家海軍對勇氣的理解。」他命令一名水手：「我要你攀上那根高三百米的旗杆頂端，敬禮三次，然後跳下來。」

　　「什麼，要我去幹這種事？先生，你一定神經錯亂了！」英國水手瞪大眼睛叫了起來。「瞧，先生們，」英國將軍得意地說，「這才是真正的勇氣。」

正因為有了這種「真正的勇氣」，英吉利充滿了敢於「第一個吃螃蟹的人」，整個民族洋溢著一種首創精神。

現代社會的文明成果，有很多是英國人首創的。大而言

---

❸　麗月塔：《紳士道與武士道》。

之，如工業革命（以後在科技革命中，英人亦功不可沒）、議會民主制、經驗科學、福利國家……小而言之，珍妮紡紗機、瓦特蒸汽機、火車，乃至第一枚郵票、第一台電視機……等等。甚至連第一家公廁都是英國人創建的，這就是一八五二年建造在倫敦一條無名小街九十二號的一家不起眼的公廁；它正牆上的菲律賓紅木現已斑駁陸離，側牆也出現了條條裂縫……但凡是對人類文明有所貢獻者，人們是不會忘記的，因此一九九二年新年伊始，不少倫敦市民前來參觀，紀念它建成一百四十周年，使它成了倫敦城的一個「旅遊熱點」。

據稱，這所「世界第一公廁」的創辦人是倫敦人塞繆‧派托和亨利‧科爾。前者正是因設計那位獨眼龍納爾遜海軍上將的紀念柱而著稱於英國，後者則因設計了世界第一張賀卡而名揚天下。他們創辦公廁，一為便民，二為控制某種傳染病，三可增加市政當局的收入。但公廁落成後，儘管他們做了廣告，發了五萬張傳單，公眾卻並不為之所動，開張一個月，來此如廁者僅五十八人次；而他們在小街另一頭建的女廁，僅二十四人次。但這畢竟是符合社會進步的需要，所以最終公廁還是在世界各國普及了。

試想，如果向群體和權威讓步，甘心媚俗，約翰遜、納爾遜等人怎麼會建立殊勳？如果沒有個性自由，沒有個人的主動性、積極性，又怎麼能產生這麼多的世界第一？

威爾克斯與自由

一七六三年五月，倫敦街頭出現了這麼一副景象：送牛奶的人用牛奶在牆上塗寫克倫威爾抨擊長期國會的演說詞，鄉下

人騎馬來倫敦遊行，打出「大憲章和權利法案」的標語……

　　觸發這些群眾騷亂之事由的當事人，因「煽動性誹謗罪」被捕的威爾克斯則在法庭上慷慨陳詞：「全體貴族和紳士的自由以及……全體中下層人民的自由……就要在我的案子裡最終決定了。」❹

　　威爾克斯是何許人？他誹謗了誰？他的案子為什麼會引起群眾騷亂，又怎麼竟能決定全體人民的「自由」呢？原來他是一位生活放蕩的下院議員。儘管後來他又因仿效教皇的《男子論》印刷一篇題為《女子論》的猥褻文章而重陷囹圄，但這次卻是由於他發行的《北不列顛人報》說英國就《巴黎和約》的條款同法國進行了既不體面又不正當的談判，而國王喬治三世則使用賄賂，控制了國家外交。對這種攻擊，國王大光其火，怒髮衝冠。於是國務大臣簽發了逮捕令，把威爾克斯「請」進了倫敦塔（監獄）。威爾克斯自然拒絕回答審訊，並以議員的豁免權和官方不經甄別，籠統逮捕嫌疑者為由，提出了逮捕令的合法性問題，把自己的事件與自由事業聯繫了起來，成功地激發起社會公憤。拿眾的憤怒呼聲使法官就人身自由、政府權限和言論自由等問題發表了重要聲明。威爾克斯等人於是由被告轉而成為「原告」，控告執行逮捕令的官員。官員們訴說自己的無辜，因為他們只是為了國家而執行政府的命令。

　　首席法官卡姆登駁斥了這個冠冕堂皇的理由：「所謂國政需要的論點或政治罪和其他罪行有別的論點，在習慣法中並無依據，我們的法典中也沒有提到這種區別。」於是，闖入威爾克斯家宅（侵犯了人家的個人城堡）並搶走文件的國務大臣助

---

❹　J・斯蒂芬・沃森：《喬治三世時代》，牛津大學出版社，一九六〇年，第九九、一〇〇頁。

理和逮捕印刷商的欽差，由於侵犯了個人權利受到懲罰，指使這些行動的國務大臣本人則被判向威爾克斯支付了四千英鎊的損害賠償費。另一名同案犯只被官方「請」去（拘留）坐了幾個小時，在裡面還吃了牛排，喝了啤酒，這時也領到了三百英鎊的賠償費。法官說：「原告受到的輕微損害及其低下的社會地位，對陪審團來說，不像涉及原告自由的重大法律問題那樣重要。」

平民的自由事業大獲全勝，但為政者卻喪失了不受指責的自由。英國人的個人天地是不可侵犯的，但你如果想享有社會權威，就必須犧牲一點個人自由；不願做出一點犧牲也不必勉強，只要甘心做個平頭百姓便是了。正如後來《格列佛遊記》的作者斯威夫特所說的：「受責難是一個人為了成名而向公眾交納的賦稅。」

今天英國的高韋甘比小鎮還實行著這麼一種習慣作法：每一屆市長在上任和離任時要讓公眾稱一下體重（對一般人，這純屬個人私事）。如果胖了，該市長便會遭公眾譏笑；而如果瘦了，則會受到公眾讚揚。這是檢查市長在任上是否盡心盡責之法。毫無疑問，任何一個養肥了自己的市長即使不受直接的責難，也會有無地自容之感。

就像英國人不顧一切地保衛個人天地一樣，由一些英國人組成的英國政府自然也想在某種程度上維護自己的行事方便和自由。為了不受社會干涉，他們所能做到的就是嚴守機密，有時甚至到了走火入魔的地步。其著魔的程度可由一九九○～九七年的前任首相約翰‧梅傑他決心打破這種保守心態，破例提前公開的一些「機密文件」中看出來。這些「機密」全是些芝麻綠豆的小事，如政府公布的在二戰期間納粹俘虜海斯在獄中寫的信，其中一封是寫給其母親的家書，內容是這樣的；「謝

謝你的襪子。但是老實說我沒收到，不過你為我織襪子這件事已令我十分開心。別抱怨命運安排別人穿了這雙襪子。」這封信原來要等到二○一七年才能解密。

但是，假如事關公眾利益，例如，官員是否貪污腐敗等問題，酷愛保密的政府就不得不透明行事，接受公眾監督了。前首相撒切爾（柴契爾）夫人曾不遺餘力地向其他國家兜售所謂英國式的政治體制。據路透社報導，撒切爾夫人曾在訪問日本時，向日本商界領導人獻策，推銷英國式民主。日本發生賄賂政府官員的佐川急便公司醜聞之後，商界對如何恢復公眾信譽感到困惑，撒切爾夫人認為，高度透明的政治體制有助於消除日本社會生活中的醜聞。她說，日本的政治當然可以有自己的文化特色，對民主可以有自己的解釋，但是，還必須有一個透明的體制。她標榜英國的政治體制可以充當楷模，在英國，私人公司向政黨捐款記錄在案，因此股東們就可以直陳己見。

今天，英國人珍惜個人天地，視窺探別人的隱私為無聊，視干涉人家的私事為邪惡。但是對於政治人物的隱私，卻喜歡大肆渲染，橫加干涉。英國歷史上曾有過干涉國王的婚事，逼得愛德華八世為愛情而犧牲王位的事情。今天各種小報仍異乎尋常地熱衷於王室醜聞，一會兒是安妮公主的離異，一會兒是莎拉王妃的外遇，一會兒又是黛安娜王妃的自殺未遂，一會兒又是查爾斯王子與卡蜜拉的外遇關係……紛紛揚揚，沸反盈天。執掌權柄的大臣們也處於公眾的監督之中。一九九一年夏，新上任的財政部大臣梅勒就因為與一位三流「脫星」的婚外性關係，遭到各家小報的攻擊。他與情婦尋歡作樂的房間、床鋪等照片，兩人在電話中談情說愛的錄音等全部上了報紙。作為一名大臣，他的道德操守受到懷疑，儘管直到最後他還是一副硬漢姿態，只承認與姍查發生關係是「冒失」、「不聰

明」，但也不得不離開了大臣寶座。在今天的英國，他如果是一個老百姓，這些司空見慣的小事又算得了什麼？

英國人對政治人物的這種責難，實際上是為了大多數人的自由而限制少數人的自由。同時，每個人都有不受這種限制的自由，那就是在他交出公眾賦予他的權力時。所以英國十九世紀的思想家密爾說：「愛國者的目標就在於，對於統治者所施用於群體的權力要劃定一些他所應當受到的限制；而這個限制是他們所謂的自由。」[5]這個自由，用我們今天的話來說，就是民主。

可見，英國人的個人自由並不是無政府主義，而只是對政府權威的限制。在權威得到限制之後，自由的英國人同樣樂於接受政府的統治秩序，限制權威與尊敬權威可以並行不悖。

有一則小故事十分生動地說明了英國人對權威的這種實用主義態度：

> 一天，國王喬治三世到鄉下視察，在一個小旅店吃午飯。店主高呼：「上帝保佑吾王！」誠惶誠恐，熱情張羅。但國王並不很餓，所以只吃了兩個煮雞蛋。待他吃完，店主拿來了帳單……「什麼！」國王驚詫，「兩個雞蛋竟要兩英鎊！雞蛋在這兒一定很稀有。」「不，陛下！」店主說：「雞蛋並不稀有，而是國王很稀有。」

---

[5]　J・密爾（穆勒）：《論自由》。

自由大憲章

　　一二一五年六月十五日早晨，英格蘭一些貴族和教士陸續聚集到斯坦斯和溫澤之間的倫尼米德草地。不時有人不安地發出「噓！噓！」的聲音。許多人未敢前來赴約。大膽來到這裡的幾個人很清楚，國王絕不會忘記這次恥辱，他一有機會就會搜捕他們。但為了自己的事業，他們還是冒著生命危險來了。原來他們是在等待與國王達成保障他們權利的協議。這個時代在中國正是宋朝。欺君之罪是封建中國最大的罪行了。對中國皇帝「腹誹」都要殺頭，而在英格蘭，勇敢的人們卻要逼國王答應自己的條件。他們為國王準備了一頂帳篷和小寶座，在一張羊皮紙上起草了一個簡短的文件等國王來簽署。他們的隨從和幾隊披甲戴盔的騎士躲在一邊，不敢近前。武裝叛亂在英格蘭畢竟也是彌天大罪。很快，在溫澤方向出現了一支小馬隊，人們逐漸看清了是國王、教皇使節、坎特伯雷大主教等人。國王一行不拘禮節地下了馬，然後有個人出來簡單地說明了貴族們提出的條件。國王立即表示同意；還說，他的大法官法庭應該立即就細節作出安排。四天以後，以這張現在還陳列在大英博物館裡的羊皮紙為基礎的「大憲章」就誕生了。

　　在封建社會，由於利益衝突，貴族反抗國王並不是稀罕的事情。但由於貴族之間利益也不一致，其相互敵對的情緒和自私的要求常常使他們不能團結起來，因此膽敢犯上作亂者往往沒有好下場。在致力於法制建設的國王亨利二世建立的行政制度下生活了四十年之後，貴族們開始學會了理智、建設性地考慮問題。為了反對國王的武斷專制，他們不主張進行封建割據的無政府叛亂，而是建議確立一種實行限制與平衡的制度以保障自己的權利，這種制度既賦予國王必要的權力，又能防止暴

君和笨蛋濫用職權。一二一五年，英國人開始探索著確立一條基本原則，即政權必須高於某個人的獨裁統治，習慣和法律的地位必須在國王之上。這種可能令當時人似懂非懂的思想，給英國的各種反對勢力帶來團結和力量，也使當時只作為一種封建文件的大憲章放射出永恆的光芒。

《大憲章》所包含的民主精神種籽，在後來的歲月裡萌發、成長、壯大。它在當時不過是一長串主要關於貴族特權的紀錄，純粹是一種封建性的規定君臣之間權利義務關係的歷史文件，但它也提供了某些保障城市市民若干權利的條款，還給予了自由農民某些法律保障。當時這既是對貴族們為整個英格蘭爭自由這一堂皇理由的証明，也是建立廣泛的反國王統一戰線所必需的，但它畢竟承認了封建主階級以外的政治力量。

於是，順理成章地，在不久之後（下一代國王在位時）產生的早期雛形國會裡有了中下層群眾的代表；大約六百年以後，中產階級得以和平、民主地取代貴族寡頭在國會裡的統治地位；再後來，工人階級也得以打破有產者階級對國會的壟斷而取得了自己的一席之地。英國民主政治的發展命運最初在這裡便被注定了。

當然，最重要的還在於大憲章建立了法律至高無上的地位，對各個階層的權利和義務都做了規定。確定法律的權威，就把國王由神格化的國家（霍布斯把它喻為「利維坦」這種龐大有力的怪物）全部權力的代表還原為人格化的、根據法律占據了領導職位、負有一定權力和責任的人。國王如果不稱職，人民可依法反抗，甚至可以合法暴力廢黜之。這為以後「社會公僕」論的出現，埋下了一道伏筆，使國家永不可能淪為帝王的私人產業。

正因為有了大憲章對王權的限制，威爾克斯們才可能不必

訴諸暴力就取得輝煌的勝利。每當人們爭取自由時，他們不是在要求本來不屬於自己的非分權利，而是在維護固有的傳統權利，這不但合理，而且合法，因此他們這些生而自由的人自然信心十足，從容不迫，堅定地依法捍衛自由。如遇冥頑不化的暴君膽敢冒天下之大題作姦犯科，則他們反抗起來就更有力。

正像莎士比亞《約翰王》中的一句台詞：「有力的理由造成有力的行動。」這使大多數渴望濫用權力，侵犯人民自由的人，在行動之前就不得不再三思忖，以致打消這種非分的妄想。是大憲章開始造就了「生而自由」的英國人，這就是大憲章的赫赫偉績，也是英國自由權利觀不同於其他民族之所在。

在法國，路易十四這樣認為：「只有當全部權力完全集中在唯一的國君手裡時，臣民的幸福和安謐才有保障⋯⋯臣民沒有權利，只有義務。」❻因此，法國人要爭取本來沒有的自由，自然更費力氣和時日，必須以綿亙百年的動盪為代價。

總之，大憲章使國王也受到法律的約束，這是前所未有的事情。大憲章對社會控制權力進行限制這一基本原則，經歷了數百年的風雨，在一二一五年的封建背景消失很久以後上升到顯要的地位。隨著時間的流逝，大憲章成為永久的見証，証明了社會控制的權力並不是至高無上的。西方契約或封建習俗中長期存在的法律至上的基本思想，通過大憲章昇華為一種學說。在後來的各個時代，當國家由於權力膨脹，企圖踐踏人民的自由與權利時，人民就是根據這種學說，一次又一次地發出自己的呼聲，而且每次都取得勝利。

---

❻ 羅琴斯卡婭：《法國史》。

含而不露的英國人

這裡似乎又是一個悖論。我們常常以為，一提倡自由，人們就會為所欲為，甚至可能為了自己的自由而損害他人的自由，因此自由等於沒有秩序，等於無政府主義。但是反觀英吉利民族，「生而自由」的英國人似乎並沒有陷於人慾橫流、爾虞我詐、朝不保夕的地獄。英國人是自由的，可是自由只意味不受他人干擾、控制，並不意味控制或干擾他人；自由的人不受他人約束，卻受自己的約束。十九世紀初，英國政論家威廉・黑茲利特（W. Hazlitt）有一句名言：「熱愛自由就是熱愛他人，熱愛權力就是熱愛自己。」有不容他人干涉的自由權利，當然也就有不干涉他人自由的自律義務。這義務其實就包含在權利之中，是自由權利觀的另一面，而不是另外附加上去的。英國人之所以「冷漠」而不是鋒芒外露，更主要的恐怕還是由於尊重別人的「個人天地」。

不要說英格蘭人，不列顛民族的其他部分，如蘇格蘭人、威爾士人，也都有一副嚴肅的面孔。人們常認為這些凱爾特人都比英格蘭人「火熱」一些，可他們同樣節制著自己的感情。於是蘇格蘭人就表現得嚴肅、認真、刻苦和節儉，而且好像還有點神祕。威爾士人感情豐富，居住在詩歌之鄉，然而卻有些寡言少語，連英格蘭人都感到很難與之溝通。

由於有意識地自我控制，一代一代積澱下來就養成了一種含而不露的習慣。英國人不喜歡逞一時之快而夸夸其談，他們一般善於自制，表現得很謙虛，受過高等教育的人尤其這樣。他們視夸夸其談為缺少教養，視自吹自擂為低級趣味。閑談時不表現自己；偶然發表意見，也往往先來個開場白：「依我看，似乎是……」「如果我沒有記錯……」諸如此類的辭令甚

多。因此，你和英國人在一起，即使是討論「一加一」的問題，最好也不要滿懷信心地脫口而出：「二！」以免「鋒芒外露」招人譏笑。

提起自己的經驗或成就，英國人就更謙虛了。如果他榮獲世界網球冠軍，他會說自己對網球「略知一、二」；如果他獨自駕船橫渡了大西洋，也只是說「我玩過兩天船」。這就是所謂英國式的「輕描淡寫」。它把驚人之事說得平淡無奇，把激動興奮化為無動於衷。早在伊麗莎白時代，莎士比亞就曾告誡說：「一切動作都要溫文，因為就是在洪水暴風一樣的感情激發之中，你也必須取得一種節制，免得流於過火。」

因此，英國人能處變不驚，視一切都「輕描淡寫」。英國人對自己很喜歡的東西，可能只會說聲「不錯」或「還可以」；遇到很不高興的事，也難得勃然大怒。維多利亞女王遇到一些煩惱，即使是在別國君主看來可以大開殺戒才能解決的嚴重問題，也只是說一聲：「朕並不感到開心。」一百多年後的今天，英國人還很欣賞這句名言。

作為外國人，在與英國人交往時，可不能對這種「輕描淡寫」麻木不仁。如果英國人不相信別人說的話，他只說：「噢，是嗎？」要是有人誇大其詞、嘩眾取寵，他也只是不動聲色地說了句：「你的故事是不尋常。」如果他聽不懂你說的英語，可能很客氣地告訴你：「你的口音有點不太正統。」和英國人交往，最糟糕的莫過於被稱為「聰明」了。clever這個字本來是「聰明、靈巧、伶俐」的意思。「你的想法很聰明。」真正的意思可能是「你別自作聰明了。」「你們外國人真聰明。」這句話並不是對你的稱讚，聽見這樣的恭維話，最好想一下自己有沒有說錯什麼話或做錯什麼事。

英國人以具有豐富的幽默感著稱，他們對此非常自豪。如

果當面對一個人說：「你沒有幽默感。」可能就是對他莫大的侮辱。可是英國式的幽默也不是那種鋒芒畢露的機智或放肆的玩笑，而是一、兩句似乎漫不經心和輕描淡寫的話，是一種含而不露的幽默。看過英國電視教學節目《跟我學》的人，可能還記得那位咨嗇大叔去買衣服的一幕。他對售貨員說：「我要一套新衣服。」售貨員回答：「是的，我看得出來。」售貨員表面上很客氣，實際意思卻是「你這一身破爛早就該換了。」典型的英國幽默往往不是使人捧腹大笑的詼諧，而是說話者就地取材、詞句含蓄，使聽者要稍加思索才能會心解頤的妙語。

林語堂之所以用幽默這個自創的新詞翻譯Humou，而不用漢語中原有的「滑稽、詼諧、調侃」等諸如此類的詞，除了因為發音近似外，還由於幽默最能表達英國人那種含而不露的精神。幽遠靜默，含有深意，這顯然不同於我們有些同胞所理解的插科打諢。有的相聲演員自甘於扮演小丑角色，嬉皮笑臉，樂不可支，這與英國式的幽默是不可同日而語的。如果說我們的滑稽是為了自我放鬆，使人暫忘世事羈拘而得到休憩的話，英國的幽默卻是為了自我克制，使人以豁達的冷靜直面嚴峻的現實，以免驚慌失措，尤其是在他們自嘲時。

第二次世界大戰期間英國慘遭轟炸時，有一家商店貼出告示，上書「照常開門」（Open as usual）。過了兩天，這家商店被炸了一個大窟窿，店主並不驚慌，而是幽默地在告示上改了兩個字，變成「比平常開得更大了」（More open than usual）。

因此，英國人追求自己的利益時，能夠避免汲汲於外物的猴急相，而善於含而不露，從長計議；英國人行使自己的權利時，也不專橫殘暴或狂熱暴躁，而能適可而止，有理有節。

歐洲人和英國人

　　由於英國人善於自制，含而不露，外國人難免會產生一些誤解；這些誤解再摻雜一點由於歷史上民族利益衝突而產生的感情上的偏見，今天歐洲人眼中的英國人形象就此形成了。法國人認為：英國人在謹慎、保守地表示感情時，往往喪失了真正的「感情」；相反，英國人以為法國人有時為了表示戲劇性的感情，遂變成了感情衝動的奴隸。英國人蔑視小聰明，提倡大智若愚，法國人就認為英國人是缺乏想像力和極不精明的傢伙。英國人節制慾望，不追求口腹之慾的過分享樂，因此這所謂「英國式」的一詞又意味著不加調料，毫無味道的菜和那些手藝笨拙的烹飪方法。

　　法國革命開創了法國的自由傳統，英國人起先為之歡呼雀躍，以為是自己的自由原則在大陸上的勝利；但不久就對此心灰意冷，甚至強烈反對。法國革命的條件、手段和結果的確不同於英國。革命前，法國沒有英國那種「開放的上流社會」，沒有新貴族，有的只是森嚴的等級制度。物極必反，於是法國人不惜訴諸激烈的暴力手段（甚至是雅各賓黨的恐怖手段）追求平等，追求個人權利，結果造成了綿亙百年的社會動盪。顯然，這樣的大革命必然無法溫文爾雅、冷靜理智，有步驟、有秩序地進行。於是，自尊而自律的英國人就瞧不起他們了。

　　今天在英國，「法蘭西休假」一詞是指未經許可便擅自休假的意思。好像法國人不能控制自己的性慾似的，英語的俗語中，避孕套稱「法蘭西套」，梅毒病稱「法蘭西病」等等，不一而足。與法蘭西等民族比較，有一個英國人曾這樣自豪地描繪英國人的自律精神——

在餐館裡，如果飯菜的味道很糟糕，英國人對此的反應是付錢一走了事，以後不再光顧，僅此而已。但法國人就會沈不住氣，可能立即會找餐館的經理。如果是比利時人，那就會火冒三丈。比利時人對別人怎麼看自己全不在意；在他們看來，與其忍著，倒不如痛痛快快地發一頓脾氣。這使人感到，他們的行為對提高餐館的烹調水平更具有實際的意義。但英國人在場的話會感到很難堪的。因為我們從童年時代起就受到這樣的教育：「不要做胡作非為的事。」歐洲大陸的人卻相反，他們希望瞎折騰。一個好的社會是不允許做這種無益的事情的。❼

但是，刻苦自律、遵紀守法的英國人卻因此而成了刻板乏味的象徵。在歐洲人眼裡，德國人和英國人這兩個嚴肅拘謹的民族沒有什麼大的區別；如果有，也只是五十步笑一百步罷了。但我們如果把這個看法告訴英國人，那非遭白眼不可。有一位經常往來於英、德之間的中國人中肯地說：「應該說，英國人和德國人都是格外服從規矩、法律的民族。但是英國人的遵紀和德國人的守法，在做法上還是有很大的不同：德國人體現在準時、有秩序以及可靠上，英國人則表現為極強的自控能力。」

為了証明所謂極強的自控能力，他緊接著提供証據說：「有一次，一個朋友的十歲小孩發高燒，家長不送他上床，而是要他外出呼吸新鮮空氣。我提出『抗議』，可那對夫婦朋友卻振振有詞地解釋，要讓孩子從小鍛鍊。冬天，英國街頭有不

---

❼ 麗月塔：《紳士道與武士道》，第三十九頁。

少孩子穿短褲和短襪。」❽其實不僅是這個孩子的家長，全社會都重視對下一代自控能力的培養。英國培養政治人物的各家「公學」，主要的教學任務就是自制和謹慎等品德的培養。而這種學校培養學生在遭到侮辱或面臨脅迫和暴力時不動搖後退的能力，正是人們捍衛自由權利時所必須的能力，因此其意義就超過了遵紀守法。

在英國流傳著一則有關德國人的笑話：一個下著瓢潑大雨的夜晚，在一條僻靜小街的紅綠燈前，兩個男子沒有帶傘，狼狽地等待著。大個子男子不願等下去了，迎著紅燈，邁起大步橫穿馬路。「先生，這個紅燈對您也有效！」另一位不滿意地大吼一下。接著他又等了一小時，方才很不樂意地穿過了紅燈——原來是燈壞了。

這個故事當然不無誇張，但一般來說，在德國，馬路上的步行者即使看到沒有汽車，他們也不會去闖紅燈。在同樣的場合，英國人就會去闖這個紅燈。但另一方面，德國人開車，只要認為自己不犯規，甚至連發生事故都不怕，被強行超車的駕駛員只能聳聳肩，或氣憤地對「野蠻開車」者斥責幾句。這在英國是很少的。因此在德國交通事故很多，而英國則少多了。而造成這一區別的原因，就在於德國人是把義務放在第一位而被動地服從紀律，英國人則把權利放在第一位而主動地遵守紀律。英國人喜歡引用德國偉大詩人歌德的話來挖苦德國人：「若命令德國人穿上軍裝，襲擊自己的祖母，那他會照樣執行的。」

德國人崇拜外在的力量而守法，英國人根源於內在的自重而自律。德國有這樣一句幽默的話：即使是一起流浪的乞丐，

---

❽　《海外文摘》一九九二年十期第四十一頁，原載台灣《時代周刊》。

也絕不會是平等的。就是說，有力量的一方必須對另一方確立優勢。如果兩個人決在定乾草堆裡過一夜的話，他們絕不會依偎在乾草堆的兩側同樣舒舒服服地睡覺，而是擔當照料任務的一方（弱者）睡在草堆的上面，另一方則睡在草堆的下面。

　　這樣的觀念，對「生而自由」的英國人是難以接受的。德國人常搞的一些惡作劇，英國人也深感厭惡；他們抱定自由的權利觀，認為惡作劇是對個人私生活的侵犯和對個人尊嚴的褻瀆。而德國人的意見則是，人不能在自己的一生中始終保持著尊嚴，而是應該偶爾笑一笑，以喪失自己的尊嚴求得片刻的放鬆與休憩。

　　正由於英國人具有凜然不可犯的尊嚴和自由權利，洛克在想像所謂「自然狀態」時，把英國人的這種氣質加到「自然狀態的人」身上，稱那時「人人都具有王者氣度」。英國人是自重的，自重的人必然自律。自律不是道德問題，而是美感問題。自律是發自內心的，是內蘊，與別人加諸己身的紀律不同。自律是聽命於自己，所以自律的人自立，有一點傲然不群的氣度，其人格魅力油然而生。

勇敢的埃亞姆小村

　　在英格蘭德比郡有個叫埃亞姆的小村，每年八月最後的一個星期日都要舉行一次室外禮拜，不同教會的新教徒都來參加。禮拜後，村民們由樂隊和牧師帶領，從教堂遊行到樹林中的一片空地，在這裡唱聖詩、聽布道，然後室外禮拜活動即告結束。這本是一個小村中的紀念儀式，平淡無奇；但它所紀念的卻是古時候村民們集體自我約束、冒死獻身的崇高精神。被

動的遵紀守法是達不到這種崇高境界的。

　　一六六五～一六六六年間，倫敦發生了令人談虎色變的黑死病。埃亞姆村有個裁縫收到從倫敦寄來的一包衣料。誰知從八月末的那個星期日開始，裁縫一家人陸續病倒，接著相繼死去。致命的瘟疫在村子裡開始擴散，傳染了其他村民，死人越來越多。剩下的人怎麼辦？是等死還是逃命？在這生死關頭，本教區的牧師卻建議大家不要逃命，以免把可怕的黑死病帶到別的地區；而要自覺地把村子變成隔離區，誰也不要出走。逃命，既有存活的希望，也有危害他人的可能。經過一番權衡、思考，淳樸勇敢的村民接受了這位牧師的建議。結果，黑死病在村子裡肆虐一年有餘，全村三百五十多人中有四分之三的居民獻出了生命，但沒有一個人外出逃生。由於他們的自我犧牲，所以周圍地區沒有發生一例黑死病。現在一年一度的禮拜儀式，就是為了追悼當年的犧牲者，並紀念全村可歌可泣的義舉。

　　從這裡，我們不僅能感受到一種崇高的壯美，而且還可以看到英國個人主義的另一面——個人責任感，無疑是村民們英勇悲壯之獻身精神的動力源。面對黑死病的襲擊，村民們遠遠不是在一般地節制自己的利益。試想，如果沒有一種責任感，在生存這個最大利益之所在，怎麼可能自主自願地去選擇死而放棄生？而由埃亞姆小村村民的獻身故事中，我們也不難得出這樣的結論：自由權利不僅意味著不受干擾地自由行事，而且意味著對所行之事負責——權利就是責任。

　　同樣，如果不是這種強烈責任感的驅使，就難以想像我們前面提到過的約翰遜、納爾遜以及蕭伯納、羅素等等敢於向既成權威挑戰並最終成為新權威的英雄。如果為了個人利益打算，他們完全可以「聰明」地唯唯諾諾、溫馴有加，這不愁謀

不到名利，而且還不擔風險。但是他們並不依附老權威以求得提攜、順從舊秩序以博得稱讚，而寧可表現得桀驁不馴、獨特乖僻。正是由於獨立直行，才向社會貢獻出了聰明才智，使自己成為受人敬仰的新權威。當姑息主義席捲英倫之時，邱吉爾這個童年時學習一塌糊塗、不聽話的淘氣鬼，現在卻敢於出來大唱刺耳的反調。有人責難說：「邱吉爾從年輕時就一直打仗，這次還想一個人發動一場戰爭！這小子是個戰爭販子。」但他全然不顧。如果沒有責任感的驅使，他又何苦這樣與眾為難、奔走呼號？

英國歷史上不乏這種敢於負責、敢於犧牲的直行之士，如既敢用法律約束國王，又敢抨擊濫用特權的貴族，英勇戰死的議會創始人孟福爾；被焚屍揚灰的宗教改革先驅威克里夫；身陷圍圈，仍為平等而戰的李爾本……不列顛民族的其他部分也同樣不乏這樣的勇士，清教在英國歷史上的巨大作用有目共睹，英格蘭的清教英雄諾克斯就是這樣的一位。領導推翻了瑪麗女王的莫頓伯爵在他的墓前說：「躺在這裡的他從不懼怕人們的臉色。」

卡萊爾在他的《論英雄和英雄崇拜》中描寫到——

諾克斯常常到瑪麗女王宮中作客，常常在那裡嚴厲地指摘她。這種舉動一直很受非難。如此殘酷、如此粗魯，真要使我們充滿憤慨……遺憾的是，要對那位英格蘭女王彬彬有禮是不可能的，除非他對他的民族和蘇格蘭的事業不真誠。他不順看到自己的祖國變成那些獰詐的野心家、那些假公濟私者的逐鹿之場，不順看到神的事業被那些虛偽、俗套公式及魔鬼的作祟所踐踏，所以他無法使自己討人喜歡……諾克斯是英格蘭擁護憲法的反對黨，國內的貴

族按其身分來說，應當屬於這個職位，可是他們不去幹，諾克斯只好去了，否則誰都不去。❾

這正是佛陀「我不入地獄，誰入地獄」一樣的獻身精神，這需要放棄對自身利益的精打細算，需要一種責任感。瑪麗女王責問他：「你是誰，竟敢教訓這個國家的貴族和君王？」「殿下，我是一個生於相同國土的國民。」多麼漂亮的回答！是國民，就有權利，就有責任，這就是自由的含義。不僅是不列顛島的偉人，普通人民也像埃亞姆的村民一樣，具備這種獻身精神，例如一不怕苦、二不怕死的海上特工隊員，不畏風暴，捨己救人的救生艇長……❿為了限制國王的權力，英國沒有常備陸軍。可每當國家面臨戰事，根本不必「抓壯丁」，人民就踴躍參軍。難道他們不明白「炮彈是不長眼睛的」？

二戰當中，英法聯軍在法國境內遭到強大的德國機械化部隊猛攻，節節敗退，被逼至海濱一隅，情況十分危急。似乎所有人都認定英法聯軍難逃此劫，邱吉爾首相也要求人民為「重大噩耗」做好準備。聯軍糧盡水缺，疲憊傷殘，像兔子一樣在沙丘中掘洞掩蔽，以絕望的心情注視低淺的海水和碼頭。但是入夜時，奇蹟出現了：廣大人民群眾奮不顧身地起來拯救祖國和同胞免於法西斯災禍。英國東南部（正含有古代丹麥法地區）和各商港、漁港的少年和成年普通百姓，凡能駕船的，都準備犧牲生命去拯救同胞。於是海峽裡充滿了駁船、拖船、小型輪船、汽艇、救生艇、私人遊船，千百艘各式各樣、大大小

---

❾　T・卡萊爾：《論英雄和英雄崇拜》，中譯本。

❿　參見 J・萊德：《海上特工隊》，中譯本；斯基特莫爾《衝進暴風雨——一個救生艇長的真實故事》，中譯本。

小的船隻，冒著敵人的槍林彈雨，迂迴曲折，艱難挺進，歷時一星期，把自己的殘兵敗將救回了家（編按・這就是「敦克爾克大行動」的電影故事）。

一九四〇年夏天，當法國投降、全歐洲落入法西斯之手時，漫畫家大衛·勞在《旗幟晚報》上發表一幅漫畫，上面畫著一個頭戴鋼盔的士兵站在海峽旁，舉起一隻拳頭，下寫：「好吧，就我一個人來幹！」其後不管希特勒如何威逼利誘，許以「體面和平」，英國堅持不與他單獨媾和，使他不能騰出手來，在東線集中全力進攻蘇聯。如果不是對世界反法西斯事業的民族責任感，不是為了捍衛各種自由民主制度，使之免遭專制獨裁的納粹暴政摧毀，英吉利為什麼不能學學貝當元帥的法蘭西，仰納粹鼻息，以保全自己？這不正符合其眼前利益？

英國人的個人責任感在一代代地傳承著。西方六〇年代的青年以其叛逆性著稱，演奏刺耳搖滾樂的英國披頭四樂隊是這種叛逆性的代表。可就是「為非作歹」的這一代人，不僅組織了利物浦披頭四樂隊，還組織了義務服務的倫敦「機動部隊」，大做好事；後來還說服了政府資助並參與他們的計畫，應各個福利事務所的請求，幫助病殘孤老。可以說，責任感已經融化到英國人的血液之中，今天致力於社會的公益活動已成為「新宗教」，深深牽動著他們的心弦。英國的健康保險事業所需要的血液就百分之百地來自於獻血者，因此，當英國人聽說世界上還有許多國家要用錢買血時，都會大吃一驚！

工人階級的「自尊運動」

追求利益時有所節制，一切動作都溫文爾雅，這原是上流

社會成員為了避免與他人發生激烈的直接衝突，逼得人家衝撞、冒犯自己，從而喪失自己的尊嚴這種狀況，或為顯示自己的高貴，而刻意為之的。因為他們「高貴」，自然要擺出一副高貴的樣子，似乎是不食人間煙火，孤高冷傲，凜然而立。

柯南道爾的《福爾摩斯》系列偵探小說，雖然在正統文學史上未必占有重要地位，但由於英國人善於觀察的經驗主義思維方式，它仍然「莎士比亞式」地客觀反映了社會生活，具有一定的社會認識價值。大偵探福爾摩斯是以對人們的仔細觀察來破案的。從他的眼中，我們可以看到貴族的克己表現和動機。一福爾摩斯這樣評論剛從外面回來的貴族夫人——

> 華生，你想想她的樣子，回憶一下她那姿態，克制興奮和非常敏感的樣子。那個人是貴族出身，輕易不表露內心的激動。

貴族們拚命克制，是他們對被稱為不能抑制感情的下層階級顯示「高貴血統」優越性的手段之一，也是追求長遠利益所必備的忍耐能力。

在《夏洛克·福爾摩斯的歸來》的〈第二滴血〉裡，外交大臣拜訪福爾摩斯，託他「找出遺失的重要文件」。「『首相曾嚴正警告過必須祕密保存這份文件。但非常可怕的是，在這幾小時後，我就把它遺失了。』他那漂亮的臉上呈現出絕望、痙攣似的抽動，雙手伸進頭皮抓住頭髮。在這一瞬間，我們窺視到他真正顯出人的本來面目，衝動、熱烈，感覺敏銳。但是很快他又恢復了貴族的假面具，用平靜的語調說話。」

在福爾摩斯眼裡，其他階層的人是不會這樣的。接著，出於破案工作的需要，福爾摩斯要求了解這封去向不明的書信之

內容。外交大臣和首相出於維護祕密的考慮而拒絕了。可偵探堅持必須了解一切真相。首相再次拒絕。於是，「福爾摩斯微笑著站起來，『你們兩位是這個國家最忙的人物。』他說：『我嘛！也有很多人來請我。在這個問題上，我無法為你們效勞，真是很遺憾。談話再繼續下去也沒有什麼意思，只是浪費時間。』首相在凹陷的眼眶裡閃出尖銳明亮的眼神，使全體閣僚為之顫抖。他突然站起來，說：『豈有此理……』然而他又抑制著怒火，坐了下去。」最後，為了長遠利益——找回文件，首相不得不犧牲另一個較小的利益——保守祕密，而把全部內容都告訴了偵探。」

可見，克制是貴族們對待利益的一種智慧（福爾摩斯時代，首相和大臣多為貴族出身）。這種智慧還擴散到統治階級的其他階層，以致在一位上海人眼中，英國的紳士是這樣一副形象：「與其他地方一樣，英國的紳士也是以自己為中心。但是英國人有一大優點，在可能的範圍裡努力避免自己的利己主義與別人的利己主義相衝突。而其他國家的大多數國民則是自己得到什麼，等於別人沒得到什麼。」[11]中產階級在經濟上崛起，靠的是清教精神，而這種精神除了勤奮工作外，還有一個重要的特徵——克己節欲。

英國人克己的品性並不只局限於統治階級內部，還影響到全社會。本來，上層社會所具有的文化優勢總會引起社會大眾的欽慕和仿效，所謂「城中好高髻，四方高一尺；城中好長袖，四方廣一丈。」甚至法國大革命中堅持平等觀點的領袖如馬拉等人，在革命前也曾因羨慕貴族而東施效顰，在自己的姓名中間嵌上一個「德」字。在英國，上層社會這種克己的品性

---

[11] 麗月塔：《紳士道與武士道》，第一四九頁。

也對下層無產者產生了深刻的影響，使得他們在工人運動中不是義無反顧地為階級利益不惜訴諸暴力、徹底解放自己，反而掀起一場「自尊」運動。出現這種現象，對英吉利民族是幸運還是不幸，我們不去管它，我們只本著「價值無涉」的治學精神，客觀地描述和研究這場自尊運動和始終帶有溫和色彩、鬥爭中有所節制的英國工人運動。

英國工人早在憲章運動時代就排斥追求階級利益而不擇手段的狂熱精神。倫敦工人協會曾為憲章運動的興起做出了巨大貢獻，也為工人階級的解放事業提供了強大動力；但它卻將相當一部分本階級的成員拒諸門外，原因就是這些工人不夠體面，還沒有達到參加有組織的政治活動的標準。

倫敦工人協會章程規定，只有「誠實、清醒、有道德、有理想」的人才能入會，而「醉漢和不講道德者」應堅決摒棄在外。這是因為他們要博得統治階級和全社會的尊敬，要和平合法地追求政治利益而不希望產生過激行動，所以不能要「醉漢和不講道德的人」，這些人或者沒有自制的能力，或者沒有自制的意願。

憲章運動失敗以後，工人中漸漸展開了「自助」、「自尊」等新的運動，這都是不直接追求階級利益的運動。而所謂「自尊運動」，起源於衛理公會的宗教活動。衛理公會被一些英國文化史研究者稱為「未誕生革命的非國教徒」，它的理想是激進的、代表工人階級等下層人民利益的，而它實現理想、追求利益的手段卻是節制的、溫和的。

一七八五年它提出了人人平等的革命性教義，從而在全國發展了強有力的運動。人人平等，應享有廣泛的普選權，這種革命思想在歐洲歷史上首先產生於英國革命時期清教的平等派中，而其激進的一翼（掘地派）在要求政治平等的基礎上，曾

進一步要求人人都擁有土地的經濟平等。持這些激進思想的人，當時遭到了獨立派克倫威爾的鎮壓，但平等思想的火種卻保存了下來，在衛理公會教徒中重新開始燃燒。這些人起初是一些具有獨立意識的貧窮手工業者和小商人。後來這個教派吸引了大量工人群眾，並產生了比其他工人組織更大的社會影響，使它實際上成了一種工人宗教。

十八世紀末，發生了北美獨立戰爭和法國大革命。英國雖然沒有那麼激烈，畢竟也掀起了風暴。可是，衛理公會教徒卻從戰鬥中退了出來。他們所主張的只是停留在理想上的革命，他們反對使用暴力，主張以說服來推廣其思想。要說服別人，就要樹立自己的良好形象。於是在憲章運動失敗後，衛理公會的自尊運動旋即興起，他們在工人莘眾中廣泛地發起了消滅酗酒、賭博、浪費等「罪惡」的運動。參加運動的那些自尊自律的工人們，希望通過勤奮節儉、立德求知、克己自重，一步一步進入社會的較高層次，爭取一席之地。

當這種祥和克制成了工人運動的傳統後，英國工人就無法像馬克思、恩格斯所期望的那樣在第一個資本主義國家從事推翻資產階級的暴力革命了。這又一次証明了在生產力的基礎之上，文化因素對一個民族具體歷史走向的決定性影響。

英國的歷史命運我們暫且不管。如果要古為今用、洋為中用，從這裡吸取一些經驗以為我們今天之借鑑，我得到的啟示是：如果上層社會貪婪不足，不知節制，則下層社會必將凶狠圖報。比如奢侈淫逸的始皇帝就只能引發項羽、劉邦之流「彼可取而代之」的羨慕和野心，以及火燒阿房宮的野蠻舉措；所謂「上樑不正下樑歪」。但當政者若知道節制自愛，清廉不貪，老百姓定然也不會利欲黑心，「一切向錢看」；更遑論心懷不滿，掀起動亂了。

「源自人民」的習慣法

　　權大還是法大？大家都知道：法是人為的，是活的、可變的，不是僵死的。那麼，有權制定、執行和廢止法律者是否要約束自己以適應法律，而不是放縱自己，讓法律適應自身的需要？這個問題今天還在一定程度上困惑著我們。理論上無疑是法大於權，可在許多人的頭腦深處，在我們某些社會實踐活動中就不盡然了。

　　這個問題也曾困惑過英國人。那是在斯圖亞特王朝初期，清教革命前夜。由於處女王伊麗莎白身後無嗣，蘇格蘭王詹姆士愉快地登上英格蘭王位；他從貧窮的蘇格蘭來到富庶的英格蘭，自然希望從這油水豐厚的土地上大撈一把。以前都鐸王朝統治英格蘭時，國王們一般都能夠克己自制，謹慎地使用王權而不去激怒國會。詹姆士登基前的最後一次國會上，面對議員們對壟斷經營某些商品的皇家特許權猛烈攻擊，伊麗莎白雖然很惱火，卻未敢堅持自己的這項特權，而是克己自制，立即向國會讓步。而新來的詹姆士卻不諳英格蘭國王自制的傳統，抱定不合國情的「君權神授」、「權大於法」的信條，屢屢與國會相衝突。是的，頒布一項法令需要國會的同意和國王的批准，但國會不是國王根據自己的意願召集或解散的嗎？沒有國會，國王不是照樣實行有效的統治嗎？（事實上，詹姆士和他在革命中被推上斷頭台的兒子查理，都這樣做過。）那麼，假如國王「根據國家利益」並通過立法程序，廢除某項法案時，誰有權斷定他的行為合法與否呢？

　　在這個問題上，以大法官柯克為首的律師們挺身站到了英國歷史的聚光燈下，斬釘截鐵地說：國王特權與國會立法權相衝突時，應該由法官，而不是由國王做出裁決。法官有權審查

國王法令和國會法案的合法性，王權和國會立法權都不能超越傳統法律的界限，所有人都必須為遵守法律而節制權力。

的確，英格蘭有一個古老的傳統：法庭頒布的法令高於掌握政權的中央政府法令。柯克認為，法律不能由人們隨意杜撰，也不可做根本的更改；它是早已存在的東西，只需要人們去發現它、肯定它。自然，這就是「源自人民的習慣法」。國王和任何人都應受它的約束；甚至假如國會法案同法律相抵觸，那麼這些法案也是無效的。（按：今天英國國會通過的法案即成文法，是高於習慣法的。）

在柯克這裡，司法是徹底獨立的，法永遠大於權。國王自然不能容忍這種觀點，於是在一六一六年解除了柯克的法官職務，權暫時戰勝了法。但是塞翁失馬，焉知非福？柯克去職五年後，被群眾選進了下院。下院聚集了一些精通法律的律師後，他們就自行解釋法律，逐漸自圓其說地提出了一條理論。根據這一理論，國會自信地宣布，它為之戰鬥的不是什麼新東西，而是英國人民合法的古老遺產。後來，在皮姆議員領導下，反對查理國王的紀律嚴明的統一戰線就這樣奠定了基礎，最終使革命在遵紀守法的英國人中爆發了。英國革命給人們以「很不徹底」的印象，其根源就在於他們雖然實質上是要求新的東西，但卻始終認為自己是在要求合法的舊有權利，因而能夠守法自律，有所節制。他們在打擊不願自律的王權時，努力避免自己的民權流入不能自律的尷尬境地。

英國有句名諺：「法律是習俗的子女。」柯克等人爭取自由的銳利武器就是這樣的習慣法。實際上，早在一二五〇年，亨利‧布雷克頓寫了一本將近九百頁的巨著《英格蘭習慣與法律之探索》，像當時倫敦律師的「法律協會」發行了三個世紀的刊物《年鑑》一樣，鼓勵並幫助人們發現活在人民行為習慣

當中的法律。羅馬那種具有無限權力的國家把法律彙編和法典擬定並強加給屬地的方式，同英格蘭的傳統精神是格格不入的。根據英國傳統的法律哲學，法律早就存在於國內的習慣之中，關鍵是通過潛心研究去發現它，把見諸史集的判例加以比較，並在法庭上把它應用於具體爭端。

隨著時間的推移，習慣法也發生了變化。早在亨利二世時代，律師們就能從十世紀老前輩的論述中悟出作者本人也沒有想到的道理和原則，並使它們適應於當時的新條件，用它們解決新問題。由此，英國習慣法就得到了緩慢而不斷的發展，最終像法國的《人權宣言》洋洋灑灑的《美國獨立宣言》等著名的保障民權的憲法文件一樣，保障了個人的權利和自由。但是，英國在法律方面一直小心翼翼地前進，就連大憲章的草擬者也沒有試圖制定新的法律或公布任何普遍的準則。這是因為英國人（不管他是君主，還是臣民）實際上都受習慣法的約束。英國人的自由並不依靠國家頒布的法律，而是依靠長期形成的習慣，這些習慣被有權在法庭上斷案的陪審團所確認。

習慣（指社會性習慣）和法本來都是維持社會穩定的手段。風俗習慣或經仁人智士著意創造提倡，久而久之，相習成風；或在人們的共同生活中自然而然，逐漸形成。它們陳陳相因，代代相傳，成為社會成員主動遵守的行為模式。它在沒有外來壓力的情況下，內化為人們的習慣性行為。每個人，其社會習慣的形成過程就是他為參加社會生活而進行的社會化過程。而法律卻是由國家制定或認可，由強制力來保証其實施的行為規範之總和，通過其震懾作用和懲罰作用控制人的行為。

以習慣為法，充分說明了英國人自重自律、節制克己，不需要以強制力來明令禁止。這種情況下的國民具有真正的公民精神，其遵紀守法，是自我的內在要求，是以主人的姿態面對

社會，調整人際關係。

　　英國女王陛下的各屆政府究竟應該如何產生？這樣一個憲法性的大問題，卻沒有明文規定。但是英國的君主都能按慣例任命獲勝政黨的領袖組閣。在六〇年代，威爾遜領導的工黨競選獲勝，女王將要面對一些主張廢除君主制的共和主義工黨議員，雖心存憂慮，仍毫不猶豫地履行對威爾遜的任命手續。英國君主這種主動自覺地約束自己的行為，說明了不成文的習慣與明確的法律規定具有同樣巨大的約束力。在英國，議會制定的法律都要得到國王的批准才能生效。批准時的常規用語是日耳曼系法語「Le Roy（或 Reyne）Le Venlt」〔國王（或女王）希望如此〕。一些英國憲法的解說書說，在國王拒絕對必要的文件進行簽字，或者拒絕給予必要的同意的情況下，內閣的希望就不能實現。但我們實際上所看到的，英國國王在二百五十多年的歲月中都沒有行使這種否決權，哪怕這些文件是他們並不「希望如此」、損害他們的自身利益。最近英國女王宣布自願納稅，放棄了王室免稅特權。歷史上英國人為剝奪國王的某些特權，曾進行過堅決的鬥爭；現在他們不再從法律上剝奪國王的否決權，是因為國王自律自制的習慣已經做到了這一點。

　　普通英國人也有克己自律的習慣。在特定場合，無須國家法律加以規定，他們就知道該怎樣做，並自願主動地去實行。如輪船漸漸下沈時，熱血男兒絕不會先於老弱婦孺離開。一九一二年，「鐵達尼」號在處女航中沈沒時，上救生艇的大部分是婦女，在四百九十名倖存者中，婦女有三百來名。

　　在艱苦卓絕的第二次世界大戰期間以及其後數年，英國實行了極其嚴格的食物配給制；英國人有批評政府的權利和傳統，但對此卻幾乎毫無怨言，舉國一致渡過了難關。

由於這種自律精神，有機會旅英的外國人士常發現，英國雖是交通密度最高的國家之一，但交通事故卻遠少於其他國家。英國很多三叉路口上是沒有紅綠燈的，但支線路口處有兩條橫在路面上的白色虛線，車輛到此都停下來，駕駛人員反覆了解兩側，確認安全而且不影響其他車輛的行車速度時，才啟動轉彎。而幹線上的車則直行無阻。這是英國人行車的習慣。他們還習慣不強行超車；這不但避免了車主之間的心理衝突和車禍發生，也保証了車速。

　　自律的習慣在日常生活中使得英國人富於排隊的「熱情」，從不插隊加塞。他們買戲票、電影票排隊；買暢銷貨排隊；夏天在遊樂場所買清涼飲料排隊；等公共汽車排隊；甚至汽車站上只有一人時，他也規規矩矩地站在站牌下恭候。尤其值得一提的是二次大戰期間，納粹飛機狂**轟**濫炸，倫敦居民進入防空洞時仍然照例排隊進入，井然有序。他們敢於這樣自律律人，就因為他們自視為社會的主人，社會上的事是大家自己的事。在歷史上捍衛自由的鬥爭中，他們也總是以主人的姿態向打家劫舍的強盜鬥爭，捍衛自由，而不是以奴隸姿態向主人爭取自由。

　　從在古羅馬皇帝面前凜然而立的卡拉克搭庫王子到大憲章的起草人，從以叛國罪處決國王的清教徒到憲章運動中的工人……全是一副主人派頭。這些正是他們現代公民精神的淵源所在。當然，每個民族和社會都會有罪犯和極端利己主義者，但就普遍的「社會習慣」或曰「風氣」而言，不同文化的外觀是迥然有別的。本文所說的是否安然排隊和是否闖紅燈之類便是一般民風的表徵。

　　英語是唯一把第一人稱「I」永遠大寫的語言，說明英國人民的主體意識是多麼地強烈！

Chapter 2
「費厄潑賴」：治人和治國的智慧

「費厄潑賴」的體育家風度

　　五四新文化運動時，將 Fair play 譯為費厄潑賴，它原為體育競賽和其它競技所用的術語。意思是光明正大的比賽，不要用不正當的手段，不要過於認真，不要窮追猛打。而「費厄潑賴」這種「體育精神」恰恰是英吉利民族的傳統之一。

　　英吉利是個酷愛體育運動的民族。當代世界上進行的許多運動都是在英國發展成為今天這種形式的。英國最盛行的體育運動當屬足球。英國足球迷瘋狂騷亂的消息常常通過傳播媒介，充斥我們的耳際。外國也許對他們如此迷戀足球的狂熱勁兒不易理解。

　　有一則軼事生動地記述了殖民地時期印度人對英國足球運動的認識。這是一個印度人的日記，他寫道：「英軍營地上的那群英國人好奇怪啊！他們圍著一個人頭一樣的東西搶著踢上腳，一搶就是半天，忙得不亦樂乎。」

　　但是最能代表英國體育的卻不是足球，而是板球；板球直

到最近，仍為英國特有的體育項目。它只在英國、部分的大英國協國家和丹麥盛行。對大多數英國人來說，平坦的綠茵場上，那些穿著白色法蘭絨運動衣的板球運動員投球的一幕也確實代表著某種英國傳統。今天板球運動的規則已滲進了英國人的思維方式。

當他們還在孩提時代，板球規則就被灌輸進他們幼小的心靈。在打板球時，無論是當打擊手還是當投手，都覺得很有意思；而充當外野手的，卻感到很乏味。不用說，這裡就自然傾向而言，存在著一種年長一點的大孩子占據打擊手和投手的角色，而讓年紀小的孩子專門承擔「野手」任務的傾向。於是，大人們就經常向大孩子強調，也要給小孩子以平等的投打機會，而當他們充當打擊手的時候，不要投比平時快的球。因此，在孩子們玩耍的時候，你常常會聽到這樣的質問：「那樣做可不公平啊！」「不能公平地按順序來嗎？」這種質問，實際上是孩子們在很小的時候從父母那裡學到的。不僅是在打板球的時候，平時當成年人看到孩子打架時，只要一方在體格上不是過於占優勢，就不會介入。但如果一方比另一方大得多，成人就要制止他們的吵鬧，並且要對大的這一方說：「你去找一個和你差不多的孩子幹吧！」這樣，在孩子的心靈上留下了極深刻的烙印，使他們懂得了不能憑自己的優勢盡情欺凌弱者，而是要寬以待人。這就自然養成了英國人「光明磊落」的精神。

以這種精神立身處世、思考問題的方法，我們可以從今天的政治中看到。很多政治家都把政治當作一項具有獨特規則的體育事業來看待。六○年代工黨執政時，保守黨的前首相麥克米倫常常遞紙條給工黨領袖威爾遜，稱讚他演說得很精彩。這一點同板球迷褒揚對方漂亮的一擊如出一轍。在英國政黨內閣

的交替中，我們更是明顯地看到一種板球精神。板球比賽中，人們互相輪流攻擊；一方堅持三柱門，另一方進行攻擊。就像執政黨擁護政府的政策，而在野黨攻擊其政策一樣。在板球賽中，擊球者要把球打回去，以防止投球者的投球擊倒三柱門的三根木棍，因此擊球方是處於守勢的。

在英國政局中，首相是擊球方的隊長，反對黨領袖是運動場方面的隊長，作為「女王陛下忠實的反對黨」，每月領取公務員的薪水。當人們能把殘酷的政治鬥爭當作一場體育比賽，按程序進行時，妥協和寬容精神就易於產生了。

在體育競技中，「不要打倒下去的人」這個原則現在已正式成為諸如拳擊一類體育活動的規則之一。拳擊運動員只能在限定極嚴的重量範圍內進行，雙方體重是大體相當的。所有類似這種公正的比賽一般都實行著在對方倒下時就停止攻擊的原則。如果對方認輸了，還利用自己的優勢繼續進攻，就會被認為是缺乏光明磊落的大將風度。「不能打倒下去的人」已成了迫使那些頑固追求自我優勢的人放棄自身想法的咒語，當他聽到這句有著魔法般作用的咒語時，立刻會產生一種極大的恥辱感，知恥而後勇，於是產生極大的意志力，控制住徹底制伏對手的慾望。假如在一個公司的董事大會上發生了一場大辯論，其中的一個董事敗下陣來，並當場辭職；一個競爭對手接替了他的空缺後，還企圖禁止他使用公司的小汽車，董事會其他成員就會立即阻止這種行為：「不要打倒下去的人。」

在這種體育精神中，除了寬容精神之外，我們還必須注意到他們按一定的規則和程序行事的光明磊落態度。而按程序行事正是現代民主政治的一大特徵。當然，在政治生活中，這種「體育家風度」並不只是由於現代體育運動的薰陶而養成的，它原來就是英國社會政治生活的傳統。古代社會只有貴族才有

閑暇也有能力參加體育娛樂活動，於是英國上層社會，從封建貴族到資產階級新貴族，從古代騎士到現代紳士，很久以來就在體育娛樂活動中養成了這種傳統風範。遠在古羅馬時代，歷史學家塔西佗就這樣評說西歐各民族：西班牙人以堂皇的禮儀感化人，法蘭西人以富有感化人，英格蘭人以公正的裁判感化人；而德意志人除了武力征服，沒有一樣感化人的手段，他們把對手打翻在地，還要再踩上一隻腳，只有在對手處於疼痛的折磨中，才向被征服的對手報以敬意。這種說法一再被人引用，直到今天，歐洲人還覺得有一定的道理。

英國貴族的這種公正並不只體現在裁判民眾的糾紛上，也體現在處理他們相互之間的矛盾上。騎士之間的決鬥可以看作是一個有趣的例子。決鬥在我們東方人看來，是一種野蠻的習俗，不如設個圈套來得高明，或投毒、或陷害、或借刀殺人、或渾水摸魚……

總之，只要能除掉對手，無論採用什麼手段都可以，而且越是不露痕跡越好；倘若估計不能取勝，便來個「三十六計，走為上策。」如果僥倖獲勝，則定要斬草除根，甚至株連九族。像西方騎士那樣互相面對面地以性命相搏，機會均等，但憑運氣，這對東方深諳韜晦之計的權貴而言，實在未免可笑。但在英國貴族看來，這正是敢作敢為、勇於負責、公平合理、光明正大這些品質的集中體現。今天，要彼此體力相搏，雖說機會均等、公正不偏，但未免過於野蠻，所以在英國也早被唾棄。但光明磊落作為一種原則風尚，畢竟影響了後世政治家的作風，他們似乎懂得「要光明正大，不要搞陰謀詭計」，力求給人一種坦蕩磊落的印象，在政治鬥爭中守規矩，不出格。

因此，他們是政敵歸政敵，私交歸私交；政治上的分歧不一定導致私人之間的敵視，對政治上的輸贏力求以一種騎士

（或體育家）的豁達態度超然處之。甚至連普通的英國人都頗具這種風度；一對恩愛夫妻在選舉時可以本著個人觀點投不同黨派的票，而不影響夫妻生活的和諧。

正因為有這樣一種體育精神，英國的政治家在鬥爭中不會你死我活，也不會在權力的階梯上能上不能下，而能做到勝不驕、敗不餒，上下進退皆由程序，即使退了仍有政治影響，仍是政局中的一員。

總之，他們過著一種制度化、程序化的政治生活，這是現代民主政治的運行模式。羅素有一句名言常為現代學者所引用，他在《權力論》中說：「民主政治雖然不能保證最好的，但卻可以保証避免最壞的。」之所以可以避免最壞的，就在於它遵循程序原則，有一套完整的法定規範，依法為政、依法治民、實行充分而有效的法治，因此能夠避免人為的災難。

明智的阿格里科拉總督

早在布立呑人（Britons）時代，不願失去自由的英倫居民與羅馬征服者便進行了一次次殊死鬥爭，公元六〇年波狄卡起義，把這一鬥爭推上高潮。在鬥爭中，一些英勇的部落既不要求停戰，也不求饒，而寧可在沙場上戰死，在沼澤地中餓死；終於使征服者認清了形勢，害怕再這樣下去，他們得到的將不是一個省，而是一片荒漠。因此羅馬的大人物開始厭棄他們派往不列顛的總督波里努斯將軍，認為：「他的失敗是由於愚蠢，而成功則全靠幸運，」必須另派一名總督，此人應該：「不受敵意和勝利情緒的影響，而能寬待我們所征服的敵人。」於是公元七八年，新的不列顛總督阿格里科拉上任了。

這位聰明的總督，史學家塔西佗的岳父清醒地意識到：「如果征服以後就進行壓迫，那麼征服者將一無所得。」因此他沒有像德意志日耳曼人那樣把敵人打翻在地，再踩上一隻腳，而是幫助人家苟延殘喘，自己則從長計議，獲取利益。他減少了納貢的糧食數量，並且鼓勵和幫助寺廟、法院和住宅的建築，他為不列吞酋長們的兒子提供良好的教育，還奉承英倫的居民說：「布立吞人的天賦勝過高盧人。」以籠絡人心，博取好感；終於使布立吞人接受了羅馬的先進文明，使不列顛島出現了第一個輝煌的時代。

很明顯，阿格里科拉總督對被征服者的寬容不是受體育運動的啟發，而是從血淋淋的現實鬥爭中吸取的教訓。在這以後很長的歲月裡，血的教訓一次又一次地提醒在不列顛島上活動的人們，要學習阿格里科拉總督的經驗和智慧，要寬容妥協；好勇鬥狠絕無出路。但是，智者善於總結前人的經驗而避免攤牌，而大多數不明智的人就只有把鮮血當學費，一次又一次地繳納給愚蠢了。撒克森時代，明智的阿爾弗雷德大帝在確立對丹麥人的優勢後卻並不趕盡殺絕，在東英格蘭保留了一塊丹麥法地區。但更多不明智的統治者是不會記得阿格里科拉的名言的，他們非要親自嘗試一下不妥協的殘酷結果不可。

「玫瑰戰爭」中，蘭開斯特和約克兩大家族爭奪王位，誰都志在必得，不願妥協。於是一場戰爭下來，英格蘭封建舊貴族相互殘殺殆盡，最後亨利七世從大陸來島上建立都鐸王朝時，這位有些許蘭開斯特家族血統的新王從血的教訓中得到了寬容妥協的結論，於是迎娶了約克家族的的伊麗莎白公主，從而使紅玫瑰與白玫瑰兩大家族結合起來，消弭了亂源。

也許是由於好勇鬥狠所帶來的慘景給新王朝的歷代君主留下了太深刻的印象，都鐸一朝儘管是英國專制集中的封建時

代，君主們卻頗通妥協之道；正如我們在前面提到過的，這個王朝的最後一位君主伊麗莎白在她的最後一屆國會上，還就特許權問題向議會反對派做了妥協讓步；而斯圖亞特王朝的前兩位國王不諳妥協之道，結果有一位被推上了斷頭台。

同樣，革命中的資產階級和新貴族有的不願妥協，有的想妥協，卻為形勢所迫不能妥協，結果只有造成社會動盪，而且還是不免於王政復辟；當他們通過「光榮革命」實行妥協後，他們的利益才得到了保障。

因此，寬容妥協不僅是一個類似體育比賽規則的政治原則，而且還是基於現實利害關係的政治謀略，是兩害相權取其輕，兩利相較得其重的戰略權衡。以後，在統治階級內部，儘管由於利益不一致而相互爭吵，組成托利黨和輝格黨，但他們卻再也沒有訴諸武力，而是隨著力量消長的較量，競爭組閣權，為以後相互尊重、妥協寬容、競爭議會優勢的政黨政治開闢了道路。

在階級鬥爭中，寬容妥協往往是被壓迫者通過殊死搏鬥，向壓迫者爭取到的權利，英國近現代史上一次又一次政治改革的成功，都是人民草眾不斷爭取，統治階級不斷妥協退讓的結果。一八二九年愛爾蘭人民爭取到的《天主教徒解放法案》就是一個典型。

一八一五年趕走了傾向解放天主教徒的坎寧內閣繼承人戈德利克後，威靈頓的新政府原擬提升信奉新教的愛爾蘭地主菲茨拉德填補一個大臣職位的空缺。但任命大臣需要選民進行補缺選舉，因此在克萊爾郡舉行了投票。奧康內爾是天主教協會推薦的候選人。根據「宣誓條例」，禁止天主教徒擔任公職，他當然沒有資格當選為國會議員。然而，儘管當地新教紳士極力反對，他仍然勝利當選了。這是一個十分敏感的問題：如果

英國政府拒絕給予天主教徒選舉權與被選舉權，愛爾蘭就會爆發民族革命。於是本來對天主教持強硬立場的新內閣面臨著一場考驗；頑固堅持一貫立場還是明智地妥協？

威靈頓很清楚：必須妥協！八月他向國王彙報說：「大多數議員認為補救的辦法是解放天主教徒。」然而這意味著國教徒貴族寡頭壟斷政治的特權開始喪失，他們大多數為了既得利益，是不會輕易答應的。十二月，愛爾蘭事務大臣向內政大臣、威靈頓內閣的骨幹皮爾闡述了一觸即發的緊張形勢：「我可以肯定，南方的農民準備在奧康內爾被趕出國會時趁機起事，任何對天主教不利的事件都可能使他們提前採取行動。」因此，愛爾蘭當地的英國統治者奧朗日派新教徒對他們將要面臨的民族解放戰爭的處境感到驚恐不安，急忙向英國政府表達不惜任何代價解決爭端的迫切願望。於是威靈頓內閣不但要忍痛妥協，而且還要說服包括國王在內的反妥協人士。好事多磨，終於先在一八二八年取消了《由旦誓條例》，第二年又通過了《天主教徒解放法案》。

妥協的先例一確定，擴大選舉權的口子就拉開了。一八三二年、一八六七年和一八八四年直到一九一八年和一九二八年，一次又一次的議會改革，無一不是人民群眾積極爭取，當政者明智妥協的結果。於是，普選權終於確立，繼資產階級全面取代貴族寡頭而掌握政權，工人階級也在議會有了一席之地。這樣一次次妥協的結果就是現代英國民主政治制度的確定和福利國家的形成。而工人階級的主流也放棄了堅決的階級鬥爭，只以相互妥協的方法解決具體的勞資糾紛，資本主義國家也因此得到了鞏固。

在國際上，由大英國協取代英帝國，讓各殖民地獨立，也是在世界形勢逼迫下實行妥協的結果。最後，一九八四年十二

月十九日，中（共）英關於香港問題的《聯合聲明》作為通過和平談判、相互諒解、合作解決國際爭端的最好範例，也是這種妥協智慧的結晶。當然，毫無疑問，假如沒有今天中共國力的強盛，英國人是不會做出這一妥協的；他們在福克蘭群島問題上與阿根廷不妥協的立場就証明了這一點。

當我們看到英國人寬容妥協的政治鬥爭智慧時，千萬別忘了這是一次次流血衝突的痛苦經驗之結晶昇華而來的。

從海德公園談起

每個去倫敦的遊客無不對它擁有眾多公園感到羨慕。公園雖多，但享有世界聲譽的無疑只有海德公園。其所以聞名天下，就因為有個可以任人發表演說的角落——「自由論壇」。很久以來，這兒就是一個熱鬧的地方。原先是在每個星期日下午，允許人們站在裝肥皂的木箱上發表演說，人們稱之為「肥皂箱上的民主」。現在，每當周末，幾乎整天都有人站在自帶的梯架上演講，多則十幾攤，少則兩、三攤。演說的內容除了不對王室和任何人進行人身攻擊外，什麼都可以。有的在那裡宣傳各種「社會主義」；有的大講宗教道理；有的表演催眠術；有的談論性自由；有的講種族主義；也有的宣傳民族解放……五花八門，無奇不有。不要說專制國家常有人譏訕這種濫發「亂七八糟」言論的「自由」，英國一些上層人士也認為這種「肥皂箱上的民主」是對「民主」和「自由」這些高貴字眼的褻瀆。

但是，它畢竟反映了英國社會言論自由的程度，說明了社會對各種不同思想的寬容和包涵。在落後的第三世界許多國

家，比如吃人肉的卜卡薩皇帝治下的中非，老百姓這種自由發表見解的權利恐怕在睡夢中也不敢享有。正因為這裡集中反映了英國社會的寬容氣度，再加上其他因素，從十九世紀中期開始，海德公園就成了英國勞動人民集會和遊行的地方。每當有大規模的示威遊行，參加者往往從全國各地趕到海德公園，集合列隊後再到市內主要街道遊行。其時，海德公園實際上是社會政治氣候的寒暑表。

就在上個世紀，英國資產階級在經濟勢力強大，並感覺自身地位相當穩定的情況下，選擇了自由主義作為治國方法。在不觸動資產階級根本利益的範圍內，允許有言論、出版、集會和結社的自由。不僅海德公園裡人們暢言無忌，工人組織和民主團體也可以合法存在。寬鬆的政治氣氛還吸引了大批外國政治流亡者前來英國避難。

二十世紀的四〇年代，歐洲各國革命者多半流亡到英國，倫敦成了法、意、波、匈、德、俄的革命民主派聚集的場所。從一八四〇年秋天起，恩格斯就住在英國的曼徹斯特。一八四四年，馬克思也到了英國；他在經受了激烈的大革命洗禮的法國受到迫害；在革命「很不徹底」的英國，卻能寫反對當局和首相的論文以及反對整個資本主義制度的《資本論》。一八四五年九月二十二日，在倫敦成立了各國民主派的「兄弟協會」；也在這一年，馬克思、恩格斯在倫敦參與籌建共產主義者同盟，並為它撰寫了標誌「馬克思主義」誕生的文獻《共產黨宣言》。一八六四～一八七二年，倫敦是第一國際總委員會的所在地。我國偉大的革命先行者孫中山先生曾在倫敦蒙難，被腐朽的清使館當作罪犯，祕密關押。在不知民主為何物的清朝，造反是彌天大罪，而在寬鬆自由的英國，革命卻是有志於改革社會者令人尊敬的高尚行為，這時，是倫敦的群眾和英國

的社會輿論營救了他。直到本世紀初，俄國革命前夕，包括列寧在內的大批革命者也曾流亡英倫。不管英國資本主義民主是多麼虛偽，但寬鬆的政治環境已使它成了庇護各國革命者的自由之都。

當馬克思主義創始人在歐洲大陸沒有立足之地時，是英吉利的土地收留了他們。這兒的水土供養著他們的身體，這兒的文化也滋養著他們的精神。因此，今天我們要理解馬克思主義的真諦，除了別的渠道，很重要並且必要的一條，就是通曉英國的歷史和文化。不要說馬克思主義三大部分之一的政治經濟學是直接批判並繼承了英國古典政治經濟學，其科學社會主義的來源——空想社會主義，在英國也是源遠流長的。從中世紀歌謠「亞當耕耘，夏娃織布，其時紳士在何處？」對社會平等的憧憬，到莫爾的《烏托邦》理想，再到歐文空想社會主義的實踐活動，便可窺其脈絡。至於馬克思主義哲學，其「唯物史觀」的確立恐怕與英國哲學思維的求實傳統也不無關係。馬克思的理論風格與其他德國哲學家的顯著區別是：它是事實占九○％，理論占一○％的英國式風格。

如果把英國「寬容精神」的形成僅僅追溯到上個世紀強大而自信的資產階級領導下的自由資本主義時代，顯然是不全面的。·事實上從十七世紀開始，這種精神就在逐漸醞釀之中。多年來，英國不幸的君主就一直夾在「魔鬼般」的天主教和汪洋大海般的清教徒之間。這種三角衝突產生的一個當時人們沒有料到的後果就是「寬容」。一些人想在對立的教派之間保持中立，便不得不緘默寡言；這使他們變得比原來寬容一些了。如果國王們和護國公在他們一生的不同時間裡都堅持各教派的同等權力，那絕不是由於他們對長老會教徒和高教會教徒有什麼感情，或者是他們受到那些教徒的愛戴，他們只是在一個非

常困難的交易中爭取最好的結果。復辟時期的國王曾頒布過宗教寬容的法令，《天路歷程》的作者班揚，這位平等派清教徒也因此受惠，得以從牢獄中釋放。儘管查理二世宣稱他是由於「十二年來的痛苦經驗……採用強制的辦法效果甚微」，而保護信教自由的，但實際原因之一是他想挽救自己所信奉的地位虛弱的天主教，一心要打破國教的壟斷地位。當然這在當時是不好明說的。

在那個世紀，思想家也紛紛登場，倡言寬容。主張專制主義的霍布斯同時卻主張讓人們在不太重要的問題上有一定程度的「自由」。八〇年代，洛克還寫了《關於寬容的信》。洛克們問道：國家並沒有規定人們應該吃什麼、喝什麼，為什麼非要強迫他們去這個教堂而躲開那個教堂不可呢？當然，洛克並沒有寬容天主教徒；但這並不是由於他們的異端思想，而是由於他們危險的政治活動。天主教的西班牙「無敵艦隊」曾虎狼般對著英吉利，英國天主教徒甚至還弄來大桶大桶炸藥，要把國會炸個稀巴爛。洛克的寬容是承認思想信仰的自由，而不是行動上的姿意妄為。直到今天，寬容的涵義還是如此。

十六世紀是歐洲宗教改革的時代，但新教未必比天主教更加寬容，喀爾文之徒在瑞士西部就充當了警察局長和最高審判長的角色。而十七世紀的英國恰是披著宗教外衣的資產階級革命時代，正是清教徒主義不徹底的勝利，使它成為宗教妥協的時代。革命結束後，皇家斷頭台給這塊土地撒下了一道陰影。

一六四九年一月三十日是所有身居要職的人永遠不會忘記的日子；發生在死去的查理王身上的事也會發生在任何膽敢把自己凌駕於法律之上的人身上。至於國教，當然官方教堂要享受某種優厚的待遇，但喜歡在別的地方做禮拜的人也可以平安度日。宗教神職人員，當時的「思想政治工作者」，自然堅信

只有自己的信仰是唯一正確的，並天生具有一種企圖要別人也信奉它的傾向。但與法國相比，他們對國家事務的直接影響幾乎是微不足道的，承認是無神論者的人和一些「令人討厭的不信奉國教者」，偶爾可能得到賞光，去監獄裡逛一逛，不過對於路易王的臣民來說，英國一般的生活狀況還是完美的。與國教格格不入的平等派清教徒班揚，作為一個卑賤的的補鍋匠，居然在生前就能享有盛大的榮譽。而不願與宗教異己者共戴一天的狂熱分子，只有乘「五月花號」去尋找自己獨享的天國。

隨著歷史的發展，英國對不同信仰者將更寬容。繼洛克之後，下個世紀的思想家眼界也更開闊。據鮑斯威爾寫的傳記說，文豪約翰遜主張：「每個人都有權表達他所認鳥是真理的東西，而所有其他的人也都有權不尊崇這個東西。」再過一個世紀，小密爾在其《論自由》中說：「假如除了一人之外，全人類都持有一個相同的意見，而僅那個人持一種相反的意見，那麼，全人類要使那個人保持緘默，並不比那個人使全人類保持緘默更為公正。」

因此，早在十七世紀，當其他國家還在為「三位一體」兄弟鬩牆，拚命廝殺時，大不列顛的宗教迫害就已停止，並因此成了由於思想信仰而遭受迫害的各國流亡者的避難所。當法蘭西的「太陽王」取締了宗教寬容的《南特法令》時，儘管他關閉了邊界，成千上萬的胡格諾教徒還是不惜冒著各種危險，通過祕密途徑來到倫敦。（當然，也有去阿姆斯特丹、柏林和巴塞爾的。）當時這些外逃者沒有很多錢，但他們是以忠誠肯幹而聞名的商人和藝術家，信譽很好，精力又充沛，沒過幾年便重新繁盛起來。而這繁榮本來應該是屬於法國的。其實再上溯一個世紀，即宗教革命的世紀，伊麗莎白‧都鐸早就謀求對非國教徒的容忍了。當巴黎「聖巴托羅繆之夜」一夜之間殘殺了

五千胡格諾教徒之後，很多法國人就跑到英國避難，而且大多是從事技術、商業和科學的人才。共約有十萬人左右移居英國，在這些領域給英國帶來無法估計的利益。英國許多有名的人物，不少人的祖先就是那時的避難者。這些難民在教派信仰上，無論在法國還是在英國，都屬於少數派。但他們在英國獲得了相對的自由；他們在布雷德福建設了大工業城市。

在英國，也正是那些非國教徒發起並完成了產業革命，使英國社會從農業世界中脫穎而出，成了工業社會的先行者。以巨大的工業城市伯明翰為例，城市的創立者是唯一神論的教徒和組合教會員，他們在十七世紀末建造了第一個禮拜堂。在一七○○年以後，各種異教花了一個世紀左右的時間，建成了一個以鑄造業為中心的城市。在這百年之中，先是教友派繼踵前來，一七三八年浸禮教徒，一七五二年衛理公會教徒相繼加入建設者的行列；幾年之後，猶太教徒也出現了。市井開始繁榮。但是既成的特權階級一邊敬重他們的創業成果，一邊卻蔑其為「不開化」。

像約翰遜這樣的思想家，在一七七六年居然還寫道：「我們用腦工作，讓伯明翰的傻瓜們用手為我們幹活。」但是經濟業績終於戰勝了虛妄的傲慢，隨著城市的擴大，一般的正統教派成員為享受由異教徒創造的文明成果，分沾成功的榮譽，遂大量流入該市，很快在數量上壓倒了創業者。

歷史發展到上個世紀中葉，人們清楚地看到了英國社會分化成這樣的三股勢力：首先是舊的權力階級，他們是十七世紀革命後受益的新貴族，擁有土地，並受到一般無知農民的支持；思想上他們與英國聖公會、牛津、劍橋那樣的老牌大學關係密切。其次是作為新權力階段的中產階級，他們是富有上進心並已獲得成功的異教徒產業家，給英國帶來了經濟繁榮，並

設立了學校；他們渴望得到舊權力階級的「承認」和「寬容」。最後是尚未成功的異教徒，即居住在新城市的工人階級和小商人，他們向社會的發展貢獻了自己的汗水。毫無疑問，正是後兩者對社會的發展做出了貢獻。如果這些異教徒得不到寬容，只有忍受迫害，或者流亡他鄉，怎會有如此業績？

異教徒或持不同思想者之所以顯得異端乖僻，是由於他們善於獨立思考，對正統思想不盲從。這樣的人往往是最富有活力和創造精神的人，對他們的迫害就是對進步的犯罪，對他們不寬容就是在浪費社會發展的人力資源。「寬容」與「發展」就是這麼聯繫在一起的。這個問題值得不發達國家那些沒有容人之雅量的統治者深思。

國王陛下忠實的反對黨

不因為思想言論而迫害臣民，對於一個政權來說，僅僅是體制外的寬容，即對民眾甚或群氓的容忍，還談不上對不同政見的尊重和採納。如果體制外的各種思潮不能在體制內得到相應的表達，那麼這種寬容勢必導致社會上各種異己（甚或敵對）勢力的組合聚集，從而威脅現行體制和社會穩定。因此體制內的寬容就成了非常必要而且十分重要的了。在統治階層內部，不能一味強求輿論一律，而要允許發表不同意見，讓一些人為各種社會勢力代言，俾使社會衝突通過體制內建設性的對話，妥協而緩釋和消除。基於這樣一種政治智慧，我們有幸看到了英吉利國家政治生活中的一朵奇葩——「國王陛下忠實的反對黨」。

現代政治都是政黨政治，國家生活中活躍的政黨活動是政治運行的充分和必要條件。現代政黨攻治的發源地是英國，而

尤足稱道的是英國政黨制度從一開始就是所謂議會的黨，他們彼此鬥爭，卻又相互妥協，不去戰場一決雌雄，只進會場一爭短長。十七世紀，英國人民把國家主權從專橫的君主手中奪了過來，轉而交給了代表全國民眾的議會。議會中的議員來自不同的階級、階層和社會集團，為了使自己的政見和主張能在議會中通過，使本階級的利益在法律上得到正式承認，並進一步達到控制這個代表國家主權的機關，他們結成不同的政治集團，彼此間經常發生尖銳激烈的鬥爭。

王政復辟時期，複雜的政治局面使得議會中的兩大政治集團圍繞著詹姆士能否繼承王位的問題，展開了激烈的鬥爭。以索爾茲伯里為首，代表資產階級和新貴族利益的政治集團形成輝格黨，他們反對信仰天主教的詹姆士繼承王位，主張進一步限制王權，保障他們的自由。以丹比為首，代表地主、貴族利益的政治集團組成托利黨，支持詹姆士的王位繼承權，認為強有力的王權更能保障他們的既得利益。

隨著資本主義的迅速發展，十九世紀三〇年代工業革命基本完成後，輝格黨逐步演變為代表工商業資產階級利益的自由黨，托利黨則逐步演變為代表壟斷資產階級利益的保守黨。從十七世紀末到二十世紀初，長達二百多年的時間內，兩大政黨一直左右著英國的國家政治生活，輪流執政。

二十世紀初，英國工黨成立，力量不斷發展，而自由黨則江河日下。於是工黨逐漸取代自由黨的地位，成為同保守黨相匹敵的另一大黨。而不論是哪個黨，當他們處於在野地位時，都是以「國王陛下忠實的反對黨」的身分，對執政黨實施監督，並伺機上台。各黨之間雖是政敵（有時又是盟友），但對於統治階級來說，政府的更迭只是權力從左手換到右手，又從右手換到左手而已。然而正是這種權力轉換機制，使得任何人

都不可能壟斷國家政權，使執政者不能專橫獨斷，從而避免許多各種人為的災難。

英國議會廳的建築格局也頗為獨特。寬寬的長方形議會廳，議員們在兩邊一排排相向而坐，一邊是執政黨，另一邊是反對黨。執政黨一邊前排就座的是首相和內閣大臣，反對黨的前座議員則為影子內閣。就連排隊去上院聆聽由首相和內閣擬好底稿的女王講話，也是兩路縱隊，並肩前往。整個議會就像是兩支球隊，不過他們之間的競爭方式不是盤弄手中的球，而是辯論。他們無須念講稿，而他們的即席辯論比華盛頓和巴黎的照本宣科親切得多，尤其是兩方的前座議員，座位近得幾乎鼻頭相碰（當然不免誇張），因此辯論起來也就針鋒相對，特別精彩。頭戴嚴密無縫的假髮的議長，超脫黨派之上，居中擔任主席。其職責不是參與辯論，只是維護秩序，向上院和國王通報下院的決定。

英國議會廳的這種布局不僅有利於充分表達各種見解，而且有利於各種見解的折中融合，共謀治國良方。這種布局為兩大黨就敵對政策進行競爭提供了天然舞台，他們把每次辯論都看成是裁決與申辯的比賽。狄斯雷利與格拉斯頓，艾德禮與邱吉爾，以及撒切爾夫人與富特、金諾克之間的英勇對擂，已成為英國政治心理學的一個組成部分。

這種辯論能促使雙方心理易位，反對黨會驟然發現自己的位置更換了，變成了執政黨，因此不得不建設性地考慮問題而不是一味拆台。執政黨也會想到自己在野時的處境，從而更多地理解對方，接受對方一些有益的見解。各種不同政見因為有了這樣一個表達、交鋒和溝通、妥協的場所，而不致於形成破壞性的衝突，反而折中為建設性的治國方略，為最高政治決策的科學化、民主化提供了條件。其運用之妙，近乎神奇。正由

於這種布局是英國政治智慧的體現，因而得到推廣運用。這種雙邊形式在英國其他機構中也屢見不鮮；從足球比賽、法庭到勞資雙方談判等等，莫不如此。

在領導集團和政治精英當中，這種布局培養了他們的負責精神。因此激進主義者不得不謹慎行事，而保守主義者又不能不勇於改革。事實上，英國許多政治改革都是在托利——保守黨手中完成的。而工黨，作為「社會主義」和工人階級的黨，早期以生產資料公有制作為社會主義的核心和標誌，五〇年代提出以「社會平等」取代「公有」概念，八〇年代又突出強調「自由」對社會主義的重大意義和價值，實際成了「市場社會主義」；在這種自我革新的擅變過程中，不難找出保守黨衝擊和影響的痕跡。

對於廣大的下層群眾來說，正由於有了這個內部含有反對黨的議會，使他們覺得改良有望而不去求助於革命。

上個世紀，英國的歷史學家麥考利解釋一八四八年英國沒有發生革命的原因時說：「我們知道，我們的政府雖然不是十全十美的政府，卻是個好政府，它的弊病可以通過和平方式和合法方式加以改正，它從來沒有斷然拒絕過正當的要求。我們得到了無比可貴的讓步，其辦法不是靠擂鼓，不是靠鳴鐘，不是靠毀路築障，不是靠奔向鐵匠鋪操刀拿槍，而只是依靠理智和輿論的力量。」[1]這種體制內的寬容對於維護社會穩定的「安全閥」作用，於此可見一斑。

最後要提一下的是，在英國的政治生活中，這種體制內部「費厄潑賴」的精神是被自覺而嚴格地遵守著的。

例如，在一九二三年大選之後，保守黨失去了許多席位，

---

❶　轉引自 R・密利本德：《英國資本主義民主制》第二十七頁。

但仍是議會第一大黨；新興的工黨席位數目上升了許多，自由黨席位也有所增加。這時如果代表有產者的傳統政黨保守黨與自由黨結成聯盟的話，完全可以合法地把工黨拒於政府大門之外。但他們本著正大光明、公平競爭和對無論什麼樣的對手，哪怕是代表工人的黨也要寬容的原則，沒有這樣做。

保守黨最有影響的人物之一戴維森寫道：「我是個頭腦簡單的人，但那種不正當的聯合行動的任何一次，都意味著自由黨和托利黨不惜犧牲原則來剝奪工黨的公民權利，是走上革命道路的第一步。」❷

而首相鮑德溫也並不戀棧，主張讓工黨也獲得一些行政管理的經驗。他的傳記作家說：「鮑德溫根據他對工黨的了解，制定了他的包括在野和在朝時在內的全部方針。如果兩黨之間的距離更加擴大，以致不可能做到相互理解，那就無法進行議會辯論，而超出多年實驗智慧所形成的憲制範圍的作用與反作用、措施和反措施會接踵而來。因此，讓工人獲得他們的機會和吸取他們的經驗吧！」❸

這樣他們就為工人議員適應現行體制，使工黨在執政時成為體制的捍衛者，在野時很好地充當「國王陛下忠實的反對黨」鋪平了道路。

實際上，無論在什麼國家，對不同意見的寬容、尊重和吸收都是有必要的。因為沒有任何証據說明占主導地位的意見就一定正確，反對意見就一定錯誤。真理存在的方式是多種多樣的，何況真理從來就「不是權威的女兒」（培根語），又有什麼理由壓制不同的意見，堅持「輿論一律」呢？

---

❷　R・密利本德：《英國資本主義民主制》第三十八頁、第三十九頁。
❸　R・密利本德：《英國資本主義民主制》第三十八頁、第三十九頁。

光榮革命：舊瓶裝新酒

　　世界總是在不斷變化和發展著的，任何國家的政治制度也都不可能一成不變。變革、發展，這不容選擇，但變革的方式卻大有講究。有的民族力圖嘗試前無古人的創舉，但折騰了好久卻發現兜了一個大圈子又回到了原處。有的民族「摸著石頭過河」，一步一個腳印，卻像和兔子賽跑的烏龜一樣，蹚出了堅實的道路。英國就屬於後者。他們善於最大限度地化解前進道路上的阻力，使之變為不讓歷史車輪翹起打滑和跟蹌後退所必需的摩擦係數；善於在傳統的旗幟下大邁革新的步伐。雖然他們也曾走過彎路，交過「學費」，經歷了刀光劍影的流血衝突、社會動盪和王政復辟，但最終還是在「光榮革命」的試驗中學會了「舊瓶裝新酒」（英諺：New wine in old bottles）式的政治改革智慧。

　　十七世紀，代表新的生產關係和民族發展方向的資產階級曾假手於清教革命去爭取自己和民族生存、發展的自由。當被革命削弱了的專制權力看來再也無力損害這種自由的時候，他們又渴望秩序。護國公強有力的地位曾保障了這種秩序。當護國公一朝仙逝，國中再無強大的權威力量時，他們又求助於曾被他們推翻的斯圖亞特王朝。他們歡迎王朝復辟，但國王也必須承認他們在革命中獲得的自由和權利，並通過維護秩序來保障他們這些既得利益。

　　但是，重新回到寶座上的斯圖亞特王朝又怎會甘心失去他們原先的特權呢？查理二世決心恢復專制統治。但時代畢竟發展了，他不敢再像他的兩位祖先那樣公開宣稱「君權神授」，而是隱蔽、但卻是堅定不移地朝著自己的目標努力。他不再和整個議會（它代表著全民族）對陣，而是和他的保皇派「老

友」——保守的鄉紳和國教徒結盟。但他也清楚，這些英國人之所以保皇，是因為國王已不再是革命前「君權神授」的專制君主了；他們現在不過是利用國王的權威來保障自己的利益，而不是盲目效忠於一個不可一世的暴君。

有鑑於此，查理又祕密地與法國簽訂了《多佛條約》，打算借助外力，擺脫英吉利民族對他們的國王所加的限制，重建專制權力。這和其祖先投靠西班牙一樣，是為王權的私利，拿民族利益做交易；因為當時的法國是歐洲最強大的天主教國家，它最有可能干涉新教英國的內政。由於查理的謹慎，他幾乎就要達到目的了：議會裡，反對派輝格黨已被擊敗，正一蹶不振；地方上，各個市鎮的選舉也被他控制了。就在快要嘗到苦心經營的成果時，他卻福緣淺薄，一命歸天。

繼位的詹姆士就不像他哥哥那樣工於心計，韜光養晦了。他公開投靠民族的敵人——天主教法國，奴顏婢膝地向法王求助，完全摘去了與鄉紳和國教合作的假面具。這樣，英國又回到了革命前的那種政治狀態，英吉利面臨著被套上專制伽鎖的危險。於是，托利黨和輝格黨被迫聯合起來了。他們又將如何行動呢？

他們剛剛嘗試過暴力革命，這在給他們帶來自由和解放的同時，也曾帶來流血和動盪，最後還不免反覆。這次，他們決意嘗試一下改革了。於是，奧倫治的威廉應邀在英國登陸，經過一場幾乎不流血的戰鬥，奪取了詹姆士的王位，「光榮革命」成功了。王位的新主人是詹姆士的女兒、女婿，這保留了斯圖亞特王朝的族譜，但王權的內容更新了。雖然一眼望去，舊的政權形式一如其舊，但坐在寶座上的新王卻再也不能為所欲為了。

根據議會提出的條件，威廉接受了「權利法案」。這個法

案除了宣稱常備軍為非法（為防止掌權者利用武力控制國內政治，損害民族自由）之外，所有條款都是「自古就有的權利」，如定期召開議會、議會言論自由、賦稅由議會決定、國民有請願的權利等等。但問題的關鍵不在於條款，而在這樣一個事實：是議會締造了一個國王，他要服從議會的法律；如果不是議會的選擇，這個國王是不能取得王位的，沒有議會就沒有國王。因此，不僅專制的王權被消滅，連獨立的王權也消失了。個人統治的時代從此結束，在以後的歲月裡，統治國家的將是議會，它在形式上是（或者宣稱是）全民族的代表，並因此具有統治權。雖然本質上它還不是真正的人民代表，但畢竟是一個集團而不是個人。

就此，英國完成了從絕對王權向多元寡頭制的轉化，政治中個人主觀隨意性被排除了，國家經濟騰飛發展的良好穩定的社會政治條件具備了。光榮革命是未來社會的基石。不久，議會通過一系列法律，使這種變化更明確了；它的「兵變法」（一六八九年）使議會控制了兵權；「三年法」（一六九四年）規定議會任期三年，每隔三年必須召開一次新的議會；「叛逆法」（一六九六）使國王再也不能對反對派任意加罪；而「繼承法」（一七〇一）更是明確地規定了王位繼承者的順序，把所有信奉天主教，因而有可能依靠外國勢力，對民族國家構成威脅的人統統排除在外。這樣，議會把國王牢牢控制在手中，英國的王位被架空了。

光榮革命的意義還不僅是這些。英國人突然發現，歷時二十年的革命和流了大量鮮血的內戰沒有解決的問題——革新（而不是摧毀）政治制度，竟被光榮革命輕而易舉地解決了。光榮革命以極其巧妙的方式改變了政權的性質，建設性地改變了政治制度。從表面上看，政權一點沒變，王國依舊，雖說國

王換了人，畢竟還是王位的合法繼承人；傳統得以延續，歷史沒有割斷，英國仍是一個王國而不是共和國，國王仍然是國家元首。然而實際的權力結構卻徹底改變了，國王和議會的權力互換了位置，一個人的專制獨裁讓位給一草人的共同執政；在這群人中，平衡和相互制約是他們行使權力的必要前提。

　　這種變化是通過國王和議會相互妥協達成的，這就為後世提供了一種可能性：權力結構可以在不改變政權形式的前提下加以改變。這就是說，被統治者以自己的力量為後盾，可望通過和平途徑，堅決要求自己的權利；而統治者為了保全自己，也有必要做出適度的讓步。大家都明白，統治的權力得自被統治者的同意。

　　兩年後，洛克總結這次改革的成功經驗說：「從古至今，為患於人類，給人類帶來城市破壞、國家人口絕滅以及世界和平被破壞等絕大部分災禍的最大問題，不在於世界上有沒有權力存在，也不在於權力是從什麼地方來的，而是誰應當具有權力的問題。」[4]因此人們的任務並不是廢除權力，而是換上應當具有權力的人。誰應該具有權力呢？洛克堅決主張多數統治原則，「當某些人基於每個人的同意組成一個共同體或政府時，他們就因此為這個共同體形成了一個國家，在那裡，大多數有權行動並決定其餘的人。」[5]洛克反覆強調，一個政府的權威完全取決於人民的同意：「全體同意高於最高權力——立法權的權力。」[6]而執掌權柄者「之所以能夠要求別人服從，不外因為他是被賦有法律權力的公僕，因而他應該被看作是國

---

[4]　洛克：《政府論（上篇）》，第八十九頁。
[5]　洛克：《政府論（下篇）》，第八十八頁。
[6]　洛克：《政府論（下篇）》，第八十八頁。

家的象徵、表象或代表，依照國家法律所表示的社會意志而行動。所以他沒有意志、沒有權力，有的只是法律的意志、法律的權力。但是，當他不擔任這種代表，離開公共意志而憑他的私人意志行動時，他便降低自己的地位，只成為一個無權要人服從的沒有權力、沒有意志的個人。」❼這時人民就可以憑藉自己的力量，以武力為強大的後盾，在事情還來得及收拾時就更換立法機構，設立新政府。

顯然，英國人學會了解決問題的新方法，從此改革和漸進成了英國政治發展的特色。在「光榮革命」之後，英國再也沒有發生過革命和劇烈的社會動盪。

「光榮革命」和洛克對它的總結，不但給英國的政治改革和政治發展開闢了道路，而且還具有世界意義。多數統治的原則確立了，從此自由不再是一個抽象的字眼，它有了堅實的內容：民主。

為了給資產階級的統治權辯護，給「光榮革命」辯護，洛克說：政府的職能就是保護私有財產，因為財富是個人努力創造、積累起來的，是勞動成果。以後，勞動價值理論作為一種藉口，賦予視私有制為不可侵犯之聖物的資本主義制度一種意識形態上的合理性和合法性。另一方面，從十九世紀開始，馬克思和其他社會主義者以勞動創造「剩餘價值」為前提，利用這一理論，要求生產資料由社會控制或歸社會所有。從這一點來看，說它奠定了包括資本主義和社會主義的現代社會的理論基礎，應不為過。「光榮革命」之後，貴族寡頭之間的相互制衡和洛克概括這個現象所創的「立法、行政、外交三權分立，立法權至高」的說法，昭示了孟德斯鳩的政府分權理論，為現

---

❼　洛克：《政府論（下篇）》，第九十三頁。

代資本主義民主制確立了又一個基本原則。社會主義國家強調議行合一，分工協作，但也承認立法、行政、司法必須分工制衡，以防止必然導致腐敗的絕對權力。

洛克認為個人權力神聖不可侵犯，人民有武裝抗暴的權利，對美國政治制度也產生了深遠的影響；《獨立宣言》的序論幾乎是對《政府論》下篇的一個意譯。另外，從伏爾泰到孔多塞，法國革命前所有偉大的批評家都非常熟悉洛克的學說。後來在英國以外的土地上流了那麼多血，不是因為被統治者不熟悉洛克（他們恰恰是非常熟悉他的），而是由於統治者不熟悉或者不願熟悉他，逼得人民只有運用本來是備用（以為威懾）的最後手段。

由以上種種，我們分明看到了現代民主政治的曙光在其中升騰。洛克心目中的民主本質上是一種精神狀況，一種生活方式，一種政治智慧。可以想像，它能夠存在於幾乎任何一種政治制度中，只要這種制度是政府服務於人民，而不是人民服務於政府。

激進與保守：一對攣生兄弟

激進傾向無疑能帶來變化，推動歷史的發展。這在任何一個民族都是一樣的。與激進相對的，是保守還是反動，這就不一而足了。而且就是保守，在各種文化中的涵義也是大不相同的。所幸，英國保守主義對於民族發展的大車來說，從來就不是凜凜逆風，而是崎嶇道路上的石子；沒有它，大車在太光滑的路面上是會打滑傾覆的。事實上，英國激進主義與保守主義都是英吉利「自由」傳統的兒子，是在清教革命中醞釀發育，

隨後在歷史的長河中成長起來的。

我們知道，在英國，要求變革的激進勢力從來不曾宣稱他們是反傳統的，相反，他們恰恰要從傳統中去尋找變革的根據。當他們要與專制王權作鬥爭時，他們就找到了「自由大憲章」；當他們的目標已突破大憲章中對貴族和民眾權利的規定時，他們就把自己的自由權利追溯到諾曼征服以前，提出要打破「諾曼初鎖」；而他們中的一些人還想更激進一步時，他們還可以追溯到「自然狀態」。總之，激進主義者中派別很多，激進中還有更激進的，但是他們的一個共同特點，就是善於在傳統中尋找根據，明明是革新，卻號稱是復古，是發揚傳統，從而使一切反對革新的人失去了捍衛傳統這一藉口，從理論上剝奪了其保守行為的合理性與合法性，化解了相當一部分改革阻力。

激進主義派別眾多，這是由於激進程度的不同而形成的。除了人數很少、影響很小的極端激進派以外，每一派後顧比較固然是激進的，而前瞻一比，卻又是保守的了。在驚心動魄的革命中，只爭取政治平等的平等派較之於更爭取經濟平等的掘地派，是保守一些的；而獨立派又比平等派保守，它在擄獲了國王之後還與國王暗中勾勾搭搭，想搞妥協，對平等派的普選權要求則竭力壓制，對激進的平等派（即掘地派）屬行鎮壓；最後，長老派則更加保守，在內戰中，它壓根兒就不想去戰勝國王，只想迫使國王答應他們的條件。革命的主力軍無疑是具有激進傾向的人民大眾，但領導權卻一直掌握在比較保守些的派別手中，他們先後是長老派與獨立派。然而作為拿起槍桿子同王軍作戰的一方，他們都屬於激進主義者。

革命中的保守派是立憲王黨。他們是英國保守主義的先驅。如果不是得自他們的幫助，一個在英格蘭並無深厚根基的

第二代蘇格蘭—英格蘭國王，僅僅憑手中的權力資源籠絡起有限人馬，是無力發起戰爭的。那麼，這些人為什麼支持國王？他們都是些滿腦愚忠思想、無條件的鐵桿保皇派嗎？非也。

一六四〇年長期國會召開時，反對國王獨斷專行的「自由」陣營幾乎囊括了所有議員，維護「君權神授」說者可說是寥寥無幾。正是在這種缺乏支持力量的窘困中，國王才被迫同意處決自己的寵臣斯特拉福伯爵，承認議會的特權。這時一部分議員認為「自由」的傳統已經恢復，專制王權已受到限制，議會的目的達到了。因此，他們想就此打住，消化已得到的勝利成果，而反對走得太遠，因為那會從另一方面破壞傳統憲政。他們並不要求在他們看來不合自由傳統的「議會主權」，而是只希望限制國王違背傳統的出格行為，以維持「混合制」下王權與國會權力的平衡。

因此，一六四一年十一月議會表決《大抗議書》這樣一份有要求大臣對議會負責等等毫無前例的新內容的文件時，有一四八人對這份「背離傳統」的文件投了反對票，使該文件僅以十一票的微弱多數得以通過。顯然，議會開始分裂了。國王以為有機可乘，就帶兵去議會抓反對派領導人；未果，又去諾丁漢豎立起戰旗，挑起了曠日持久的內戰。而這時，公開擁護國王的議員已達二百五十五人。這些人之所以倒向國王一邊，是因為國王已不能堅持「君權神授」的主張了，他不得不向英格蘭人的「自由」傳統讓步，承認了他所不願承認的議會特權。他讓立憲王黨的首領愛德華·海德（後受封為克拉倫登伯爵）代表起草了著名的宣言。依靠這個宣言，他才在內戰中得到立憲王黨的支持。宣言稱——

> 我的願望是，用已知的本國法律統治國家，且用法律

保全臣民的自由和財產，要與保全他的正當權利一樣周
到……我在上帝鑑臨之下，鄭重而真誠地宣誓，我要維護
議會的正當持權和自由……尤其要不加侵犯地遵守我向本
屆國會表示同意的法律。❽

　　儘管國王講這番話是虛情假義的，但立憲王黨卻是認真
的。由此可知，在這個基礎上為國王戰鬥的人，在主觀上並沒
有背叛「自由」事業。以海德、福克蘭為代表的曾讚成並參與
處死斯特拉福的這群人，與始終站在國王一邊的反動派哥林之
流顯然是大異其趣的。對於英格蘭人的自由事業，他們是以穩
健派而不是反動派的面目出現的，他們對反動派像其他各種激
進派一樣地蔑視和厭惡。王黨史家克拉倫登寫到哥林時，就輕
蔑地說他「為了滿足一種尋常的情慾或嗜好，常毫不猶豫地辜
負任何信任，或實行任何變節；並且說實在的，他所以沒有在
最大的惡行上達到同時代人那樣出色和成功的地步……只因他
不夠努力而已。」❾可見，我們如果簡單地認為保守等於反
動，是不那麼妥當的。正是在這個意義上，我把他們看成是歷
史進程中的路面磨擦力而不是頂頭風。
　　內戰中和「光榮革命」前的保守主義所嚮往的是「混合
制」下國王與議會之間的平衡。當王權試圖超越平衡時，他們
和激進的輝格黨聯手進行了政變。但政變本身卻造成了議會超
越王權這一事實。少數食古不化的極端保守派去追隨流亡的詹
姆士，而保守主義的主流派卻藉此革新了保守主義的內容。在
博林布魯克那裡，英國的自由傳統已不再是王權和國會的平

---

❽　阿・萊・莫爾頓：《人民的英國史》，第三一四頁，第三一一頁。
❾　阿・萊・莫爾頓：《人民的英國史》，第三一四頁，第三一一頁。

衡，而是議會限制王權；因為不這樣，王權就可能變成專斷的權力。托利黨和輝格黨共同完成的這次「光榮革命」是對古老傳統的恢復和發揚，是兩黨對英國自由事業的聯合貢獻。而將來，只有冷靜而富於理性的人才配管理國家，這樣的人在英國只能是博氏之輩托利黨所代表的土地貴族，因為他們擁有地產，不依附於任何人，他們是「自由」的天然捍衛者。

　　英國早期保守主義主要是一種政治實踐運動；直到十八世紀末，柏克才對它進行了理論總結。柏克並不是天生的保守黨人，實際上他早年曾投身輝格黨的改革運動，也曾支持過美國革命。但目睹看來似乎與傳統徹底決裂的法國革命之後，他卻以一個保守黨人的姿態，寫了那本《法國革命感想錄》。針對牧師普賴斯讚揚法國革命，說英國的「光榮革命」也是由人民重新選出一位統治者，是對英國政體「標新立異」的改造之說法，他強調「光榮革命」是為們保持我們古老而無可爭辯的法律自由，保持那作為法律和自由的唯一保障的古老政府體制而發動的。」因為──

　　　　從大憲章到權利宣官，我們制度的一貫政策就是在追求和維護自由的同時，把它看作是來自祖先又將傳諸後代的法定遺產，看作是一筆特定地屬朴我國人民的財富，而與任何其他更普通、更崇高的權力毫不相干。正因為如此，我們的制度能在千差萬別中維護團結：我們有世襲的王位，有世襲的貴族，也有從世代祖先那裡繼承了特權、選舉權和自由的下議院和人民。⑩

---

⑩　E・柏克：《法國革命感想錄》，英國企鵝出版社，一九八七年，第一○五～一○六頁，第一一七頁。

但柏克強調傳統時，並未否定變革，他對改革與守成之間的辯證關係有著清醒的認識。他說：「如果我們不想陷入形而上學的詭辯迷津，那麼，就遠不是能把按常規辦事與隨機應變、把我國政府制度中神聖的繼承原則與在緊急關頭有變化地運用這種原則調和起來。」⓫就是說，保守主義者既有持之以恆的原則，這是其立國之本，又有追隨時代步伐、靈活運用原則、發展原則的手段。當然，他們並沒有積極、不加選擇地支持任何變革。如果這樣，也就不成其為保守主義了。

　　柏克接著寫道：「變化只能局限於有毛病的部分，局限於有必要做出改動的部分；就連在這種時候，也只能在不會瓦解國家與政治整體的條件下進行，目標是從原有的社會因素中創建新的國家秩序。」因此，保守主義者從來不會為改革而改革，不會盲目冒進，但是也絕不籠而統之地反對改革。一旦經驗証明確屬弊端的東西，他們也能「看準了，就大膽地闖。」並且，一旦闖開了，就絕不回頭。這樣，英吉利民族發展的漸進道路就在穩健的保守主義參與下鋪成了。柏克宣稱：「英國人永不仿效他們所未曾嘗試過的新花樣，也不回歸經試驗已發現有問題的舊式樣。」

　　後來英國保守主義幾經嬗變，但謹慎變革，「反對倒退」作為其精神實質，一直傳承至今。它是英國人沈穩的民族性格之昇華，它滲透在社會發展的進程之中；在歷史的轉折關頭使英國避免了因走極端而大起大落、大傷元氣的災難。

　　保守主義對英國社會發展的貢獻是巨大的。在民主制度的核心內容——選舉制度的改革中，一八六七年的改革使工人階

⓫　E‧柏克：《法國革命感想錄》，英國企鵝出版社，一九八七年，第一〇五～一〇六頁，第一一七頁。

級大部分得到選舉權，一九二八年給予所有成年女性選舉權，從而使人人享有選舉權的理想在英倫大地得以實現，並為選舉制度的改革劃上一個圓滿的句號，這些就是在保守黨手中完成的。至於保守黨人善於守成、保衛改革成果、反對歷史倒退的例子就更不勝枚舉了。忠實的保守黨人邱吉爾在一九二五年擔任財政大臣時，曾接見過一個由若干雇主組織派出的代表團。代表團警告說，當時進行的社會改革——社會保險計畫正在開始影響國民性格並破壞勤儉節約和自力更生的民族精神。

「我認為，」邱吉爾回答：「不管保險制度對個人的自力更生精神會有什麼樣的影響；它將成為我們社會生活中絕對不可分割的一部分，最終必將發揮其維繫人心的作用；儘管他們的語言和情緒在許多情況下可能看起來並不表明這一點，它必然會導致整個社會結構的安定團結和秩序井然。」❷他駁回了雇主們取消改革的請求。保守主義不但能維護改革成果，而且還善於利用改革成果。

福利國家是二十世紀激進思想（各種所謂「社會主義」）的產物。保守黨人一貫重視政治穩定和社會秩序，經過辯論、思考，他們以為社會福利對安定團結有利，就接受了它。後來隨著形勢的發展，福利國家漸趨破產，日益成了經濟發展的沈重包袱，於是八○年代，保守黨的撒切爾主義應運而生。但撒切爾夫人也沒有打著改革的旗號，使英國走回福利政策之前的老路，而是利用現有成果另闢新徑。撒切爾夫人以「大眾資本主義」對抗「民主社會主義」。她之所以敢於大刀闊斧地實行非國有化等政策，與英國戰後建立起來的全面保障制度是分不開的。試想，社會長期存在數百萬失業大軍，而又能維護相對

---

❷　轉引自 L・密利本德：《英國資本主義民主制》，第四頁。

穩定，沒有「安全網」行嗎？因此撒切爾政府在嚴厲壓縮公共開支的同時，仍然為社會保障增加大量開支。事實上，她矯正福利政策一切弊端的改革措施，也都是在福利國家的框架內進行的，她不過是想在社會服務中發揮私人經營的作用。

總之，在保守主義眼中，倒退是沒有出路的；實際上，保守主義自身，也隨著時代發展，先是與雅各賓主義對立，後來同自由主義對立，再後來同「社會主義」對立，在對立中學習，在衝突中融合，而一直前進著、發展著。它與各種激進主義最顯著的區別就在於它的穩健。它無論是反對激進，還是支持激進改革，都是基於對社會穩定的優先考慮。因此他們對社會利益進行重大調整的政治性改革總是慎而又慎，而對明顯提高經濟效益又不至於引發太大社會動盪的改革總是毫不猶豫，大刀闊斧。英國的經濟改革智慧我們在下一章將有所論述，這裡不再重覆。

綜上所述，在英國，激進與保守互為表裡：激進帶動歷史，保守則抑制其速度；激進是引擎，保守則為制動閘，兩者相生相剋，導致了合理的變革。本世紀初，保守黨政治家休·塞西爾曾很明確地闡述了激進與保守的這種辯証關係。他為了說明保守等於反動，曾把英國保守主義與當時（一九一二年）的中國進行比較，說明對祖先嚴格的亦步亦趨及對西方新事物的頑固抗拒是「長期阻礙並在很大程度上仍然妨礙著中國哪怕是十分有限的進步。」[13]作為對過去固步自封的一種反動，自五·四以來，許多知識分子染上了極端激進的色彩，要與傳統徹底決裂，以為有傳統就無自由，要進步就必須消滅傳統。因此，自由的成果未見，卻激起保守分子的全面反抗，助長了動

---

[13] 休·塞西爾：《保守主義》，第五～六頁。

亂社會的紛擾。實際上，在社會發展中，激進分子的新思想固然可貴，但它只有經過反對及抗拒的考驗，才能臻於合理和成熟。每一個社會都存在著或激進、或保守的人物，就在兩者相激相盪中，社會有了穩定的發展。

框架內的變革

俗話說：「好事多磨。」英國的民主政治是通過近百年的漸進改革，穩紮穩打造就的，所以它比那些一蹴而就、輕而易舉地畢其功於一役的國家牢靠得多、真實得多。一些國家的普選權來得較易，好似從天而降，一般民眾對它毫無心理準備，結果，這種民主權利不是徒有其名，就是被某些勢力所利用。最典型的例子是一八四八年法國大選，千百萬無知的農民手持選票，不知所措，結果把選票投給拿破崙的侄兒路易・波拿巴。因為在他們看來，他最像法國的皇帝。

英國政治的內容是民主的（當然是資本主義民主），這一點舉世公認。可是，英國政治結構的外觀卻和三百年之前一樣，如若不去透過現象看本質，真難想像它會包藏著民主政治的內容。今天的英國，國王、貴族俱在，上院、下院並存。但事實上，有哪一個因素還具有三百年前的實質呢？不錯，國王仍是國家元首，政府以他的名義統治全國；貴族仍在上院高談闊論，頤指氣使，雖無實權，威風卻不減當年；下院作為「平民院」，仍然是「平民」聚會的場所，在榮譽的台階上處於最低層。但是在這些表象後面，我們看到：當下院議長單腿跪下，向女王呈上議會所草擬的「聖諭」，讓她再到議會去宣讀時，他呈上的實際是內閣制定的國情咨文，政府只是借女王之

口，向全國發表施政綱領而已。當女王宣布她的「選擇」，組成新一屆「女王陛下的政府」，代表她進行統治時，她宣布的實際上是全體選民投票的結果，執政黨已經在大選中產生了，執政黨的領袖就是當然的首相，而不論女王是否喜歡他。國王實際只是一個名義職位，主要承擔禮儀性的工作。與「君權神授」的專制國王相比，他只是「民主」王國的終身總統；而且比起那些總統制共和國的總統來，權力也小得可憐：他只是憑民主選舉產生的政府手中的「橡皮圖章」而已！專制國王曾以議會為「橡皮圖章」，現在歷史的巨掌把它翻轉過來，顛倒了位置。

　　既然王權已被架空，英國人又何必保存國王一職，每年不惜花費巨資，供王室開銷呢？何況王位世襲制顯然與民主原則相悖。實際上，這正是英國人的絕頂聰明之處，正是英吉利民族的智慧所在：他們是為了實質上的民主精神不被破壞，而有意無意地留下了這一看似不民主的尾巴。君不聞老子所謂「無用之用」乎？我們看到，在許多實行民主制度的國家，不乏一些野心家借助於個人魅力和煽動本領登上權位的寶座，製造個人迷信和權威崇拜。他們以民主的方式上台，卻行破壞民主之實；威瑪共和國的希特勒就是個典型例子。

　　而在君主立憲制國家，權力可和尊嚴分離，藉助君主制這一不民主的形式防止了個人獨裁的可能。因為被尊崇者沒有權力，有權力者不被崇拜。英國首相就不具有能與其君主攀比的氣派。正是由於這個道理，歷史上有些激進分子才倒向君主一邊。這就像安東尼·杰伊在電影《王室一家》中所表達的意思

❹　A·桑普森：《最新英國剖析》，社會科學出版社，一九八八年，第十三頁。

那樣：「王室的力量不在於它有權，而在於它剝奪了他人的權力。」❹國王以其稱謂的神聖色彩和悠久譜系的傳奇色彩而具有民選元首無法比擬的魅力。

身居虛位的國王對政治民主化和社會穩定的正面影響，我們先從英國睹其端，今天又從佛朗哥死後西班牙國王卡洛斯身上看到了。在東南亞，泰國國王對許多政變陰謀的挫敗，對社會穩定的維護，對其向「四小龍」看齊的經濟發展的保障作用，使我們更看清了這種「無用之用」，也使我們明白了一個道理：重要的不是形式，而是實質；不民主的形式也完全可以適應民主實質。

與國王一樣，上院也是世襲的產物。這與民主原則背道而馳，於是英國人毫不客氣地逐步剝奪了它的實權。在「光榮革命」後的一段時期，它在權力場中曾扮演過炙手可熱的角色；隨著民主改革逐步進展，權力中心就轉移到了下院。但直到一九一一年以前，除了財政問題之外，它在立法方面幾乎仍與下院平起平坐。一九一一年的「議會法」限制了上院權力，一九四九年進一步加以限制。現在上院在立法方面的唯一權力是將下院法案延緩一年執行，而且這個權力自一九四九年以後也幾乎沒有行使過。

同保留了國王的職位一樣，英國人也沒有取消上院、消滅貴族制度，而是給它們找到了新的用處。上院擔任上訴法院的角色，以其看似超黨派的色彩，「不偏不倚」地仲裁各種利益矛盾。而貴族制度，通過一九五八年的「終身議員法」，消滅了世襲內容而變成對各行各業為國家做出突出貢獻者表彰和嘉獎的授勛制度。

英國靠一點一點的改革改造了一個傳統的政治體系，使傳統的外殼裝進全新的內容。政治改革的智慧又影響到其他方面，促

成一種獨特的民族文化傳統的形成。把新的內容裝進傳統的外殼，使古老的形式與時代精神相結合，這是英國國民性中的最大特點，也是一項令人驚異的創造，是對世界的一項巨大貢獻。

英國民主政治在完全古老的形式中產生，並且成為整個西方民主制度的母體。英國至今仍是個沒有憲法的國家，但「英國憲政」（British constitution）卻是根深柢固的民主政體，因為它紮根在歷史的穩步前進中。

在過去反對封建專制的革命性改革中，英國人發明了「舊瓶裝新酒」式的政治智慧。今天在資本主義制度自我完善的改良性改革中，他們仍然運用著這一智慧。

英國現代作家、歷史學家諾埃爾·安南在總結英國知識界的特點時說；「英國知識界一貫主張對公認的機構進行逐步的改革……英國人習慣於通過一系列已經確立的機構進行工作，並且只有在情況証明有其必要時才改變那些機構以適應社會的需要；這種習慣是我國知識界強烈顯示出來的特徵。」⓯

另一位學者密利本德進一步的發現，即使是知識界的左翼——工黨知識分子，「不管他們對現有制度的批評可能是多麼真誠和認真，他們仍然在那制度中紮根很深，謀求零星的改革而不是大規模的改造。他們也並不懷疑，凡是想要改革的事都可以在已有的政治結構中實現，而這個政治結構離他們理想的民主制度所應有的模樣已不很遙遠了。」⓰

改革是一個利益調整的過程，英國人通過在現有的政治框架中改革，最大限度地照顧到各種既得利益，化解了改革的阻力。在英國，左翼力量推進改革運動時，他們能適當照顧舊權

⓯　密利本德：《英國資本主義民主制》，第一〇三頁。
⓰　密利本德：《英國資本主義民主制》，第一〇七頁。

力階層的利益，在堅持民主內容的同時保留了君主制、貴族制的形式。右翼力量在進行改革時，也同樣能運用這一智慧。前面提到的保守黨領袖撒切爾夫人在二十世紀八〇年代搞的向右轉的改革，其所以保留福利國家的框架，也是對失業工人的既得利益做了讓步。正因為有了對各種既得利益的適度照顧，他們改革起來才較為平穩和順利，沒有造成激烈的動盪。

這種「舊瓶裝新酒」的改革智慧是值得其他民族借鑑的，它源自英國人務實的政治生活態度。英國有句諺語說得好，「Fool's haste is no speed（欲速則不達）」，正是對生活的智慧總結。

均勢外交

「分化」可能不利於自己的政治力量，是英國人駕馭國際形勢的智慧。這種智慧體現在外交政策上，就是其傳統的「均勢外交」。所謂「均勢」，並不是英國自己與他國之間的力量平衡，而是在確定自己的優勢地位的基礎上，使別國相互之間力量均衡，鷸蚌相持，彼此掣肘，以便永保英國的優勢地位，坐收漁人之利。

英吉利民族曾長期生活在一個嚴峻的國際環境中，他們在古代屢遭入侵，近代又先後與西班牙、荷蘭、法國等頻頻交戰。這使他們掌握了一套在國際政治力量之間周旋，在其夾縫中生存的智慧。所以人們看到，英國人特別會耍外交手腕。早在其國際霸主地位遠未確立之前，他們就慣於分化國際敵對勢力。處女王伊麗莎白終身不嫁，其中就含有這種分化策略的因素。在她執政的早期，當時歐洲強國首先是西班牙和法國，他

們一旦握手言和，對英國是十分不利的。因此女王決定利用這兩國王室的求婚者；她並不明確給任何一位求婚者以答覆，對兩者都採取若即若離的態度，和他們分別保持著友好的伙伴關係。這樣做有效地防止了他們之間互相締結同盟。實際上有二十四年之久，聰明的英格蘭女王一直把向她求婚的君主們玩弄於股掌之上。後來英國國力增強，準備與同它有利益衝突的國家交戰時，也成功地使這些國家不能相互結盟，從而先後各個擊破，奠定了自己的優勢地位。

到了十九世紀，英國統治集團就明確提出了「均勢外交」的對外政策。一八四八年三月一日，英國著名的首相帕麥斯頓在下院演講時說：「我們沒有永久的同盟者和永久的敵人。我們只有經常不變的利益。我們的行動就應該以利益為轉移。」這赤裸裸地闡述了英國外交政策的原則。因此英國在國際政治鬥爭中從不讓抽象的「道義」原則束縛自己，只要能分化和削弱別國的力量，他就不惜背約。「神聖同盟」的瓦解便是英國這一政策的結果。

十九世紀二○年代，西班牙所屬拉美殖民地掀起了獨立運動，奧地利首相梅特涅企圖就南美問題進行武裝干涉而召開全歐會議時，英國卻表示不參加這次會議。為乘機把英國經濟勢力滲入拉美，還力圖搶在美國之前同拉美各國建立關係，一八二五年一月，正式宣布承認阿根廷、哥倫比亞和墨西哥為獨立共和國。梅特涅和腓特烈、威廉三世都表示震驚，提出責難，但也無可奈何。

後來希臘發生革命，要求脫離土耳其的控制而獨立。梅特涅堅決反對希臘的「革命黨人」去反對他們的合法君主，認為這將要引起整個歐洲的革命。一八二二年一月希臘宣布獨立，俄國想乘機掃手，擴大它在巴爾幹半島的影響，就效法英國人

不久前的行動，不惜背盟去支持希臘獨立，反對土耳其。而梅特涅則採取一切可能的措施來阻止沙皇對土宣戰，神聖同盟的其他盟國也站在梅特涅一邊，企圖撲滅希臘革命。英國卻用突然襲擊的方式，在一八二三年三月二十五日莊嚴宣布，英國從即日起承認希臘和土耳其各為交戰的一方。這個聲明像一聲霹靂，使梅特涅等人大吃一驚。於是英俄法三國在倫敦簽訂了公約，承認了希臘的自治權，並出兵與土耳其交戰，殲滅了土耳其—埃及聯合艦隊，使土耳其不得不承認希臘獨立。進實際上宣判了英國參加簽訂的《四國同盟條約》的死刑。

在戰勝拿破崙，簽訂《四國同盟條約》之前，由於法國是其在歐洲大陸最強的敵手，英國的對外政策就以削弱和孤立法國為宗旨。為此，它有時聯合奧地利，有時又縱容沙俄；有時利用西班牙和瑞典，有時又扶植普魯士和荷蘭；或者在他們之間製造糾紛，或者在他們之間進行聯合。不管採用什麼手段和方法，它的主要宗旨卻是始終不變的，即打擊其海上殖民霸權的競爭對手法國。但在反法同盟戰勝拿破崙後，英國就不再以法國為主要敵手了。法國衰弱了，但新的強國又出現了，要使英國在國際上沒有強大的敵對勢力，就必須與法國和解，並扶持較弱的國家以制衡強國，於是「均勢外交」政策正式出籠。

其實這種對國際力量分化、組合，利用「均勢」控制和駕馭國際局勢，借刀殺人、背信棄義的一套外交手腕是早就存在的，但到了這時，他們就玩得更加得心應手了。宣稱沒有永恆的朋友和敵人，只有永恆利益的名相帕麥斯頓就是玩弄這種外交魔術的大師。一八六三年，波蘭發生了反對沙皇俄國統治的起義。帕麥斯頓口頭上同情和支持波蘭，並慫恿法國同英國一起採取有利於波蘭的行動；實質上其目的就在於破壞法俄關係。一八六三年四月，英、法向俄國發出照會，要求俄國允許

波蘭獨立。但俄國仍鎮壓了波蘭起義。這時帕麥斯頓就退避三舍，置若罔聞。他欺騙了波蘭人，更達到了使法、俄關係惡化的目的。

第二年，在丹麥問題上，他又故技重演。在普魯士與奧地利同丹麥爭奪什勒斯維希和霍爾斯坦的衝突中，帕麥斯頓表示支持丹麥，並鼓勵丹麥國王克里斯丁九世同普、奧對抗，並許下「援助」丹麥的諾言。可當普、奧劍拔弩張，真正出兵攻打丹麥時，帕麥斯頓就以種種藉口背棄了諾言，結果丹麥遭到慘敗。帕麥斯頓出賣丹麥，就是出於英國的「均勢外交」政策。他希望普魯士占領什勒斯維希和霍爾斯坦，這樣可使德國的領土聯成一片，從而強大起來，以箝制俄國和法國。

到了二次世界大戰，德國強大起來並與英國利益發生衝突時，英國便與其世仇法國並肩作戰，共同對付起德國來了。

英國人在漫長的外交史上積累起來的分解敵對勢力、利用各種矛盾的智慧，使他們自己受益匪淺，近代英國所以能成為世界頭等經濟強國和殖民帝國，除了它擁有一支強大的艦隊對世界進行征服外，還因為它有一套維護這一征服的外交手段。甚至今天英國國力已大不如前了，其特有的外交智慧仍使它能夠發揮超越其實力的國際影響。至於其「均勢外交」，因為事實証明是有效的，於是近代歐洲列強都把它當作接力棒接過去大加揮舞，以謀求自身的利益。這種外交方式貫穿著英國式的實用主義精神。

開放的精英

培根在其隨筆集的《論君主制》篇中警告說：「至於國家

中的平民，需要注意他們中間的那種精英人物。若沒有這種人的發動和領導，只要君王不對人民的生活、風俗、宗教信仰做粗暴的干涉，那麼人們是不會鬧事的。」這是培根用他的那種「歸納法」總結出的一般的統治經驗。實際上，聰明的統治者不管有沒有注意到培根的言論，都會這樣做的。

在英國清教革命前夜，議會與王權的鬥爭中，一些議會領袖如亨利‧薩維爾、托馬斯‧迪格斯和溫特沃思等曾積極推動國會通過了《權利請願書》。查理國王為了分化議會反對勢力，就邀請他們加入政府，以鞏固其獨裁統治。這個溫特沃思後來成了最先被議會送上斷頭台的斯特拉福德伯爵。

這種分化政策常常是有效的，但如果沒有一套把才俊之士引入殼中的制度，那麼能否分化破壞性的反對力量，維持社會穩定，就只有仰仗統治者個人的聰明程度了。這樣，安定的社會局面是無法得到持久保障的。所幸英國早就有了一套分化下層民眾，拉攏推崇其精英人物的社會機制。這就是由其上流社會的開放性造成的社會階層間垂直流動的機制，學者們稱它為「開放的精英」。❶

直到今天，英國仍然是個等級森嚴的社會。但是前首相梅傑，這位曾當過建築工人、失過業的人，靠自己奮鬥，終於也爬上了權力的寶座，成了百年來最年輕的首相。當近代民主的曙光初露時，英國的社會形態更是一種完全的金字塔式結構。塔尖高坐著國王，然後是貴族鄉紳、市民、工農等。這種社會結構本身是固定的，但各個社會階梯上的人則有可能憑自己的努力進入高一級的階梯，社會的垂直流動比當時許多國家容易

---

❶ 參見勞倫斯‧斯通等著：《開放的精英》，牛津大學出版社，一九八六年版。

得多。至少自十五世紀起始，人們就強烈地感受到英國社會與歐洲大陸社會這種巨大的差別。在英國，通過自我奮鬥而成功的人極易獲得相應的權力和社會地位，無論是律師、商人或是企業家，莫不如是。這些雄心勃勃的新富們非常急於成為新貴族，也有足夠的心理準備進入貴族階層，因為他們確實容易實現在他們的歐洲大陸同行看起來幾乎不可能實現的目標。

一四一五年，百年戰爭中的阿金庫爾戰役打響了，兩百年後莎士比亞描寫這場戰鬥，給亨利五世在臨戰前夜動員軍團安排了這樣一句意味深長的台詞：「將要和我一起流血的戰士，正直高尚，是我的兄弟，從今天起，他們便加入貴族的行列。」即使在莎士比亞的十七世紀，恐怕法國人也是接受不了這句話的，因為法國的等級差別是與身俱來、牢不可破、永恆不變的。十五世紀末時，一場玫瑰戰爭幾乎消滅了所有舊的貴族世家，更為貴族以外各階層的精英成為新貴族掃清了道路。

正是上流社會這種開放與封閉的差別，造就了英、法不同的革命方式和發展道路。在英國，是通過給平民「成為高貴」的可能性奠定了漸進發展的道路，而不是採取砍掉一切貴族的腦袋、爭取平等的方法。從全民族的角度，或者從生產力的角度，哪一種方法更值得推崇呢？正是具有「徹底性」（在其背後實際上隱藏著不符合當時生產力發展要求的落後性）的大革命，使法蘭西的民族精英內耗殆盡，好走極端的法國人陷入百年動亂的漩渦中不能自拔，決定了它不可能成為第一個工業化社會，古代富足的高盧成為現代在工業上落後了一截的國家。而在不列顛，正是「開放的精英」這樣的社會機制，在一定程度上分化了民眾的反對力量，把社會衝突盡可能控制在一定的限制內。今天英國是世界上少數幾個保留著國王和貴族的國家，他們雖已失去實權，但卻保住了地位和榮譽。如果他們的

祖先當初不能吸收社會上的精英，從而與整個非貴族社會為敵的話，恐怕就不會有他們的今天了。就是今天，他們也仍然開放著他們的集團，各行各業取得巨大成功的人物，不論他們是學者、藝術家還是企業家、政治家（包括工黨政治家），都仍然可望受封為貴族（當然只是終身貴族）。貴族制度作為國家表彰功勛的一種方法，還會流傳下去。

除了這種社會機制，歷代權勢集團也都自覺地運用著「分而治之」的統治術，甚至為了長治久安而不惜犧牲自己對政權的壟斷。

面對要不要把整個工人階級繼續排除在政治生活之外這個問題，十九世紀中葉的統治階級明智地認識到，通過選舉權，使工人階級的一部分進入議會和政治體制，不一定會構成對社會秩序的威脅，甚至還會對社會穩定有利。首相格拉德斯通「認識到了擴大投票權在政治上是可能做到的，認識到促使較大部分的人口感到把政治注意力集中到議會這種做法是合乎需要的。」[18]於是就高叫著民主，進行了一八六七年第二次議會改革。

改革以後，為了防止取得選舉權的工人階級謀求獨立的代表權而形成既有嚴密組織、又有法定地位的政治力量，威脅有產者階級的利益，他們又乞靈於「分而治之」的法術，改造兩大傳統政黨，把新選民納入他們的範圍之內。於是在這一年，成立了保守黨維護憲政協會全國聯合會，「主要是要把保守黨

---

[18] 莫里斯・考林：《一八六七年迪斯累利、格拉德斯通和革命》，倫敦，一九六七年，第四十八頁。

[19] 這兩段引文分別出自英國學者哈納姆和麥肯齊的筆下，轉引自密利本德《英國資本主義民主制》，第三十三頁。

的工人團結起來。」這個「全國聯合會早期工作最顯著的特點是保守黨人開門見山和迫不及待地求助於各勞動階級。」[19]第二年，自由黨全國同盟也建立了。這樣就把原來可能作為一個整體的工人階級分化為持不同政見，分屬兩個資產階級政黨的政治集團。

這種「分而治之」的策略是有效的，在英國工人早已按工業部門組織起來的情況下，他們居然還花了很長的時間，直至二十世紀初才建立起自己的政黨。

工黨成立後，保守黨和自由黨的領袖又學會了用「兩分法」來看待工黨領導人。一方面他們認為工黨領導人是他們必須認真抗擊的對手；但另一方面他們又把工黨領導人看成共同對付普通工人隊伍中激進的「極端分子」的盟友。為了使工黨領導人不至於承受不了黨內左翼的壓力而一味謀求工人的利益，或者說為了分化工人階級反對力量，他們不惜犧牲自己對政權的壟斷而為「穩健派」工黨領袖上台鋪平道路。前文提到的一九二三年大選和一九二四年工黨內閣組建一事，雖然保守黨和自由黨都大叫「不能剝奪工人的政治權利」而拒絕聯合起來合法地把工黨拒於政府門外，但骨子裡頭他們並不是酷愛民主，而是出於上述分化工人反對勢力的目的，是要把工黨運動納入他們規定好的軌道。今天看來，他們又成功了。

當然，政治上的策略和謀求，是為有產者在經濟上的利益服務的，經濟的發展要求政治上給被統治階級和無產者以民主。要想經濟發財，就得仔細留意這一點。

富有這種政治智慧的英國人在經濟智慧上又有怎樣獨特的一套呢？請看下文。

Chapter 3
亦利亦義：賺錢和開發的智慧

三項冠軍

　　法國大文豪、啟蒙思想家孟德斯鳩認為，英吉利在近代民族發展競賽中曾榮獲三項冠軍。「英國人在三件大事上走在所有民族的前面：虔誠、貿易和自由。」這是他在其不朽的名著《論法的精神》第二十卷第七章中寫下的名言。的確，英國的政治自由和經濟自由為其經濟發展提供了必要的保障和前提條件；而把宗教虔誠和做生意求利潤的活動結合起來，給人們賺錢求富的世俗活動賦予正當性、合法性，不能不說是英國清教徒的一大創造。

　　本來，充滿銅臭味的買賣交易和追求財富的活動在許多民族文化當中都是不登大雅之堂的。中國在先秦時代就開始了所謂「義利之辨」，「義」代表倫理規範，「利」則泛指物質財富及其他利益的獲得。孔子「君子喻於義，小人喻於利」這句話如同「緊箍咒」一般，在漫長的歲月裡困擾著中國人逐利求富的活動，使勤勞的中華民族不能理直氣壯地施展其發展經濟

的智慧。同樣，西方文明在其源頭，無論是古希臘、羅馬，還是起源於中東的基督教，也都有他們自己的「義利之辨」。柏拉圖認為，最少慾望的賢明者才是富裕的；而占有較多物質資源的富人，因其需要最多卻反而是最貧窮的。基督教則以為：「有錢人要進天國，比駱駝穿過針眼還要難。」

　　幾乎每個古代文明在給各行各業的人們安排社會地位時，都把商人置於末位。然而，盡可能利用物質資源以維持自己的生存、滿足各種需要，恰恰是人類的天性。人為地抑制這種天性，其結果必將流於矯情、造作，使人們的經濟活動不能沿著健康、合理的執道進行。正如 M・韋伯所說：「中國的清朝官員、古代羅馬貴族、現代農民，他們的貪慾一點也不亞於任何人。不管誰都會發現，一個那不勒斯的馬車夫或船夫，以及他們亞洲國家的同行，還有南歐或亞洲國家的匠人，他們這些人對黃金的貪慾要比一個英國人在同樣情況下來得強烈得多，也不講道德得多。」❶

　　古代人雖然都面臨著倫理規範對財利獲取的活動程度不同的制約，但中外情形又有所不同。在封建中國，貧士可以通過科舉考試獲致富貴，所謂「書中自有千鍾粟，書中自有黃金屋。」《儒林外史》中的范進，中舉的消息剛一傳來，就有人把財禮（其中甚至有田產、房舍）送上門來，以圖分沾權力將帶來的利益。而中世紀歐洲，只有商業和與商業有密切關係的金融活動才能向貴族以外的人們提供富裕和社會地位迅速升遷的機會。這種先貴後富還是先富後貴，即憑藉權力以占有財富還是積累財富並爭取權利的差別，作為一個典型的例子，區分著東西兩種異質文化。前者是權力（power）型（對於廣大的

---

❶　M・韋伯：《新教倫理與資本主義精神》，第四十頁。

被統治者，自然就是只講義務，沒有權利）的，而後者是權利
（right）型的。政治上前者表現為「人治」，而後者則為「法
制」；在經濟上，在民族精神上，前者形成了占有、享用已成
財富（不一定是自己創造的）的守成型性格，而後者形成了努
力創造新財富的創業型性格。

　　商業因素造成的差別在一定程度上有助於中國封建社會超
穩定機制的建立，也導致了歐洲社會的發展變遷，使新的資本
主義生產關係在歐洲中世紀的母腹中孕育出來。雖然世界歷史
已經被這樣注定了，但在歐洲內部，統治著中世紀人們思想的
神學倫理觀及其經濟觀畢竟還深深制約著人們的商業活動。哪
個民族能首先衝破這種束縛，它就一定能走在歷史的前頭。

　　我們知道，中世紀早期的僧侶們幾乎異口同聲地譴責人們
謀求利潤的行為。到十三世紀，著名的T・阿奎那雖已開始同
情某些商業活動，但在其《神學大全》中，仍區分商業交換行
為為「以物易物」和「賣物賺錢」兩種，以為前者值得稱讚，
「因為它有利於自然的需要。」而後者「不是為滿足生活的需
要，而是為了牟利。」這種商人的行為，「其本身就是可恥
的。」十分明顯，讓這種價值觀統治著人們的頭腦，對任何民
族的經濟發展都是不利的。

　　所幸基督教對不列顛島的影響與歐洲大陸有著不盡相同之
處。當早期基督教在羅馬帝國的版圖內傳播到不列顛省時，它
就不但沒能清除不列顛的本土宗教──督伊德教的影響，而且
為傳教的方便還消化吸收了某些督伊德教的因素，後來又受到
薩克森人奧丁異教一定的影響，形成了有不列顛特色的基督教
文化。在中世紀早期，該島處於相對隔絕狀態，大陸上的天主
教在不列顛的根基很不牢固，所以它後來能順利地成為新教國
家，甚至早在十四世紀就產生了威克利夫這樣的宗教改革先

驅。

　　特別值得注意的是，當歐洲大陸在譴責商業行為時，以督伊德教巫術活動為中心的英國中世紀宗教文化就顯示了它與大陸的顯著差別。

　　按阿蘭・麥克法蘭的看法，這種差別主要表現在以下幾方面：(1)缺乏性色彩。無論是夢魘還是女巫，均無性器官，並且顯得非常正派，很有教養。(2)缺乏食物與飢餓的主題。巫婆們也很少有娛樂和歡宴的時候。(3)巫術信仰帶有十分濃厚的個人主義色彩。魔鬼們總是傾向於單獨活動，很少舉行集體商討的會議或是其他大規模的團體活動。(4)魔鬼們並不攻擊暴發戶。甚至新富們在某種程度上揩了鄰居的油水，不公平地獲取本地資源較大的一份時，鬼怪們的態度也是如此。在英國，巫術常被用來直接攻擊那些較窮並向其鄰居提出救濟要求的人；而在很多其他的社會文化氛圍中，其使用的對策剛好相反。

　　由此可見，英國的宗教文化具有幾個特點：(1)不提倡「均貧富」，不視富人為「為富不仁」的邪惡化身而試圖阻止社會的貧富分化：(2)鼓勵發財致富，甚至嫌貧愛富，但卻不鼓勵縱慾；(3)蘊涵著一種個人奮鬥的精神。這種宗教文化最重要的特點是，它賦予財利獲取活動以正當性、合理性，將個人奮鬥、發財致富與禁慾主義奇妙地結合起來。所以當宗教改革的浪潮滾滾而來的時候，英國能順順當當地產生促進合理謀利的工業精神（韋伯所謂的「資本主義精神」），形成清教運動。

　　孟德斯鳩所謂的「虔誠、貿易與自由」，就是指清教主義對英國經濟發展的影響。清教徒們，不管他們是長老派還是獨立派，都把喀爾文主義宿命論的教義解釋為；信徒可以把自己在經濟上的成就視為上帝賦予的恩寵和永恆幸福的標誌。因

此，人們在現世拼命賺錢的活動成了為上帝增添榮耀的義舉，利與義得到了統一。這樣的信念促成了英國人經濟上積極進取的民族精神的形成。在這種民族精神下，人們把自己從事的經濟活動和職業視為上帝規定的天職，是最善的，歸根到底，常常是獲得恩寵確定性的唯一手段。這一方面使對勞動力的組織利用合法化，即把雇主（企業家）的商業活動解釋成一種天職，鼓勵他們積極進取，賺取利潤；另一方面也使勞動力本身把自身的勞動視為天職，從而勤勉認真，為民族的經濟騰飛做出貢獻。

總之，在英國的宗教文化中，利與義得到了統一，套在發展著的生產力脖子上的倫理、道義枷鎖被打破了，於是這個被解放的普羅米修斯以其巨大的能量，把不列顛這個北海之隅的小島推進了現代工業社會的大門，使它成了現代世界各民族的帶頭羊。直到今天，當我們認為金錢是「聞起來臭，用起來香」時，英國的民諺卻說：「Money has no smell.」（錢無所謂香臭。）

勤奮的「經濟人」

在宗教意義上把「利」與「義」統一起來，以指導人們追逐物質利益，創造經濟業績固然有效，但宗教本身是建築在對自然界一種扭曲了的認識基礎上的，而且教派紛繁，莫衷一是；清教徒很難說服其他人信服其教義。所以，從教義上為求利之行為辯護，僅僅是權宜之計，要使全民族都能理直氣壯地逐利求富，必須經歷一場思想領域的革命，從科學理論的角度為資本主義的行為方式和經濟制度確立應有的地位，特別是要

自豪地宣稱人們有權合法地追求自己的世俗利益以及私有財產神聖不可侵犯。在這方面，十七、十八世紀的幾代思想家為利義統一的經濟智慧的形成做出了不可磨滅的貢獻。霍布斯在建立起自己的理論大廈時，第一次坦率地承認了由私利驅使的個人可以作為一個起點的單位。而洛克索性用勞動價值論直接為個人財產辯護。直到亞當‧斯密的「經濟人」出現在歷史舞台上，一個適合於工業民族的嶄新價值標準才完全建立。

斯密曾在《關於法律、警察、歲入及軍備的演講》中，歌頌勞動分工是國民財富增加的一個重要原因；但他又從在這種分工中「犧牲了智力、社會和軍事之德性的勞動貧民」的角度，譴責了它是社會不平等的根源。其《國富論》的若干章節也在字裡行間流露了對工人和農民的深切同情，指責利潤獲取者的利益常常不合社會利益，還向這些雇傭者呼籲：「凡是工資高的地方，勞動者的積極性就高，就勤奮。」

亞當‧斯密最重要的著作《國富論》是現代經濟學的奠基之作；它不是為某個特定的階級辯護的，而是斯密思想整體的一個重要組成部分，也是英吉利民族智慧的結晶。他的全部思想在於說明人的本性及個人與社會的關係。《國富論》的主題是：一個國家最有效地增加財富的方法是建立這樣一種社會制度——在這個制度中，追求私利的個人必然會對社會的總利益做出貢獻。也就是說，斯密所關心的是利與義如何統一的問題，是在什麼制度下採用何種方式才能使個人利益和社會利益保持一致。最後，斯密找到了這種制度和方式，也找到了在這種制度下使利、義一致起來的個人——「經濟人」。

斯密認識到，人們的日常行為都是以增加個人利益為目的的——這是人的本性，也是經濟生活中自然和正當的原動力。但是應當說，每個人對自身利益的追求並不會自然導致社會利

益（即最大多數人的最大幸福）的增進。如何解決這種利與義之間的矛盾？他認為，通過市場經濟中的自由競爭可以解決，因為自由競爭中，企業追求利潤會導致生產和技術的改良、分工的深化、機器的發明、積累的增加。總之是物博價廉，導致社會的普遍富裕和進步；工人作為生產者，競爭有可能降低他們的名義工資，但他們作為消費者所得到的好處會抵消這種損失而有餘。斯密認為，在市場自由競爭的經濟制度下，人們改良自身處境的願望必然導致其勤勞、節儉、積累，從而使社會整體的財富增加；也就是說，從利己的目的出發，必將達到利人的效果。他舉例說：「我們之所以吃得上飯並不是由於屠戶、釀酒工人或麵包大師傅的仁慈，而是出於他們自身利益的考慮。」❷由於追逐私利和有利於社會這兩者之間的一致性，使得斯密大膽地號召大家：理直氣壯地去賺你的錢吧！

他把這種努力賺錢、利人利己者稱為「經濟人」，並強調經濟人在人類歷史上的積極作用。他認為：文明或社會的改進不是人類的先知預見的結果，而是由富於經濟活動力的人創造出來的。人為謀求自己的私利而發展生產，提高生產效率，這種情況是在以財產私有為基礎的自由市場制度下發生的，因此這是一種合理的制度。由於富人的貪心和窮人的懶惰都會激發人們去侵占別人的財產，危害這一制度，所以有必要建立政府，以阻止這些罪惡。但是，在此之外，政府不得干預經濟的活動。

把追逐私利並獲得成功無論是看作上帝恩寵的証明，還是看作對社會福利的貢獻，都是為了証明創造經濟業績的正當性、合法性。為了把利和義統一起來，英國人花費了幾個世紀

---

❷　亞當‧斯密：《國富論》，商務印書館，一九七九年，第十七頁。

的時間。此後，千百年來，人們在現實的經濟活動中早就奉行的謀利準則，終於和社會公認的倫理價值吻合起來了。一種對財富的強烈追求的慾望，最終被公開釋放出來，堂而皇之地形成一種積極進取、敢冒風險的民族精神，成千上萬個勤奮的「經濟人」在市場上自由競爭，不甘下游，從而激發了工業革命，為民族發展做出了貢獻。

直到今天，亞當・斯密鼓勵人們大膽創業的理論還閃爍著智慧的光輝。二十世紀經濟思想領域中最重大的事件莫過於經濟自由主義思潮的先衰後興。在二十世紀的前三分之二時間裡，經濟自由主義處於守勢，但近二十年來它已大為復興。這次復興運動最響亮的口號之一是「回到亞當・斯密」。撒切爾夫人為「英國病」開出的藥方曾收一時之效，她把這一成就歸功於斯密，說：「在我被認為是創始人的很久以前，蘇格蘭人（指斯密——筆者注）就已發明了撒切爾主義。」❸

斯密要求讓人們所付出的勞動和他們所獲得的利益極大地相應，認為這是合理的經濟制度的基本特徵。這無疑是一種真知灼見，雖然他由此論証私有制的永恆性是有爭議的。

魯賓遜，一個企業家的寓言

從清教主義到自由競爭的經濟人，並不只是一種理論的擅變；實際上，「利義一致性」理論的世俗化過程，正是英國中產階級從清教徒發展為經濟人，「工業精神」逐漸形成的過程。文學作品作為社會生活的一面鏡子，對這個過程當然也有

---

❸　王振華：《撒切爾主義》，第十一頁。

所反映，於是「魯賓遜的故事」就誕生了。

也許是為了方便讀者，也許是為了方便買主，十八世紀的作家和出版商有個可愛的習慣，即在扉頁上寫有本書的故事梗概。《魯賓遜漂流記》的梗概是這樣寫的：「約克郡水手魯賓遜漂流記：因海難船員死光，只剩魯賓遜孤身一人，在靠近俄利諾科大河河口一個荒無人煙的小島上生活了二十八年之久，並附有他最後奇異地為海盜所救的記載。此書由本人親筆執寫。」這是一個富於冒險精神的年輕商人「真正的」生活和冒險史。

魯賓遜漂流到一個小島上，該島確實荒無人煙，但卻擁有相當可觀的自然資源，有大量野生但可以馴養的動物，甚至還可能遇到有用的土人。魯賓遜應用社會文明給予他的各種工具，包括教育、發明才能和技術，還有更具體的鐵、種子等東西，創造了豐富多彩的幸福生活。這已經不是古老意義上的冒險故事了。

在讀這個故事時，我們每一步提出的問題不是「接下去他命運如何？」而是「接下去他做了些什麼？」它強調的重點不是神奇可怕的偶然事件，而是機智有效的創造活動。在這裡，人自始至終占主導地位，大自然是他進行創造的原料，而不是他膜拜的神。有時候大自然也很棘手、很難對付，但它永遠不是有意和惡意的，任何受過教育、聰明能幹、自力更生、埋頭苦幹、深謀遠慮，並有一定福分（你無論把這種運氣當作概率法則還是上帝仁慈的提供都成）的人都可以駕馭它、使用它。

故事中洋溢著的這種強烈樂觀的態度和商業冒險英雄人物的自豪感，是以資產階級對大自然的成功征服為時代背景的：「資產階級在它不到一百年的階級統治中所創造的生產力，比過去一切世代創造的全部生產力還要多、還要大。自然力的征

服、機器的採用……彷彿用法術從地下呼喚出來的大量人口──過去哪一個世代能夠料想到有這樣的生產力潛伏在社會勞動裡呢？」❹這是十九世紀無產階級的建構者對魯賓遜所代表的十八世紀資產階級的評價。而故事中深深蘊藏著的孤獨感也正是資產階級個人奮鬥和他們「撕下了罩在家庭關係上的溫情脈脈的面紗，把這種關係變成了純粹的金錢關係。」❺的某種體現和結果。

在這部小說的第九、十一和十二章，作者描寫了魯賓遜為保證不受一切可以預見到的天氣變化和突然事變之虞而儲存了充足的糧食。你簡直很難想像出一種更加完善的方式來表現原始資本主義積累，怎樣依靠自己的勤儉和占用他人財產，建立起它最初的小資產核心，並且發展起實用的新教作為它的理論基礎。

本世紀英國文學史家艾倫（W・Allen）認為《魯賓遜漂流記》其實是描寫了一種普通人之經歷感受的寓言故事，因為我們都是魯賓遜，像魯賓遜那樣具有孤獨人的命運。在某一點上，艾倫把魯賓遜看成是人類的象徵，這是由於他生活在西方的緣故，他所認識的人類就是以英國人為代表的西方人，以生產資料私有制為基礎的西方現代化經濟，促進國民財富，是以個人主義倫理觀和自由主義經濟觀為其基本信條的。這與具有集體主義傳統，注重公平分

配和經濟干預的東方大異其趣。但是，我們可以否認其為全人類的寓言，卻不能否認其為西方人（特別是資產階級）的寓言。在這部傑作中，笛福毫不猶豫地選擇了上升階段的資產

---

❹　《馬克思恩格斯選集》第一卷，第二五六頁，第三五四頁。
❺　《馬克思恩格斯選集》第一卷，第二五六頁，第三五四頁。

階級一切進步因素的基本核心——他們領導人類征服和利用自然的偉大鬥爭的能力——作為他的主題。這正是他的高明之處。笛福曾把《魯賓遜漂流記》解釋成是自己一生的寓言。不論這種說法是當真還是戲言,「魯賓遜精神」卻是他熱忱歌頌的時代精神。笛福以魯賓遜比喻自己,恰恰說明他心目中的價值尺度。

　　的確,笛福自己有著和魯賓遜一樣的進取精神、樂觀態度和征服能力。早年,他的父親希望他這個長子能當個牧師,但是笛福後來在談到自己希望以經濟而不是以政治作為寫作內容時說:「商業是我真正喜愛並準備從事的行業。」作為一個企業家,他具有風險意識和實幹精神,他做過磚瓦廠老板,經營過襪子批發和菸酒進口,從事過航海保險業,一生發財、破產反覆十三次。今天,這種不斷破產而又重新發財的經歷在美國和歐洲的百萬富翁中仍屢見不鮮。這樣的企業家,乃是市場經濟大潮中的弄潮兒。正由於他們競爭、拼搏,社會經濟生活才生機盎然、充滿活力。

　　在宗教信仰上,同樣是英國新教徒,然而笛福筆下的魯賓遜與班揚的「天路客」相比,已經有了很大的變化。韋伯曾寫道:「這時,尋求上帝天國的狂熱開始逐漸轉變為冷靜的經濟德性;宗教的根慢慢枯死,讓位於世俗的功利主義。這時,如同道登(Dowden一八四三～一九一三,愛爾蘭文學批判家——筆者注)所言,像在《魯賓遜漂流記》中一樣,這個在一定立場上仍在從事傳教活動的、與世隔絕的經濟人取代了班揚筆下那個匆匆忙忙穿過名利場、在精神上尋求上帝之天國的孤獨朝聖者。」[6]笛福本人的宗教仰似乎確實是虔誠的,但一

---

[6]　韋伯:《新教倫理與資本主義精神》,第一三八頁。

點也不過分。他在一本題為《英國商人勸導手冊》的勸導性書籍中坦率地說：一個人不應該「對宗教義務過分專注，以致錯過做生意的合適時機和商業旺季……」從前，宗教虔誠是為貿易獲利服務的，是為了賦予它以正當性、合法性，因此現在，當過分的虔誠有可能妨礙商業交易時，當然就得為生意讓位。

從這裡，我們找到了清教主義和亞當‧斯密之間的中介環節，摸到了英國「工業精神」的源流和脈搏，無論是清心寡慾、狂熱進取的清教徒，亞當‧斯密的經濟人，還是後來密爾那種「為謀求最大多數人的最大幸福」的功利主義者，貫穿其中的都是理真氣壯逐利求富的經濟進取精神。不過利、義一致理論的世俗化，不純粹基於統一利、義的倫理智慧，其中還蘊含了藏富於民的智慧。在英吉利民族，牟利成功的富人是國之功臣、是民族英雄，而非「為富不仁」、「無商不奸」的惡棍。少了利、義分離這一層道義束縛，英吉利人輕裝上陣，終於成了近代各民族在社會發展、經濟賽跑中的冠軍。

目光遠大的「新娘」

比較不同文化背景下的人，常常能看到有趣的差異。有一個故事就是比較各國女性結婚時的一種思維方式的。故事說——

你知道世界各國的新娘子在洞房花燭夜，對她的丈夫說什麼嗎？

德國新娘：「親愛的，你睡著了嗎？」

法國新娘：「我美嗎？」

日本新娘：「對不起！服侍得不周到的地方，請您多多包涵，請您原諒！」

　　義大利新娘：「吉諾，你還活著嗎？」

　　美國新娘：「如何？春宵一刻能值多少錢？……有千金？你說的到底是美金還是黃金？」

　　英國新娘：「我們的孩子，你想要讓他念劍橋、還是牛津？」❼

　　這個故事當然是虛構的，但它在一定程度上反映了民族性的差異。英國新娘與其他新娘思路的顯著差異就是：當所有人都只想到目前的事情時，目光遠大的英國人卻想到了將來，而且所想的問題並不虛無縹緲、毫無意義，而是實實在在需要認真考慮的。在追逐物質利益的經濟活動中，英國人就同這位新娘一樣，善於從長計議，謀求長遠利益。這就要求他們不但在理論上賦予求利行為以正當性，還要在行動上力求合理，不為貪圖眼前的蠅頭小利而坑、蒙、拐、騙，不擇手段地進行擄掠式經營。在這個基礎上，以「合理謀利」為特徵的工業精神才得以形成。

　　求利行為的合理性最早是以清教徒的虔誠為保證的。清教譴責欺詐和衝動性貪婪。它為了與善行的倫理評價相近似，嚴厲地斥責把追求財富作為自身目的的行為；但如果財富是從事一項正當職業而獲得的勞動果實，那麼財富的獲得便又是上帝祝福的標誌了。所謂正當職業，既是上帝給安排的，必定有利於公共利益或個人利益，不致造成對他人的損害和人們各自疏於其職守的情況。這就要求人們的求利行為要正派、有秩序、

---

❼　《讀者文摘》，一九八六年第十期第十四頁。

守規炬，從而能為上帝增添榮光。「清教」這個詞就其字面意思而言，是指一種勤儉清潔的生活方式，而深究其內涵，則可看到，它是試圖使人具有一種人格。與其表面上的狂熱現象相反，這種禁慾主義的目的是使人可能過一種機敏、明智的生活；最迫切的任務是摧毀自發的衝動性享樂，而最重要的方法是使教徒的行為有秩序，力求堅持並按照他的經常性動機行事而不依賴面臨誘惑時的一時衝動，從而避免各種短期行為。

當然，如果沒有宗教虔誠，國家的商業規章同樣可以使工業發展起來，但不能說單靠它也能發展為工業精神。因為這些規章呈現其專制特徵的一切方面，它們都在很大程度上直接阻礙了這種精神的發展。它固然可使經濟生活保持秩序，經濟行為保持合理，但在某些情況下它又削弱了理性行為的主動性，使明智的合理行為變成被動的，而非目光遠大的商人所自覺自願的。實際上，英國國教專利的道德戒律遠不如建立在自願歸順之基礎上的新教各派相應的戒律那麼有力和有效。在新教基礎上，目光遠大的英國人出自內心的自律所形成的合理行為是經濟健康發展的最好保證。否則，行為既為被動，則不免會鑽規範的空子（漏洞），不擇手段，毒化經濟環境。可以說，清教主義是英國人告別農業社會的「娘家」，邁向工業社會的大門，開始其嶄新的社會生活時所創造的最符合其長遠利益的理論和行為規範。所以說，他們不愧為目光遠大的「新娘」。

後來當宗教的根逐漸枯死時，他們的後代仍然用得上這些規範和準則。不過，這時「誠實方為上策」（英諺：Knavery may serve, but honesty is best）之類的原則，就更符合其原本基於長遠利益考慮的、功利主義的實際情況了。今天，曾賦予求利行為以正當性、合理性的清教天職觀念已轉化為經濟衝動，個人根本不會再試圖尋找什麼理由為之辯護了。但被剝除了其

原有的宗教和倫理涵義，而趨於和純粹世俗的慾望需求相關聯的求利行為，仍不失其正當性而常常具有「費厄潑賴」這種體育競賽的特徵。

大量的民諺反映了英國人這種目光遠大，「合理謀利」的態度，如：Things unreason-able are never durable（不合理的事不會長久），Ill goods never prosper（不義之財發不了家），The unrighteous penny corrups the righteous pound（不正當的小利弄髒大錢），Gain got by a lie will burn one's fingers（靠欺騙得到，準要吃虧），等等。

清教的主要繼承者衛斯理教派曾自我標榜為「循規蹈矩者（Methodists）」。「非國教徒的良心」是英國流傳至今的一句短語，而且據說今天在普通英國人（不一定是新教徒）中還有所體現。一位英國作者給這種「良心」總結了這麼幾條：(1)誠實、不虛偽，不會說假話奉承人；(2)重諾言，守信用；(3)堅持真理，尊重並能採納不同意見；等等❽。實際上，不管英國人行為的合理性來自何種理論，重視規則，並在此基礎上平等競爭，光明正大，以合理的行為建立起有秩序的生活，無疑是明智的，是目光遠大的表現。

英國學者赫胥黎在《自由的教育》中曾說過：「一個非常清楚、非常基本的真理是，我們每個人和多多少少與我們有關的人，其生活、命運和幸福都依賴於我們對一個比賽規則的認識。」不論赫胥黎當時的意思如何，今天看起來，這句話仍充滿了聽明睿智。的確，只有按一定的規則行事，光明磊落，人們才能過上合理有序的生活，享受長久的福祉。經濟生活中的任何欺詐和掠奪都是短期行為，可以行一時，難以行一世。

---

❽　麗月塔：《紳士道與武士道》，第二一九頁。

今天這種智慧已深深融化到西方的現代經濟之中，正如韋伯所說：「這種經濟是以嚴格的核算為基礎而理性化的，以富有遠見和小心謹慎來追求它所欲達到的經濟成功。這與農民追求勉強糊口的生存是截然相反的，與行會師傅以及冒險家式的資本主義（指中世紀末期，前資本主義社會的經濟活動——筆者注）那種享受特權的傳統主義也是截然相反的。因為這種傳統主義趨向於利用各種政治機會和非理性的投機活動來追求經濟成功。」

一磅肉的故事

許多人從未讀過莎士比亞的劇作《威尼斯商人》，也沒有看過這齣戲，但卻知道「夏洛克」這個名字代表貪得無厭或冷酷無情的人，代表把自己的愉快建築在別人的痛苦之上的猶太高利貸者。這種理解不很準確，但以「夏洛克」比喻貪婪無情，卻被人們經常使用。另一方面，一批傑出的進步評論家，包括詩人海涅和英國政治家W·黑茲利特，都把他看作是一個可怕事故裡的悲劇英雄。

故事取材於意大利，發生在威尼斯。一位名叫巴薩尼奧的威尼斯青年準備去向鮑西婭求婚。她是一位出名的美人，住在貝爾蒙特。他需要錢，因而求助於他的朋友，即商人安東尼奧。但安東尼奧的錢都已投資在船舶上，而這些船在海上。為了讓巴薩尼奧去求婚，他不揣冒昧地向曾屢遭自己羞辱的猶太高利貸者夏洛克借錢，並宣稱：「你就把它當作借給你的仇人吧！倘若我失去了信用，你儘管拉下臉來照約處罰就是了。」夏洛克曾在以安東尼奧為代表的基督徒手上吃過不少苦頭，這

時他同意借給安東尼奧所需的款項，但有條件，即如若到期不還，他便要從安東尼奧身上割取一磅肉。後來，巴薩尼奧到貝爾蒙特求婚成功，但安東尼奧卻處於危險之中，他的船在海上失事了，猶太人要割取他的一磅肉。

在這千鈞一髮之際，一位法學博士來到威尼斯。他審理了這個案子，判定猶太人有權履行原約。但同時也警告說，必須完全按照契約的文字執行，所要割的肉不能多也不能少，必須剛剛好一磅，並且不該流一滴血，否則他必須償命——因為合同中並沒有說可以要安東尼奧的命。這些不可能做到的條件挫敗了猶太人。原來這位才學出眾的法學博士不是別人，正是女扮男裝的鮑西婭！

我們如果從沒有自己的民族國家，在歐洲備受歧視和迫害的猶太人的立場來理解這個劇本，就立即能從中看到一個新的主題，它使任何其他主題都相形見絀。我們將看到一個爭取平等權利的賤民，而他的武器就是商業合同。原來，早在王權正熾的伊麗莎白女王時代，莎士比亞就注意到當時資產階級認為法律至少應該保証商業平等、保護外國商人、在經濟活動中消除歧視這些重要的新概念，以及前所未有的，也許是與倫理道義和傳統權威觀念相矛盾的合同關係所可能具有的合法性。

劇本寫的是威尼斯，但反映在其中的社會經濟生活卻是十六世紀的英格蘭。當時，清教徒還沒有掀起社會風暴，自由企業的思想在理論上遠未取代、在實踐中也尚未完全取代基於倫理道義和舊秩序的中世紀行會概念——「公平價格」和根據傳統所確定的其他條件。有鑒於此，莎翁的遠見卓識就更顯得難能可貴了。從另一方面，它也說明了英國人經濟行為的合理性——平等競爭、信守合同等等——不是清教徒靈機一動，突然發明的。英國「合理謀利」的工業精神，除了清教運動，還

自有其產生的社會歷史條件和民族文化淵源。

在夏洛克第一次出場時，莎士比亞就交待了夏洛克恨安東尼奧的原因，交待的方式是提出了一個更加基本的問題：安東尼奧——一個對熟人慷慨、對朋友忠實而寬宏大量、尊貴而又彬彬有禮的君子——怎麼能以如此的蔑視和侮辱來對待夏洛克呢？現在夏洛克第一次有機會對他的宿敵說話，此時安東尼奧是來向他借錢的。夏洛克藉此機會，在共同人性和經濟平等的基礎上向他呼籲：「您把唾沫吐在我的鬍子上，用您的腳踢我，好像我是您門口的一條野狗一樣；現在您卻來問我要錢，我應該怎樣對您說呢？我要不要這樣說：『一條狗會有錢嗎？一條惡狗能夠借人三千塊錢嗎？』」他呼籲安東尼奧承認他是人，可是安東尼奧卻仍然拒絕這個並不過分的要求，這時他才迫使安東尼奧訂下了一磅肉的合同。

後來，在法庭上，夏洛克又第二次比較正式地提出了「猶太人也是人」這一主張，最後他以基督教商人所堅持的奴隸制來反証他所堅持的一磅肉，更有力地說明了威尼斯的商人們作為奴役他人的奴隸主，完全喪失了作為一個人向其他人求助的資格。這實際上是權利市場經濟對權力奴役經濟的控訴，是建立在合同基礎上的合理經濟行為對建立在傳統主義基礎上的掠奪性經濟行為的控訴。

最終挫敗了夏洛克的鮑西婭，莎士比亞曾通過她對前來求婚的摩洛哥親王的態度，告訴我們她具有狂熱無情的種族偏見。她一聽到僕人通報黑皮膚的摩洛哥親王駕到，立即聲明：「假如他有聖人般的德性，偏偏生著一副魔鬼樣的面貌，那麼與其讓他做我的丈夫，還不如讓他聽我的懺悔。」就是這樣一個對夏洛克滿懷蔑視和仇恨的種族主義者，也不得不承認基於商業合同的平等關係。難怪馬克思說：「商品是天生的平等

派。」鮑西婭所賴以戰勝夏洛克的絕不是傳統的倫理道義，而正是商業合同。試想，假如夏洛克有先見之明，在合同中規定可割取大約一磅肉而不是精確的一磅，並可以對由此產生的連帶後果不負責任，使鮑西婭沒有漏洞可鑽，那麼，劇本的結局就不是現在這個樣子了。

從《威尼斯商人》一劇可知，莎士比亞時代的英格蘭，平等的商業合同關係正在戰勝封建特權，符合理性的經濟行為正在開始取代傳統意義上的經濟行為。直到今天，還有一句諺語體現了這種重視合同的合理的經濟智慧：A barga is a bargain（買賣就是買賣）。本世紀上半葉，領導美國人民戰勝大蕭條和國際法西斯勢力的羅斯福總統也從這個劇本中獲取經濟智慧。他在制定全國工業復興總署條例之初，曾寫信給一位朋友說：「我最近正在重讀一個有關合同法律的離奇的舊劇本。你也許知道，這個劇本名叫《威尼斯商人》。」

節約便士，英鎊自來

要使利義一致，為求利行為徹底正名，除了求利行為本身必須合理之外，所求得的財利如何正當使用，也是一個問題。所幸英國人對花錢、消費也有自己成熟而獨到的看法，他們善於正確地使用金錢，一般生活崇尚儉樸，即使富豪也不例外。

每當夜深人靜之時，你就可能會看到一個身著白睡衣的女人像影子似地穿行在白金漢宮的大小廳堂和走廊，熄滅仍然通明的燈光……這是當今世界最富有的女人之一——伊麗莎白女王。她為哪怕是最微小的浪費而生氣。在英國人中，流傳著許多女王注意節約的故事。

誠然，女王可能比阿拉伯的任何石油富豪和巨商大賈更為富有。據說，其財產價值不下二十五億英鎊。倫敦股票交易所的一位工作人員透露，女王掌握的股票至少值二十億英鎊，從中可得紅利七十萬英鎊。僅她所用的白金漢宮，價值就超過十億美元。她擁有許多藝術珍寶和使任何私人集郵者都為之遜色的郵票珍藏，還擁有一些商店、劇場、私宅、森林、旅遊區、英國海灘的一半，等等。而王室的電話和郵票是免費的，還免交種種捐稅。這又憑添了不少財富。雖然如此富有，女王卻仍然十分注意節約。有句英國諺語常掛在女王的嘴邊：「節約便士，英鎊自來。」（Take care of the pence and the pounds will take care of themselves）

　　在白金漢宮，不僅照明，而且連供暖也保持在最低限度。應邀到郊外鄉村的皇家別墅去作客的人，被告知要隨身攜帶毛衣，因為那裡「暖氣並不二十四小時全天開放」，而且還要應邀者自帶酒去，因為「我們並不是大酒鬼」。為了節約，提取皇家食品儲藏室裡的食物，需通過電腦來計算。自維多利亞女王時代以來，王宮裡的家具從未更新過。當前來參觀的遊客看到經過修補的沙發和地毯、已經很不像樣的掛毯、滿是灰塵的書房時，無不為之驚嘆。為了節約，女祕書們要用電腦來回覆白金漢宮收到的數以千計的信件。

　　女王堅持王室只用印有查爾斯王子紋章的特製牙膏，因為牙膏可以擠得一點不剩。女王如果看見掉在地上的一根繩子或帶子什麼的，也要撿起來塞進口袋裡，可能在什麼時候這些東西會派上用場。女王很喜歡馬，但在馬廄裡，馬不再睡在乾草上，而是睡在舊報紙上，因為乾草太貴。

　　女王如此，其他王室成員也是這樣按節約精神辦事。女王的丈夫菲力浦親王的錢包也扣得緊緊的。看到飯館裡酒價飛

漲，聖誕節他請宮廷人員到一家豪華旅館去吃飯時，便自己準備了一些酒帶去。顧客一般是不能這麼做的，但飯館也只好隨其所便。一九八五年復活節期間，王室成員參加宗教儀式時，安妮公主的小兒子彼得‧菲力浦穿著一件顯然是太肥而且相當舊的外套，那是愛德華王子十五年前穿過的。幾年前，卡洛王子在桑德林厄姆附近一家商店裡買了一件羊毛衫，花了三十七英鎊，還不算太貴。於是，商店老板客氣地說：「您的身材能找到最好的東西來穿。」卡洛回答：「我可以做到，因為我剛剛向我的妻子借了錢。」

王室如此節儉，可是另一方面，每逢各種慶典，舉國一致歡騰之時，為了向公眾顯示王家威儀，並給草眾以極大的趣味和快樂，藉以顯示舉國團結和富裕的景象，卻又鐘鳴鼎食，連騎過市，極盡豪華，以至於政府支付的俸祿不夠開銷，只好以女王私產收入墊付一部分費用。可見這種節儉並不是吝嗇，而是如何合理花費錢財的一種智慧。

英國還有一個諺語勸說人們節儉，警告揮霍行為，就是「colgs to colgs in three generations（木鞋三代一輪迴）」。原來，英格蘭北部的窮人因買不起皮鞋，只好穿木鞋。起初的一代是穿木鞋的窮漢子，他經過努力奮鬥，終於積累了一些錢財，穿上了一般的鞋子。他的兒子終於不會再穿木鞋了，他尚能記得父輩的奮鬥史並努力守成，維護父輩創下的基業。可是到了孫子一代，因生下來就過著舒適的生活，不知創業的艱難，於是開始浪費，最後終於破產，賣光了所有的東西，又穿上了祖輩的木鞋。

在世界上任何一個民族中，流傳著一些勸人勤儉的言論和諺語，存在著一些注意節約的典型人物和事例，這並不稀罕，就像揮霍、浪費行為的存在也不稀罕一樣。但是勤儉節約精神

如果在全民族彌漫開來，成為一種民族智慧，那就值得特別關注了。

　　努力致富和勤儉節約相統一，這是清教徒對英吉利民族的貢獻。清教徒曾在資產階級革命（政治革命）和後來的工業革命（經濟、社會革命）中扮演了極其重要的角色。他們把自己在經濟上的成功視為上帝賜予的恩寵和永恆幸福的標誌，因此，財富不是目的性而只是工具性的東西。這樣就能以一種豁達瀟灑的態度對待錢財。特別是清教徒「內心世界的禁慾主義」造就了英國人刻苦自律、勤儉節約的精神風貌。而這種節約必然導致了資本的積累。強加在財富消費上的種種限制使資本用於生產性投資成為可能，從而也就自然而然增加了財富。

　　韋伯曾引証了衛斯理教派創始人的一段話：「我們必須敦促所有基督教徒都盡其所能獲得他們所能獲得的一切；節省下他們所能節省的一切，事實上也就是敦促他們發家致富。」這句話很典型地証明了新教對英國經濟發展的貢獻，以正當的行為求財利、用財利，完成資本的原始積累，繼而建立起自由市場經濟。今天勤儉奮鬥精神的宗教基礎已經腐朽死亡了，但王室以及其他英國人仍然繼承、發揚著這種傳統精神，因為它已成了英吉利的民族智慧，成了一件彌足珍貴的優秀遺產。

　　反映這智慧的諺語比比皆是，像是Industry is fortune's right hand, and frugality her left（勤勉是幸運的右手，節儉是幸運的左手），Frugality is an estate alone（節儉本身就是一宗財產）等等。

Chapter 4
公平效率：經濟和經營的智慧

農民異教和農夫彼爾斯

在上一章我們就說過，英國中世紀的宗教文化具有一種「嫌貧愛富」的傾向，它羨慕並鼓勵人們通過有效手段發財致富，而鄙視那些不能致富卻要求接濟的「無能者」。但是，宗教文化是一種複雜的社會精神現象，因此不乏相互矛盾的現象。

中世紀宗教文化雖然帶有督伊德教巫術等不列顛特色，但它畢竟還是基督教文化，《聖經》中耶穌的平等教義和早期基督徒共產團體的記載不會不對英國人產生一定影響。因此，與嫌貧愛富的傾向相反，到十四世紀，英國的羅拉德派宗教思想家和他影響下的下層民眾就開始向社會提出了公財產、均貧富的公平要求。宗教改革的先驅者威克利夫博士提出了一切事物都應該為正直者共同持有的理想，認為私有財產與政府乃是亞當原罪以及人類承繼下來的罪孽所產生的後果，在理想的道理完善的社會裡，不會有個人的私有權，也沒有教會或國家的人

為法律。但他僅僅停留在理想上，當下層人民以行動要求實現這種理想時，他又說：「現存的權力，如保羅所言，仍是上帝授與的，所以人們必須服從之。」重申他所謂的共產社會應被了解為只是一項理想中的意識。而他的門徒約翰‧保爾卻明確地以消滅貧富兩極分化的現象為己任。這位植根於下層人民的低級傳教士教人們傳唱這樣的民謠：「亞當種田，夏娃織布，當年誰人是紳士？」並申言自己的「理想是一切都變為公有的，沒有什麼農奴，也沒有什麼紳士，而是大家團結在一起，領主們也不比我們高。」❶

恩格斯在論述德國農民戰爭時說：農民平民異教「它要求在教區成員間恢復原始基督教的平等關係，並且承認此種關係也是市民社會的準則。它從『上帝兒女的平等』，推論到市民社會的平等，甚至已經多少推論到財產的平等；它要求農民和貴族平等，平民和城市貴族及特權市民平等；它要求取消搖役、地租、捐稅、特權；它要求至少消除那些最不堪忍受的財富差別。」❷保爾就是這種農民平民異教在英國的傑出代表。他把威克利夫沈涵於想理中的理性推論變作情緒化的吶喊和鼓動性的號角。他的信念、揭露、號召成為農民起義的精神支柱，所以恩格斯稱他為「瓦特‧泰勒起義的宣教者」。從威克利夫的空想到保爾的鼓動、號召和泰勒的行動，說明十四世紀英格蘭宗教文化中已有了形成體系的公平胚芽。

威克利夫像人類文明史上的許多思想家一樣，其思想是繁雜的。不論他本人還有多麼大的歷史局限性，他力圖把基督教教義從人們的盲目服從轉變為自覺的信仰（第一次以英文翻譯

---

❶　《世界通史資料選輯》（中古部分），第一八六、一八七頁。
❷　《馬克思恩格斯全集》第七卷，第四○三頁。

《聖經》），用理性武器去戰勝愚昧，自然成了「不可戰勝的博士」。實際上，十六世紀英國宗教改革的基本內容，無一不是在十四世紀時開始提出並且在不同階級中逐步紮下根柢的。一五二三年，倫敦主教童斯達爾就說過：路德教並不是「什麼有毒的新奇東西，它只是給大韋威克利夫異端派添加新武器而已。」❸

　　正因為威克利夫思想的博大精深，所以英國社會的新興力量由羅拉德派演變為清教徒後，能包容從長老派、獨立派到平等派那麼眾多的派別。這些派別的思想差異反映在經濟領域，有的側重於效率的追求，捍衛私有制；有的則側重於公平的追求，反對私有制。如何能夠魚與熊掌兼得，調和這兩種追求間的矛盾，是英吉利民族日後必須解決的問題。而在十四世紀時，具有新思想的僧侶們對這種兩難境地不是沒有覺察就是有意忽略了，所以他們似乎並沒有因為這兩種相互矛盾的思想而苦惱。威廉・朗格蘭就是這樣的一個典型。

　　同保爾一樣，朗格蘭也是一位窮牧師。但與保爾積極行動、投身於追求公平的運動不同，他只是用他的生花妙筆來表現人民的、首先是農民的感情和思想，他們對封建農奴制壓迫的抗議。在他的傳世之作《農夫彼爾斯的幻象》中，他直率地攻擊教會內部的腐敗，譴責貪婪愛財的僧侶，揭露社會不平等的現象，辛辣地嘲笑寄生分子，並以正直、勤勞、追求真理的農民作為理想中的新人，為社會樹立榜樣，試圖以此改造腐朽的封建社會。他明確宣傳過公平的目標：「天下所有的東西，應該一律歸公。」有人說，朗格蘭「那種人類本質在上帝面前都平等的信念，以及對於社會各種虛偽的憎恨，勞工尊嚴的信

---

❸　莫爾頓：《人民的英國史》，第一七三頁。

仰，幾乎使他的詩含有近代的意味。」❹的確，作為十七世紀清教詩人班揚的先驅者，他具有某種未來時代的民主性傾向。

　　本文所說的公平，主要指對財富的共同、平等享有。如果說作為積極的行動者，保爾無暇考慮公平目標會不會由於拉平不同素質、不同能力的人們之間的差距，而挫傷一部分人追求財富的積極性，從而影響效率的話，朗格蘭就不能不對此有所思考了。當然，他不是訴諸理性思維和邏輯推理，而是用感性的形象思維方法來思考。他的主人公彼爾斯雇用了幾個工人，這位正直勤勞的上帝選民對雇工增加工資的要求很不滿意。他不僅沒有與雇工「公有」其財產，還咒罵他們是「無用貨」，不斷加重對他們的剝削，以有效地增加自己的財富。顯然，朗格蘭等人的公平要求是針對封建制度的受益者，所謂「寄生蟲」之輩。當他們用新的生產關係剝削被雇用者時，就不講公平，只求有效地榨取財富了。

　　無論是威克利夫，還是保爾、朗格蘭，都沒有直接提到「公平」與「效率」這兩個字眼，但在朗格蘭這裡卻實際包涵了這兩種相互矛盾的傾向。他的公平要求，反映了十四世紀農民的願望，是時代精神的體現，他的效率要求，既是中世紀以巫術為核心的嫌貧愛富的宗教文化產物，又是將要從農民中脫穎而出的新興勢力——資產階級在其母胎中的躁動聲。他把公平作為未來的理想，把效率作為現實的要求，以此使公平與效率得到了契合。

---

❹　威廉・莫德・羅伯特・勞菲爾特：《英國文學史》，第四十六頁。

機會均等？

　　十四世紀宗教文化中效率與公平的矛盾，在革命年代就變成了作為有產者的清教徒（長老派和獨立派）與作為小資產者和無產者的清教徒（平等派，特別是掘地派）之間的矛盾和鬥爭。我們知道，這時代表資產階級和英吉利民族長遠利益的克倫威爾鎮壓了貧苦的清教徒的公平要求，實際上是在經濟上取得了成功的清教對沒有成功的清教徒進行鎮壓，也就是「效率」對「公平」的鎮壓。然而，僅僅以狡詐的權謀和野蠻的暴力對付「公平」是遠遠不夠的，何況資產階級也是高舉「自由、平等」的大旗與封建勢力作戰並逐步取得勝利的，現在他們將怎樣反對窮人的平等要求而仍舊理直氣壯呢？

　　洛克首先嘗試了如何在「平等」的旗幟下確保私有產權、即占有財富的不平等。洛克既然高舉天賦平等的旗幟，為資產階級革命辯護，就不得不同時承認，如同資產階級與國主、貴族天然平等一樣，貧苦的下層人民與他們也是平等的，在經濟上，也應當「土地和一切低等動物為一切人所共有。」這好像承認了「公平」要求。但是他筆鋒一轉，又說：由於每個人對他自己的人身享有一種所有權，別人不得侵犯，所以他的身體所從事的勞動和他雙手所進行的工作，也就是正當地屬於他的，「所以只要他使任何東西脫離自然所提供的和那個東西所處的狀態，他就已經摻進他的勞動，在這上面增加他自己所有的東西，因而使它成為他的財產，從而排斥了其他人的共同權利。」甚至「我的僕人所割的草皮」也是「我」的財產。❺因為通過公平交易，主僕立約，僕人已將自己的勞動力出賣給了

---

❺　洛克：《政府論》（下篇），第十九頁。

主人。在洛克這裡，公平和財產私有毫不矛盾，因為他的公平是「權利平等」，不是財產平等。實際上，這也就是後來資產階級所標榜的「機會均等」。

此後，每一個資產階級經濟學家製造反對地主階級的武器時，都對這種基於「勞動價值論」的「權利平等」說，往往倍加青睞。恩格斯評論李嘉圖的價值理論時就說；「李嘉圖的價值定義儘管有不祥之兆，但是也有使善良的資產者喜愛和珍貴的一面。它以不可抗拒的威力訴諸他們的公平感。權利的公平和平等是十八、十九世紀的資產者打算在封建的不公平、不平等和特權的廢墟上建立他們的社會大廈之基石。勞動決定商品價值，勞動產品按照這個價值尺度，在權利平等的商品所有者之間自由交換，這些──正如馬克思已經証明的──就是現代資產階級全部政治、法律和哲學的意識形態建立於其上的現實基礎。」❻這些早期資產階級的學者儘管沒有明說，卻自信已解決了公平與追求私人財富之間的矛盾；認為這種起點線上的平等而不是終點線上的平等，正是激勵人們勤奮勞動，提高工作效率的最好辦法。

但是，正如恩格斯所指出的，這一套理論對他們自己而言，已經有了「不祥之兆」。一方面，他們無法証明這種機會均等是否確實存在。每個人出身背景的差異，已經在受教育程度、經濟競爭過程中的各種社會關係所提供的便利等方面造成了機會的不均等，而雇傭關係的確立也已經不是一樁「公平交易」了。

在馬克思「剩餘價值論」還沒有誕生之前，工人運動和一些「社會主義」者對公平的追求必然是不科學的。而曾在洛克

---

❻　《馬克思恩格斯全集》第二十一卷，第二一〇頁。

們那種「權利平等」論中表面上解決了的公平與效率的矛盾，此時又成了一個新的「斯芬克斯之謎」。

如果說一個人通過自己的奮鬥以獲取盡可能多的財富的自由，與公平地共享財富相矛盾，還可以通過塑造受過適當教育的有理性的新人，使其能夠不受權力和財富的誘惑而按理性原則行事來解決的話，那麼，長期的效率與公平的矛盾就讓這些有理性的人苦惱不已了。既然不能從自己不同於他人的投資中獲得特殊的利益，分得財富者就會變為消費者，而不是投資者。在盡可能公平地分配以便最大可能地接近平等後，如何為提高效率，以便進行下一輪的公平分配而確定新的投資額？這些投資的來源及獲取方式則更令人難堪。

所謂的「機會均等」並不公平，可見「公平」理想就是在理論上也是那麼難以實現。這確實是考驗人類智慧的一道大難題。

最大多數人的最大幸福

英國資產階級最善於為自己的行為辯護。最早他們宣稱自己經濟上的成功是上帝恩寵的標誌。而隨著社會的進步，學術的發展，這已不能自圓其說的時候，又有斯密的「經濟人」出來為他們說話。斯密當然是為資本主義經濟制度叫好的。在他看來，市場上那隻「看不見的手」既能配置資源，使自私自利的人們無形中為他人、為社會增進幸福，說明這種制度是優越的。因此他才斷言；資本主義的發展可以增進工人階級的利益。但斯密卻沒有為資本家剝削工人的行動叫好，相反卻譴責說：「他們這般人的利益從來不是和公眾利益完全一致。一般

來說，他們的利益在於欺騙公眾，壓迫公眾。」❼

　　顯然，資產階級還需要新的更直接、更實用的理論反映其內心願望、維護其貪婪行為。於是，實際上早就存在於他們「趨利避苦」行為之中的功利主義就應運而生了，雖然功利主義學說和一般資產階級人士所理解的庸俗的功利思想並不是同一回事。

　　功利主義的奠基人傑瑞米・邊沁非常博學，因此不是一個專業的經濟學家。他最持續的興趣在於習慣法及其改革。他力圖把個人的「趨利避苦」同社會利益協調起來，於是從人類都具有「趨利避苦」的「天性」這個假定出發，他推導出一種倫理價值觀——「功利原則」；如用一個通俗的短語來表達，那就是「最大多數人的最大幸福」這一概念。在邊沁看來，無論個人還是政府，其最重要的職責是增加幸福，並盡可能減少痛苦。一種行為的正確與否，由它對促進幸福是否有用來衡量。

　　邊沁不是個局限於學術領域從而對民族、對社會影響不大的書齋型學者，他通過其著作的影響，聚集起一幫忠實信徒，他們在議會和其他地方，從功利原則出發，向過時的英國刑法和民法發動了攻擊，導致了刑法改革。此外，他還策動了其他方面的改革，諸如議會改革、市政改革、濟貧法改革、債務限制的取消、宗教禮儀檢查的廢除、公共衛生機構的建立、國家教育制度的創立、永久性行政機構和養老金的設立、土地法改革、殖民地自治、國際和平和世界法庭……

　　一般說來，只有公平的分配，使每一個社會成員都得到需求上的滿足，才能使幸福達到飽和。這種全體的幸福是真正的最大幸福——再沒有比這更大的了。但是，這種公平的分配會

---

❼　斯密：《國民財富》（上卷），第二四三頁。

不會使人們喪失創造大量財富的興趣？如果勤勞和有技術的人所獲得的財富和懶惰、技術較差的人相等，也就是說他們沒有享受辛勤勞動果實的保證，他們還可能繼續保持其勤勞、充分發揮其技術嗎？社會幸福還可能得到持久的保證嗎？消滅了私有制的無差別境界是最善的、最公平的，但卻不一定是最有效率的。於是，邊沁學派只求「最大幸一福」而非「全體幸福」，他們認為效率比平等更重要；在兩者不能調和時，必須放棄平等——把社會放在私有財產的基礎上，然後逐步改革，達到平等。

　　同樣從「最大多數人的最大幸福」出發，威廉・湯普森卻得出了相反的結論。湯普森正是從「全體幸福即最大幸福」這個信念出發，把眼光瞄準分配領域。邊沁相信保障私有財產，需要政府的法律來規定分配的方式，使生產資料的主人獲得地租、利息和利潤。而湯普森則相信公平，排斥人為法律，希望用自然法則來支配分配。他認為真正影響效率，阻礙生產的是不公平和不自然的分配。真正生產財富的人未獲得公平的一份，而少數人卻壟斷了大量財富，這種貧富兩極分化造成了普遍的不幸，根本不符合「功利」標準。他認為勞動和勞動產品都應由勞動者自由支配。為了既能公平分配，又不影響效率，他寄望於建立在工會基礎上的合股工廠，在這些工廠中，工廠的勞動產品，除了管理費和資金損耗的費用之外，全歸勞動者所有；工會會員既是工廠股東，又是占有股份的勞動者，即「資本家——勞動者」，既享受資本，也享受自己勞動的收入。但任何人不得購買一股以上的股份，以免形成新的特權。這些工廠是勞動者本身的聯合股份公司，它們可以利用自己的盈餘擴大經營，還可以對投資經營其他資本主義企業的資本家的剝削行為起有效的抑制作用。它們可以証明不要資本家也可

以進行資本積累，隨著它們的成長壯大，工人將會成為社會經濟生活的主流。

在資產階級占統治地位，掌握國家機器的社會裡，企圖僅僅以工人之間的合作這種經濟手段來戰勝資產階級，求得公平，顯然沒有擺脫其空想的性質；然而他利用「功利主義」原則來增強其歐文主義的說服力，卻是充滿智慧的表現。馬克思設想的生產資料和生產者直接結合這個目標，在湯普森這裡可窺見其端倪。特別是在某些國家國有制計劃經濟已被國際社會主義運動的實踐証明並不盡善盡美的時候，湯普森的合股制設想作為生產資料公有制的另一種具體形式，更顯現出特有的智慧之光。儘管在當時，它注定是行不通的。

湯普森作為一個「歐文主義者」，對英國工人運動有著深遠的影響，他所倡導的合股運動在當時就被許多追求公平的人們奉為「折衷改革的最好方法」。約翰・勃雷一八三九年出版的《對勞動的迫害及其救治方案》就是這樣評價的。

根據穆勒《自傳》，湯普森的聰明睿智和邏輯力量還贏得了穆勒的尊敬。雖然我們手頭能夠直接說明他對穆勒有什麼影響的資料不很多，但在那個充當資產階級辯護士的庸俗經濟學流行的年代，穆勒等人卻能不隨波逐流，特別是作為一個自由主義者和個人主義者，他在後期能產生明顯的改良主義傾向：否認私有財產的神聖地位，懷疑經濟上的自由放任，提出無限制的自由競爭不能產生真正的福利國家，以及主張以立法限制勞動時間，救濟貧民，以合作方式改組工業，研究工人管理工廠的可能性，還提倡組織公社，進行小規模的社會試驗，這裡面恐怕不會完全沒有湯普森的影響吧！這位小穆勒作為功利主義學派的中堅，在當時是有著廣泛社會影響的人物。

可見，在上個世紀流行的功利原則中，仍然包含著效率與

公平之間的矛盾。至於如何真正實現最大多數人的最大幸福，則絕非當時的時代能夠解決。

「福利國家」的利弊

從上面簡單的歷史回顧中我們發現：公平與效率的矛盾很久以來就一直困擾著英吉利民族，考驗著他們的智慧。它並不是自福利經濟學誕生之日才出現的問題。這個問題之所以難解，是因為它不像「魚與熊掌」的關係那麼簡單。魚與熊掌相比，顯然熊掌更珍貴，人們可以「捨魚而取熊掌」。但公平與效率，誰更重要呢？公平既是誰都無法否定的倫理目標，又是社會安定、人類幸福的保證；而效率則意味著努力創造更多的財富，是社會發展、人類幸福能夠持久和增大的前提。直到今天，這對矛盾仍然沒有最終得到解決，但英吉利民族一直在理論上和實踐上努力探索，積累了很多智慧，這份精神財富是不能遺棄的。

英國人探索這一問題的最高成就便是「福利國家」的建立。一九四八年七月，工黨政府關於社會福利的各項立法開始生效。兩年後，首相艾德禮對外宣布：英國已是一個「福利國家」。全球第一個資本主義「福利國家」就此正式誕生。這制度雖然還不是真正「公正」的，但卻是資本主義條件下所能做到的「最大多數人的最大幸福」了。重要的是：它絕不像「濟貧法」一樣，是政府對窮人的施捨，而是在幾百年來公平思想和下層人民公平要求的努力推動下，各種社會力量衝突、妥協而取得的共識。

在取得共識的過程中，英國工人運動和下層群眾的鬥爭，

從功利主義中蛻化成長起來的福利經濟學和其他經濟、社會改革家（比如費邊主義）漸進求勝的智慧，自由黨、工黨的先後努力，乃至保守黨的明智選擇，都做出了不同程度的貢獻。從此，「公平」不再只是一些富有強烈道義感的學者的呼籲和下層群眾改善自身處境的吶喊，它得到了全民族的承認。甚至一直處於公平要求對立面的自私自利的資產階級也認識到福利措施不僅僅是對窮人的安撫，而且是為了自救，否則資本主義生產就無法維持下去。而另一方面，效率也不再是資產階級這個一貫以追求財產為目的的社會集團所獨自面臨的問題了，它擺到了全民族、也包括不再「吃不飽穿不暖」的「窮人」面前。道理很簡單：沒有有效率的生產所創造的財富，龐大的福利開支源自何處？公平和效率這個原是上、下層兩大階級相互排斥的要求，現在成了全民族一致希望能夠兼得的兩大目標。

　　然而，當初福利國家草創之時，人們對於公平的考慮遠多於效率。樂觀的英國人似乎以為公平和效率的矛盾已經一勞永逸地解決了。對於有產者來說，私有制保住了，它仍然保障人們可以享受自己投資和勞動的成果，從而促進效率的提高；對於窮人來說，由一九一〇年勞合·喬治「人民預算案」的通過所確立的一個新原則：私有財產可以通過政府的稅收進行再分配，使富人拿出較多的份額給社會，讓窮人得到資助，也過上一種像樣的生活，至此已大獲全勝。在二十世紀四〇年代後期福利制度的創建過程中，整個民族就是這樣洋溢著一種樂觀的氣氛。後來一位英國史家回顧道——

　　　　一九四五年以後，人們開始講究去考察二十世紀這個大跨度間的前後聯繫。這裡不僅涉及生活改善的經濟學，而且涉及為保証生活改善而制訂的政策。因此，在四〇年

代後期和五〇年代初期，以往自由黨對歷史的解釋又盛行一種新的看法。這一次不再是什麼君主立憲制政府或代議制政府，而是福利國家了，認為這就是經過若干世紀發展的具有英國特色的歷史頂峰。根據這種新的社會史觀，十七、十八世紀是英國公民權利得以大力伸張的時期；十九世紀是英國政治權利勝利實現的時期；而留給二十世紀的任務是要實現「社會權利」。[8]

其實，早在英國國難最深重的一九四〇年，《泰晤士報》的一篇社論已經預告了四〇年代的這一主題。這篇社論寫道——

> 我們所講的民主，不是只維護選舉權而忘掉工作權和生活權的民主；我們所講的自由，不是那種排除社會組織和經濟計畫的粗俗的個人主義；我們所講的平等，不是那種缺乏社會利益和經濟利益的政治平等。我們在講經濟振興時，不大考慮如何儘量多生產（這當然也是需要的），而是主要考應如何合平分配。[9]

二十世紀四〇年代英國的社會心態於茲可見。當各項福利法案生效，帶有施捨、甚至虐待性質的濟貧法廢止時，英國人相信：將來，「我們周圍不會再有窮人了。」但是，當時他們之所以能夠「不大考慮如何儘量多生產」，而致力於公平分配，是以幾百年來「儘量多生產」積累起來的財富為前提的；

---

[8] 勃里格斯：《英國社會史》，第三四五頁。
[9] 勃里格斯：《英國社會史》，第三四五頁。

如果不繼續擴大財源而一味享受財富，就難免有「捉襟見肘」，乃至「坐吃山空」的一天。

果然，在短短幾年之內，原來被丟在一邊的效率問題主動找上門來了。首先是完全免費的國民醫療保健原則不得不廢除。工黨政府由於財政原因，決定個人就醫要收費；後來，裝假牙、配眼鏡也要收費。連國民保健制度的建築師、工黨左派領袖比萬也不得不同意有必要收費就醫。但第二批收費規定出台時，他就辭職不幹了，理由是：這標誌著「工黨曾引以為特別自豪、使英國在道義上成為全世界表率的社會福利制度遭受破壞的開始。」

隨著歲月流逝，福利制度的弊端日益清楚。巨大的福利開支把英國經濟壓得喘不過氣，由此造成的高昂的生產成本不僅削弱了產品的國際競爭力，還促使役資者把目光瞄向海外的廉價勞動力。國內越是缺少資金，資金越是外流。一部分消除了貧困壓力的人們也日益貪圖悠閑……所有這一切的綜合作用，再加上兩次大戰的損耗、帝國瓦解所帶來的市場縮小等歷史原因，英吉利就染上了嚴重的「英國病」，經濟發展「走走停停」，舉步維艱。

撒切爾夫人執政期間之所以能創造暫時的經濟奇蹟，與她對福利政策的控制和改革不無關係。撒切爾夫人代表著效率：她雖然限制了福利的範圍和規模，但她也明智地不廢棄「公平」；她造成了巨大的失業人口，但卻沒有引發大的社會動亂，這不能不歸功於社會保障體系的安全網作用。巨大的失業壓力不僅沒有給政府造成太大的麻煩，相反卻成了刺激人們提高勞動效率的壓力。如果在保障人們不致落入貧苦深淵的基礎上來談論「機會均等」以刺激效率，這是不是「公平」與「效率」之間的最佳契合點呢？

畢竟有一道安全網保護著由於機會不完全均等而失敗的競爭者，這是「物質財富極大湧流」的未來社會建成之前所能做到的最大「公平」了。為了將來「共同富裕」，現在必須在機會均等的基礎上「讓一部分人先富起來」，以刺激人們大幅度提高生產率和生產量。「把蛋糕做大些」，能在大幅度增長名義工資的同時保持穩定的物價水平，使勞動者得到財富的大量而實際的享受，而不能貪圖犧牲效率的公平。

　　今天，不僅是英國，所有步其後塵的西方「福利國家」都遇到了程度不同的麻煩。但無可否認的是：建立「福利國家」的初衷——「公平分配」——乃是偉大而正確的目標，而社會福利儘管有許多弊病，但它畢竟建立起有效的社會保障體系，這是可以傳之後世而不移的偉大社會工程。

　　從朗格蘭以「公產公平」為理想目標、以雇傭勞動中的勤奮為現實標準，到「勞動權利的平等」；從湯普森立足於微觀的「合股工廠」，到福利國家巨大的宏觀工程；從探索如何最良化配置資源的福利經濟學，到凱恩斯「革命」後國家對經濟的積極干預，提高就業，擴大需求……英國人開出了一個又一個藥方，努力協調和統一公平與效率。雖然任何一個藥方都難以達到根治的目的，但控制症狀卻可收一時之效。最重要的是，作為人類探索這個問題的一系列有益的嘗試，其中積累了無窮的智慧，為後人提供了可資借鑑的思路和成果。

倫敦，國王的還是市長的？

　　一一九四年，有一個倫敦公民被控告，罪名是他說過這樣的話：「倫敦將永遠不是國王的，而只是倫敦市長的。」儘管

被告犯了「欺君之罪」，但是原告並未勝訴。

差不多從那時候開始，倫敦城這個倫敦市的城中之城就成了一個自治體——它逐漸形成自己的一套市政、警察和法庭等機構，市長被稱作：「Lord Mayor（主要專業）」，可見其榮譽和地位之高。城內事務，從某種意義上說，連國王也無權過問。今天如果國王要到倫敦城，那必須在城門口停車恭候，不得擅自進城；只有當出來迎接的倫敦城市長將一把「市民寶劍」獻給他之後，方得入內。英國皇家軍隊也同樣不許進入倫敦城。

我們知道，古代東西方城市之間的差別是，東方（特別是中國）的城市大多是政治性質的，或為城堡關隘，或為官府署衙所在，雖有大量輔助性商業活動，但更偏重於「城」而不是「市」；而歐洲城市則往往由貿易集市演變而來，更側重於「市」而不是「城」。

英國的市民不僅一開始就不曾托承權力的蔭庇，不曾在官府的大樹旁艱難掙扎，為自己謀求一線生路，相反，他們很早就取得了重要的自治地位。他們的這種地位固然是以商品經濟的強大生命力為基礎，然而他們之所以能不同於中國排在「士農」之後的工商「末業」同行，甚至也大大不同於歐洲同行的地方，是這種地位又是國王與貴族鬥爭的副產品，因為這個鬥爭是雙方勢均力敵而都渴望取得一個盟友的勢力之鬥爭。於是古代英國商人便居於特殊的有利地位，當貴族割據阻礙了他們的商業自由時，他們可以支持國王，挫敗貴族的叛亂，抑制貴族勢力。反之，當國王以封建特權影響商業貿易時，他們又能加盟貴族反對王權的鬥爭，《大憲章》就是這種鬥爭的結果，所以《大憲章》明文規定：除戰時之外，給所有商人自由進出的權利。

商人們不僅在國王與貴族之間周旋，而且主動出擊，積極爭取發展商品經濟所必需的自由權利。爭取城市自治權的鬥爭就是這場商業自由運動的一個縮影。早在十二世紀，英國城市就開始了爭取自治的鬥爭。第一個被授予保有土地權的城市是貝弗利。這是在一一二四～一一三三年間由亨利一世授與的。敕令說：「根據約克城的習慣和法律，給予貝弗利市民自由保有土地的特許權。」這以後，許多城市紛紛效法。《大憲章》誕生的十三世紀，城市從要求取得「土地保有權」，進而要求「自治權」。倫敦是最早（十二世紀）取得選舉自己的市長之權利的城市；英格蘭的其他城市，到十四世紀也大都取得了自治權。本文開頭那位倫敦公民的話，無非是反映了城市自治的現實罷了。

　　一個很流行的學術觀點是：自人類歷史進入有階級存在的社會以來，相繼出現了以自然經濟為主導和以商品經濟為主導的兩種社會經濟形態。剛才我們還因襲了這種說法。但如果從被這兩種經濟基礎決定了的兩種政治形式的角度來回顧，我想，把它們分別叫作權力經濟和權利經濟是不是能更清楚、更便捷地說明它們對社會生活的不同影響？首先，對資本主義以前階級社會的經濟形態，僅以自給自足的自然經濟範疇概括是遠遠不夠的。自然經濟與商品經濟的兩分法忽略了這一階段赤裸裸的階級剝削和經濟掠奪。唐朝詩人白居易的《賣炭翁》曾生動地描繪了這種欺行霸市的掠奪行為：「一車炭重千餘斤，宮使驅將惜不得。半匹紅紗一丈綾，繫向牛頭充炭直。」而資本主義以來商品等價交換為原則的經濟形態，毋寧說是買賣雙方的平等權利戰勝了傳統社會超經濟掠奪權力的結果。在這個階段，即使是階級剝削，也都掩蓋在勞動力的自由買賣這一「公平交易」的煙幕中而不再那麼赤裸裸的了。有一句諺語就

是說的這種情形：「Exchange is no robbery（交換不是剝削）。毫無疑問，在傳統社會的權力經濟體系中，首先存在著廣泛的一家一戶自給自足的自然經濟，也包含適量的商品交換成分。商品交換對自由權利的要求，是該體系內部的革命性因素。各個民族對待這一因素的不同態度，構成了本階段民族發展智慧的差別。

我們知道，英吉利中世紀宗教文化並不認定「為富不仁」、「無商不奸」，而是嫌貧愛富的。我們還知道，中世紀英吉利市民的經濟自由願望也是十分強烈的，以致影響了當時的社會文化和民族的歷史進程。以城市自治運動和《大憲章》對商業自由的承認為代表的人類由權力經濟逐漸進入權利經濟的過渡時期的文化行為，正是我們所討論的經濟自由的智慧。

經濟自由，就是要讓商品自由流通，不受超市場力量的干預。真正的經濟自由不僅是勞動產品的自由買賣，還必須建立起相應的土地市場、勞動市場、資本市場、信息市場，使一切生產要素都成為商品，讓市場去配置各種資源而排除一切人為的干擾。顯然，這在中世紀是遠遠做不到的。甚至在工業革命之後，英國資產階級還要為擺脫《穀物法》造成的穀物進出口不自由狀態，掀起廣泛的社會政治鬥爭浪潮。儘管如此，市民們這時仍勇敢地爭取起碼的經濟自由權利，並且取得了一些最初步的成果。

除了商業自由和城市自治（最早是城市土地保留權）等勝利以外，他們還在當時可能做到的範圍內最大限度地爭取建立了土地市場。一二七九年頒布的《莫特美因法規》，禁止了向最大的封建土地所有者——教會饋贈土地的行為。一二八五年，《第三威斯敏斯特法規》則針對絕對歸自己所有而不附帶任何條件的土地，允許其可以自由買賣，但又規定以後買主不是從賣主手中，而是從賣主的領主手中接受土地，而且必須承

擔土地出售以前所附帶的封建義務和捐稅。這充分說明了權力經濟對權利經濟的防範和阻抑。但是，權利經濟畢竟是生氣勃勃的新興力量。從此，土地逐漸不再是全國的社會生活和防禦所依靠的封建道義約束力量，它逐漸成為一種商品，在原則上可以像羊毛或羊肉那樣買賣，還可以在一定的限制下贈送或遺留給別人，甚至可以用饋贈的方式，留給那些將成為新貴族階級基礎的尚未出世的人們。當然，只有一小部分英格蘭的土地參加了這種原始而活躍的交易。可是，這一小部分土地像一些堅實的物體，足以激起巨大的浪花。當許多外國公侯經濟拮据時，英格蘭卻早有涓涓不息的金錢之泉了。直到二、三十年以後，昔日的封建主才意識到：為了集散無常的金錢，他們已經永遠失卻了一部分數量頗為可觀的英格蘭土地。

當然，這些成就對於真正建立起自由權利經濟的土地市場來說，是微不足道的，但它畢竟為封建土地市場開了個頭。後來亨利八世大量沒收、變賣教會地產，英國資產階級革命、特別是合法的「圈地運動」作為其後繼，終於為自由資本主義的土地市場奠定了堅實的基礎。大家知道，經濟自由所要求的幾大要素市場中，自由的土地市場對於以分封土地為基礎建立起來的封建社會，原來是最難解決的問題，因為封建權力完全依賴於土地。土地市場一建立，原先被封建領主束縛在土地上的農奴和其他身分的農民就被解放出來而立即進入勞動力市場，從而使勞務的自由買賣成為現實。後來的圈地運動加劇了農民與土地的分離，使其成為工業革命中的自由勞動力大軍。這些就使英吉利最早掙脫封建特權的束縛，取得了自由發展經濟的權利。難怪孟德斯鳩評價英吉利民族的巨大成功時，指出了他們在商業貿易和自由兩方面都走在世界的最前面（當然，他還列舉了另一項：虔誠）。

錢能生錢

　　英國有一句諺語：錢能生錢（Money begets money）。它反映了英吉利民族善於利用資本發展經濟的大智慧。錢藏在家裡不會生錢，只有用於投資才能生錢。豪門巨富以雄厚的財力興辦企業自不待說，平頭百姓也不妨以一點微薄的本錢搏擊股海。隨著社會化大生產的發展，各大企業所需的資金不再是一家一戶所能承擔時，聚沙成塔，以錢生錢的股份制就成了逐利求富的英國人必然的選擇。

　　股份制在今天已是相當普及了，然而它起初作為人類經濟活動中的一種集資手段，似乎只是順應人們的需要自然產生的，也沒多大的智慧。當一些人感到單家獨戶的生產已不能滿足擴大再生產的需要時，總會把各自的工具、作坊、原材料等聚集起來，進行合夥經營。這種股份制的萌芽，古今中外，處處可見。到了資本主義社會，擴大資金來源是其經濟發展的重要前提之一。於是，原始的合夥經營形式就發展為股份經營。英格蘭銀行，倫敦城針線街上的那位「老婦人」作為資本主義最早的國家銀行，在一六九四年成立時，就是通過發行股票而籌集銀行準備金的。

　　用股票集資，作為投資者資金份額的標誌，這並不稀奇。但敢於使股票進入流通領域，自由買賣，這就需要智慧了。這具有良化資本配置的妙用，但也畢竟具有投機性質。然而，它恰是經濟自由所依賴的四大市場之一——資本市場得以建立的前提。

　　早期股票交易的投機性質，曾誘使一些奸詐的冒險家設局騙財，牟取暴利，從而敗壞了股票交易的聲譽。英國的「南海泡沫」事件就是一個典型。這起事件的主角是一七一○年被政

府授予南海貿易特許權的一家公司。一七二○年，該公司一些董事向政府提出購買全部公債的計畫，當時公債總額達三千萬英鎊。這個計畫原來是個騙局，可是政客們貪婪成性，實在經不住這一計畫的誘惑，因為它可以把二十五年來積壓的債務一掃而光；何況公司還花了一百二十五萬英鎊賄賂大臣、國會議員和宮庭官員。公司能購買全部公債似乎証明了它經營有方，財大氣粗，而且又有國家作為其信譽保証，於是刺激了公司股價上揚，使其一時聚斂起大量財富。還在購買國債計畫提交下院之前，財政大臣艾斯萊比就一下子買了二萬七千英鎊的南海公司股票。

當計畫在四月份的議會會議上通過之後，全國的投機狂熱猛烈地爆發出來，股票在三個月之內從一百二十八點增高到三百點，過了數月，又增加到五百點。在股票買賣經紀人和投機者的響亮叫喊聲中，許多真假公司紛紛出現。到一七二一年六月，南海公司的股票增加到一千零五十點。在倫敦的每一個咖啡館裡，都有男男女女拿著他們的積蓄向樂於接受他們的錢款的公司投資。他們的盲目輕信到了無以復加的程度。一個公司的發起人說，他將製造一種新式武器，叫作「帕克爾機關槍」，這種槍能夠發射圓形和方形兩種子彈，圓的打基督徒，方的打土耳其人，這將給戰爭技術帶來一場徹底的革命。有個騙子甚至在一個大吹大擂的廣告中宣稱：「一家公司將進行一項重要發明，可是誰也弄不清這項發明到底是什麼。」此人在康希爾設立一個辦事處，專門接受投資者的款項。他的辦公室被熱心的投資者團團圍住。他在收集到了二千英鎊以後，便腳底抹油，攜款潛逃了。

騙局是不能持久的。在這些虛假的公司被揭穿之後，股市迅速蕭條。到十月份，南海股票也跌到了一百五十點。數以千

計的人傾家蕩產。每天都有人自殺，更有不少人大吵大嚷，要求報仇。國會的休息室擠滿了瘋狂的破產者。郵政大臣服毒而死，其子國務大臣受到控告，首席大臣斯坦厄普由於精神緊張而一命嗚呼。調查發現，四六二名下院議員和一二二名上院議員與南海事件有牽連。於是南海公司的董事們遭到逮捕，其財產被沒收，分給無數要求賠款的投資者。社會大眾的富貴夢像泡沫一樣轉瞬破滅。

「南海泡沫」的災難給資本市場的建立蒙上了一層巨大的陰影。在十八世紀的大部分時間，股票經紀人是不是體面人物一直是個問題。一七三三年的「約翰‧巴納德條例」就以經紀人的某種最具有特徵性的活動，即期貨買賣為對象；「凡是有關股票或証券的現在或未來價格的一切賭博、附特賣權和先賣權」，一律宣布無效，並要防止其死灰復燃。

然而，在資本市場上代表經濟自由要求的股票經紀人充滿活力、朝氣蓬勃，他們不因為有一些害群之馬而羞赧退卻，也不會被社會偏見和政治壓力所打垮。他們與各種反對力量較量著，他們與倫敦市當局之間的鬥爭在該世紀的前七十五年中一直斷斷續續進行著。根據威廉三世和安妮女王在位時所解釋和加強了的古代成文法，「交易所經紀人」必須由倫敦市長和市參事會參事發給執照和頒給証章。但一般經紀人是否可以算作這個嚴加限制的「交易所經紀人」集團中的一分子呢？為此雙方對薄公堂。

雖然經紀人勝訴了，但其社會地位仍未得到保障。遲至一七七四年，馬拉徹‧波斯耳思懷特的《商業辭典》第四版仍然把股票經紀人看作是純粹寄生者，而「股票經紀業為什麼一直是並且仍繼續是有害於國家的淺近理由」十二項，連同查禁經紀人的古老法律，仍是這部辭典對這個問題的經濟學的唯一貢

獻。五十年後，對工業革命深感失望，緬懷農業時代「快樂的英格蘭」的科貝特讀到這些理論時，還猛擊唾壺，讚歎不已！

但是股票經紀人一直在為確立他們自己的地位而努力，況且也沒有再制訂任何查禁他們的法律。「巴納德條例」從來不是真正有效的，雖然據說在早期由於能使商販對他們所交換的人事事小心謹慎而起了良好作用。但該世紀中期，法庭的判決把這種小心謹慎的作風逐漸化為烏有了。人們甚至以為：連政府証券也未始不可由沒有倫敦市長所發証章的經紀人進行買賣。一七六二年，一些主要的和最殷實的証券商在交易所巷喬納森咖啡店組成一個俱樂部。十一年之後，這個「組織起來的經紀人核心」搬到針線街情人巷拐角處他們「自己的証券交易所」中。雖然這個交易所仍然不過是一個咖啡館之流的東西，然而，歷史的發展進程和特殊的歷史際遇，約二十年的戰爭需求和三十年運河開鑿的花費，再加其他因素，就使經紀人的人數和身分都大為提高。於是，他們又遷址到馬廠巷。其時，人數已逾五百。而從場內競爭中敗退出來的人就逗留在場外，出沒於交易所巷和情人巷一帶，變成了十九世紀早期的「黑市」或「弄堂」經紀人。

拿破崙戰爭塵埃甫定，出入這個俱樂部的已是光鮮體面的紳士了。它經營起「食稅人」的龐大業務，成員們「高車駿馬，往來馳聘」於布賴頓和倫敦之間，使厚古薄今的科貝特怒不可遏。公債現在是每一個人的投資了，雖然在反法戰爭之初，在王國的外郡各地，它還不常作為私人財產的儲存手段。一八一五年，法國政府公債首次在這裡買賣，甚至還在這裡發行。此後十來年間，歐洲各國、甚至歐洲以外的許多國家發行的公債也接踵而來。除了公債，他們經營的証券在運河公司之外又加上了船塢、煤氣、保險、自來水和橋樑等公司，以及在

一八二四～一八二五年繁榮時期開發自惠爾‧特頓到黃金海岸和祕魯的礦山，並經營各種業務的那些公司。這樣，歐洲銀錢交易的中心自然移到了倫敦，而倫敦的中心則在馬廠巷的這個俱樂部。這個俱樂部不是像十九世紀法國的輔助性商業機構那樣，由成文法或政府條例加以組織管理，而是由它自己的表決和自己的專門委員會去組織和管理的。

　　當一八二一年企圖取消任意買賣時，這項倡議再也不是出自國會中哪一位叫「約翰‧巴納德」之類名字的爵士，更不是出自財政大臣，而是出自交易所本身的委員。對於這項不讓資本自由的倡議，「被出賣的」經紀人大眾紛紛反對。委員會體察場內輿情，又收回了成議。至此，經濟自由所要求的資本市場完全得以確立，資本不受任何權力控制；什麼企業經營得法，什麼地方有利可圖，它就流向何處。

　　今天，在英國共有三百多家經營股票生意的商號，它們聯繫著一萬七千多名經紀人，昔日誕生在咖啡館的交易所如今成了一座高達九十七公尺的摩天大樓，裡面安裝著現代化的營業設備，如用電腦控制的股票証券價格變動表，二十二個頻道的報告各種股票行情的電視系統、特別電話網及與巴黎等股票市場互通行情的電子通訊設備等，其輝煌氣派遠非昔日可比。普通英國人善於以錢生錢，由於企業利潤高於銀行儲蓄利息，而且股票可以隨時買進賣出，他們都喜歡用積蓄的錢買些股票。而政府和大公司更善於以錢生錢，通過股市，集聚大量資金，用於經營和發展。但是英國人求利的智慧豈止於以錢生錢？他們沒有錢，也有智慧生錢，這主要靠頭腦靈活、信息靈通。

　　今日倫敦城中，在証券交易所外，還有許多國際性的商品交易所，從經營五金、穀物，到各種經濟作物產品、畜牧產品以及古玩。這些交易所都有著悠久的歷史，從事世界性的大宗

商品買賣。但交易所裡卻窗明几淨，沒有一件商品──既沒有樣品，也沒有倉庫。原來這裡的買主和賣主通常都不在倫敦，而是委託給這些交易所的成員公司代理購銷。在這些沒有商品的商品交易所裡，只見那些賣主代理標出其商品的地點、數量和質量等情況，然後用叫行的傳統辦法拍賣。也有些人在交易所大廳裡交頭接耳或捏手指頭，私下討價還價，進行交易。每天各種商品的拍賣價格就是它們的國際市場價格。世界各國的雙邊貿易，通常都以倫敦商品交易所的行情作為它們定價的依據。這些交易所的成員公司不正是做著「無本生意」──以信息生錢嗎？

當然，這種商品信息市場只是整個信息市場的一小部分內容。這樣，建立在土地市場、勞動力市場、資本市場和信息市場上的經濟自由將要擺脫人為的束縛，噴薄而出了！

皮爾的功績

儘管英國歷代政治家中個性鮮明，功勛卓著的人物如滿天星斗，我們仍然能從中把皮爾一眼辨別出來。代表著英國太平盛世的維多利亞女王對這位據信是「舉止笨拙而態度冷漠」的爵士十分討厭。女王登基沒幾年，深蒙聖眷的梅爾本內閣被迫辭職，這個皮爾放著現成的仕進機會而不顧，卻認為女王身邊的女官們對女王施加了過多的德國影響，有損英國的利益，提出必須徹換以萊純夫人為首的宮庭女官為自己同意組閣的條件。女王當然拒絕了這個「無理要求」，使梅爵爺勉為其難地在相位上又捱了近兩年。直到一八四一年，皮爾不是靠君主的眷顧寵愛，而是靠自己的實力，在大選中獲勝上台。然而，這

只是皮爾一生軼事中的小小一節，其驚人的篇章還在後頭呢！他以一位執政黨領袖的身分，竟毅然廢除了代表本黨成員經濟利益的《穀物法》。然而，我們對他感興趣，並不是因為他一些不尋常的舉措，而是因為現代意義上的經濟自由和經濟干預的智慧，都可以從他那裡找到源頭。

我們剛剛蜻蜓點水般地對倫敦城做了上下六百年浮光掠影的考察，了解到商品經濟對自由權利的那種懵懵懂懂的追求。這種追求雖然已經先後開始從四類市場著手，為自由市場體系做了最初的努力，但與皮爾時代明顯不同的是：它是自發的，而非自覺的；它面對的主要是掠奪性的權力經濟，而不是像皮爾那樣，不僅面對大量的既得利益和守舊勢力，而且還有整個傳統以及由習慣所建立並由法律所認可的一整套制度，這個制度不僅有掠奪性，還有似乎充滿善意的保護性的東西。這種保護性，是由商品經濟在由不發達到發達的轉折時期，在國際經濟秩序還沒有建立起來的時候，自己所要求的。當國際貿易發達起來，各國能夠充分意識到它們的經濟競爭時，商品經濟在其國內固然還在要求自由的市場競爭，如伊麗莎白·都鐸後期幾屆議會對專賣權的強烈反對；但在國際上，民族經濟卻把一國的利益結合為一體來對抗鄰國的利益，從而要求國家權力的保護。何況，當時的國際商路上，商人與海盜極難區分，使任何正直的商人都不能不求助於本國政府的力量，商品經濟在這一階段的要求就發展為理論上的重商主義和政策上過分的貿易保護主義。不管出於何種目的，國家既然取得了對經濟的監護權，這種權力的不當運用就鮮有不損害經濟自由的。

皮爾時代的經濟自由之所以是自覺的，是因為它早就有了一種理論體系，這時還發展成一場反《穀物法》的運動。這個理論還是在工業革命剛起步時，由亞當·斯密提出的。在那

時，雖然限制經濟自由的種種中世紀的古老立法已顯著衰落，可是起源較遲的重商主義仍盛極一時。斯密對此予以抨擊。正是重商主義那種過分的保護制度，使英國的支柱工業——毛紡織業中傳統方法的各種改良遇到最頑強的障礙。於是工業革命終於繞過這受到小心保護的寵兒而在棉紡織業中推廣，用機器取代了像毛紡業中那種受到保護的手工具。斯密的理論不僅後來被工業革命所証實，而且就在當時，當《國富論》一出版，就立刻在學者當中引起了轟動，並且連當時的首相小皮特也深受影響。

皮特進行了稅制改革，確立了預算制度，建立償債基金；最重要的是，他還同法國簽訂了第一項自由貿易條約——伊登條約。如果不是拿破崙戰爭，誰知道他還會在經濟自由上走多遠？皮特帶領英國走進這場戰爭時，它還是個農業國；而當它從戰爭的硝煙中走出來時，已是一個工業國了。隨著工業資產階級勢力的壯大，「神聖」的「自由放任」已經成了一種很流行的社會思潮，它認為社會上一般人渴望每人自由地追尋自己「開明的私利」，因此，社會的共同利益，通過市場上那隻「看不見的手」，也可得到促進。而國家對工業的任何干涉都被認為侵犯了自然法則。

國家的干涉也確實阻礙了技術進步和經濟發展。當皮爾還是一個普通議員的時候，就對此深惡痛絕。一八〇四年，當花布印染工人企圖像中世紀立法限制手工作坊的學徒人數那樣，不讓工廠主再雇用別的工人時，謝里登議員幫助他們在議會裡提出了一個限制工廠人數的法案，實際上是對勞動力市場自由的限制。皮爾慷慨陳詞，認為多雇工人的廠主是反對無知和守舊而為發展工業事業服務的。下議院贊同皮爾的意見，使法案未能通過。雖然經濟自由正逐漸成為民族的共識，但由於一些

既得利益者的阻擾，不管像皮爾這樣的人如何努力，當時國家對經濟生活的無理干涉，在今天都是難以想像的。一位經濟史家這樣寫道——

為稅收的利益計，每個玻璃廠至少駐紮兩名國產視徵收員。「不光把我們的打算通知派來監督我們的官史，我們在自己的業務調度上不能有任何舉動，」一位製造商在一八三三年這樣說。「我們非整天送通知不可。」斯卡斯‧錢斯這樣說。玻璃廠有執照捐、坩堝中所熔解的全部玻璃的一項按磅計的課徵和超過坩堝照例熔量五○％以上的那一部分玻璃製成品的超額重量的另一筆磅稅。這就與怪乎國產視徵收員常常用鐵「標尺」測量坩堝了。但這還不是最糟的。每一個坩堝裡膛的尺寸都必須登記，鍛爐須有一定的形式，「只准有一個爐。」而且爐口必須可以上鎖。為了檢查的便利，每一個玻璃廠只可生產一種玻璃。❿

生產什麼？如何生產？生產多少？這之間的每一個環節都被「婆婆」們管起來了。管得如此死板，如此無理，用一句諺語來說：「連石頭都要叫喊了！」（stones will cry out）然而這「不合理的事不會長久。」（Things unreasonable are never durable）一件事做過了頭，它失敗的時候也快到了。當時，最引人注目的經濟不自由現象就是《穀物法》對穀物自由流動的限制。地主階級以此保護了自身的利益，但它所造成的昂貴穀物，卻一方面使工人難以糊口，另一方面抬高了工廠主的產品成本，削弱其國際市場的競爭力。於是一八四六年，皮爾首相

---

❿　克拉潘：《現代英國經濟史（上）》，第四○五～四○六頁。

思量再三，在社會輿論和大多數議員的支持下，不顧黨內的反對乃至分裂，毅然決然廢止了《穀物法》。當狄斯雷里譴責說，領導人有意摧毀自己的政黨是一大政治罪行時，皮爾辯稱，他對全民族的責任高於對本黨的責任。皮爾自己雖因此得咎，然而經濟自由的原則卻終於大獲全勝。

一八五二年，英國議會發表了支持自由貿易的原則性聲明，英國終於進入了自由資本主義時代，並且從此以後，經濟自由作為民族智慧，一直為英國人所珍視。

但是另一方面，英國人並沒有放棄對經濟發展有利的干預，只要能証明它並不從根本上危害經濟自由。實際上，早在重商主義時代，他們在尋求國家保護的同時，也在努力維護經濟自由。有益的干預和自由放任並不是矛盾的。重商主義者托馬斯‧孟曾告誡當權者要維護等物交換的自由貿易，不要剝奪「本國人民應享的自由」，否則就是「在羊身上吸血而不是剪毛了」。他說：「一個國王之所以被人視為強大過人，與其說是在於他的錢櫃裡存著大量財富，還不如說是在於他有許多既富裕又心悅誠服的臣民。」**❶**斯密之所以反對經濟干涉，是因為當時它已經嚴重阻礙了技術進步和經濟發展。

當自由貿易原則成為民族共識之後，英國人其實並沒有放棄對本國工業實質上的保護，甚至在號稱第一項自由貿易條約的《伊登條約》中就早已體現了英國人的深謀遠慮。當時，皮特派年輕有為的官員威廉‧伊登到巴黎談判，說：根據斯密的新經濟原則，請求削減法國對英國棉織品徵收的關稅；英國當然也願意降低對法國葡萄酒和絲綢徵收的進口關稅。但法國這

---

❶ 托馬斯‧孟：《英國得自對外貿易的財富》，五十七、六十八、六十九頁。

兩種商品其實並沒有同英國競爭，而蘭開夏郡的棉紡織品卻破壞了法國東北部紡織商的生意。後來英國以自由原則制訂關稅和外貿政策時，對如何保護本國利益也是胸有成竹的。當然這些還不是明確的經濟干預。英國最早的經濟干預（當然不是筆者所界定的「權力經濟」對「權利經濟」的限制性干預）是十九世紀的經濟立法，而其中最早的一項法案就是皮爾親自提交議會並力促其通過的。

就像經濟自由是由於工業革命壯大了資產階級的力量，使它成為不可阻邊的大趨勢一樣，經濟干預也是工業革命的後果。工業革命造成了生產者和生產工具的分離，而掌握生產工具的資本家並沒有像斯密所預計的那樣，通過追逐私利而有益於包括工人階級的全體社會成員；相反倒是像他在《國富論》的另一處所指出的，追逐利潤的人常常與他人的利益不一致，資本家的利潤增加了，工人階級倒更窮了。任何有遠見的資本家都能看出，工人如果繼續得不到半點保障，則資本家自己也無異於在「吸羊血而不是剪羊毛」。工人作為機器時代生產力的一個要素，對他們的適當保障就像對機器的維修保護一樣，是符合生產發展之要求的。然而並不是每一個資本家都那麼富有遠見，一般工廠主只知追逐利潤，為此而強烈反對在縮短工作時間或保障工人的健康上下功夫。於是干預就成為必要了。這時恰恰是經濟自由主義者皮爾站出來干預的。

皮爾首先在巡視自己的工廠時，為工人的困苦所震驚。當他得知別的工廠情形更為惡劣時，就深感有必要採取普遍的措施，從而改善工人的處境。他認為，自己作為議員，有資格、有義務馬此奮鬥。因此，一八○二年四月六日的會議上，他提出了一項議案，並毫無阻礙地通過了，六月二十二日得到國王的批准，成為法令。法令首先涉及衛生規定，接著就是有關工

作日勞動時間的規定，及徒工應受教育的規定；為了監督法令的實施，還規定每郡每年任命兩個視察員隨時進入工廠檢查；最後規定對違反該法令的廠主處以罰金。這個法令在當時雖難說有什麼實際效果，但它卻是十九世紀社會立法的開始，它說明在經濟自由的基礎上輔以適當的經濟干預是十分必要的。

馬克思、恩格斯高度評價了這種經濟自由和經濟干預相結合的智慧。關於經濟自由，恩格斯說：「無論如何，緊接著自由貿易在英國獲勝以後的那些年代，看來是証實了對於隨這個勝利而來的繁榮所抱的最大希望。不列顛的貿易達到了神話般的規模；英國在世界市場上的工業壟斷地位顯得比過去的任何時候都更加鞏固；新的冶鐵廠和新的紡織廠大批出現，到處都在建立新的工業部門。」⑫對於「工廠法」在經濟上的促進作用，馬克思評價道：「強制規定工作日的長度、休息時間……一句話，要使生產資料在更大的程度上集中起來，並與此相適應，使工人在更大的程度上結集起來，」就「把已經使用的勞動量較均衡地分配在全年。這種規定對於那種害死人的、毫無意義的、本身同大工業制度不相適應的趕時髦的風氣，是第一個合理的約束……但是，正像資本通過自己代表的嘴屢次宣布的那樣，要資本同意這種變革，『只有在議會的一項普遍法令的壓力下』，即用法律強制規定工作日的情況下，才能辦到。」⑬可見從一開始，無論是放任的經濟自由，還是強制的經濟干預，都有益於經濟發展的大智慧。

---

⑫　《馬克思恩格斯全集》第二十一卷，第四一六頁。
⑬　《馬克思恩格斯全集》第二十三卷，第五一一〇～五二一頁，第五一一六～五二七頁。

「凱恩斯革命」與「撒切爾革命」

　　蓬勃發展的經濟猶如田野裡節節拔高的秧苗，中世紀式的權力干涉無疑像蝗蟲一樣不斷吞噬其嫩芽嬌莖，而重商主義以及一切出於善意但並不適當的干涉則是偃苗助長。與其這樣，還不如不加干涉，讓它自由自在地在田野裡成長。然而，就像人吃五穀雜糧，難保不生疾病一樣，經濟的秧苗也不會長生無疾。明明有了病害時，社會權力體系是否還應該本著「自由放任」的原則，撒手不管呢？

　　無庸諱言，經濟自由的智慧曾經帶來英國經濟的健康成長。這是恩格斯也肯定了的。後來力倡干預主義的凱恩斯先生（一八八三～一九四六），作為一個英國經濟學家，本來在其一生的大部分時間也都是一個貿易自由主義者。像大多數資產階級學者一樣，他相信資本主義制度是永恆的。然而他之所以主張經濟自由，倒不是出於書呆子對書本教條的虔信，而是從社會經濟發展的實際成果中看到了經濟自由的巨大作用，因而寧可對周期性的經濟危機忽略不計。反映他早期的經濟自由思想，並曾對世界產生直接而重要影響的一部著作是一九一九年的通俗小冊子《凡爾賽和約的經濟後果》。在書中，凱恩斯生動逼真地描述了第一次世界大戰爆發前半個世紀歐洲較為自由的經濟狀況。當時歐洲大陸取得了經濟均勢，社會生活頗為豐裕，各國之間的貿易和人員往來很少受疆界或關稅的限制、干涉；各國貨幣穩定，世界的自然資源可以自由利用，而且「人身財產幾乎絕對安全」。然而曾幾何時，帝國主義怪胎在自由資本主義的母腹中誕生了，世界大戰的炮火硝煙把「權利經濟」破壞殆盡。凱恩斯懷念那失去的天堂，希望重建過去的好時光。為此，凱恩斯希望修改那遠遠超過德國支付能力的巨額

賠款要求和取消戰爭債務，並主張建立自由貿易聯盟，防止在歐洲再次爆發戰爭。當然，凱恩斯完全從經濟角度所開出的藥方，政治領導人是不會全盤接受的，而其中的治本之策，要到再經過一次世界大戰的教訓，人們才會接受，建立歐洲經濟共同體來實現它。

凱恩斯這本冊子發表以後，在歐美引起了極大的反響。資本主義世界的各種矛盾卻並沒有像凱恩斯所期望的那樣緩和、淡化，而是更為激化，企業開工不足和大量失業成為經常性現象。特別是一九二九年爆發了一場空前規模的世界性經濟危機後，資本主義世界陷入長期蕭條，失業問題更趨嚴重。這樣，以馬歇爾為代表的微觀經濟學失靈了。這種理論認為可以借助於市場的自動調節，以達到充分就業的均衡。針對這種新情況，凱恩斯並不囿於傳統關於自由原則的教條，而是另闢蹊徑。於是，一場「革命」開始了。

一九三六年，凱恩斯發表了《就業、利息和貨幣流通》一書？建構了宏觀經濟學。他從社會總需求與總供給之間的關係出發，認為周期性生產過剩的危機是有效需求不足所引起的。在危機期間，資本家不惜把自己的商品付之一炬或傾入大海，乃是因為沒有人能按平常的價格購買它們。為了保持有效需求，並以此刺激生產供給，帶動經濟發展，他要求各國政府放棄自由放任原則，實行國家對經濟的干預和調節，運用財政政策和貨幣政策刺激消費，增加投資，以保証社會有足夠的有效需求，實現充分就業。

「凱恩斯主義」幾乎馬上就對形成美國新政綱領和英國的國庫歲入政策起了巨大作用。第二次世界大戰結束以後，許多資本主義國家紛紛把充分就業、經濟增長作為政策目標，推行凱恩斯主義的財政、貨幣政策。在蕭條時期，他們就減低稅

率，擴大財政開支；必要時不惜擴大財政赤字，增發公債，以刺激投資和消費；同時還增加貨幣供應量。這些政策對刺激經濟增長，延緩經濟危機和失業起了一定的作用。在英國，則不論是保守黨還是工黨執政，都程度不同地把凱恩斯主義作為經濟政策的指導思想，實行「需求管理」。五、六十年代，凱恩斯主義對英國經濟的刺激作用也是較為明顯的。

但是任何一種好辦法如果不慎稍過了頭，也會走向它的反面。英國人對此有非常智慧的洞察。諺語云：「最後一滴導致整杯滿溢（The last drop makes the cup run over）。」但操作中如何恰到好處，使之毋過，卻是很難的。儘管英國經濟和西歐其他國家一樣有過短暫的繁榮，但由於種種原因，英國經濟即使在最景氣的時候也不如其他西方國家，而在危機到來之時，它則最先陷入衰退，最晚走出谷底。特別是在一九七四～一九七五年西方最嚴重的一次經濟危機中，當時執政的工黨政府竟被迫像一個發展中國家一樣，按照國際貨幣基金組織的規定接受貸款。在這樣的情況下，經濟生活中的另一場革命就開始醞釀成熟了。

一九七九年，英國近半個多世紀以來首次出現了一個執政黨在信任投票中失敗的現象，反對黨大獲全勝，成為三十年來在下院贏得席位最多的一個政黨，歷史上第一位女首相撒切爾（柴契爾）夫人登台亮相。當撒切爾上台時，她的保守黨政府和卡拉漢的工黨政府所面臨的經濟難題實際上是一樣的：經濟衰退、通貨膨脹、失業增多。但是經過幾年的努力，撒切爾夫人卻取得了卡拉漢未取得的成就，長期停滯的經濟局面得到明顯的改善。這就是「撒切爾革命」的赫赫功績。

「撒切爾革命」的內容是很豐富的，其核心是強調經濟自由，其理論基礎是貨幣主義。貨幣主義反對凱恩斯主義影響下

的國家濫增貨幣供應量、用多印鈔票來保持購買需求的傾向，而要求控制貨幣供應量，使貨幣供應量的增長速度與國民經濟的增長速度相適應。早在一九七四年，撒切爾夫人擔任保守黨財政發言人時，就與保守黨的內政發言人約瑟夫·基思等人組成了「政策中心」，研究貨幣主義的經濟政策；上台時又提出了一套較完整的貨幣主義政策主張，起用持貨幣主義觀點的大臣，組成強有力的改革班子。她堅決反對工黨強化政府在經濟領域之作用的主張，與戰後「兩黨一致」的巴茨克爾主義傳統決裂，竭力提倡自由競爭的市場經濟，「讓市場力量來決定經濟的自然發展。」為此，她精簡了政府機構，並縮小某些機構的職能，減少政府對國有企業的資助，並大刀闊斧地實行國有企業的私有化。

這一系列經濟改革措施，使英國經濟自一九八一年五月跌到衰退最低點以後，持續增長了八年，成為自一九四五年以來最長的繁榮期。一九八八年，英國的經濟增長率為三·八％，超過歐共體成員平均實際增長率三·五％的水平。這還是戰後首次出現的現象，使英國由「歐洲病夫」變為「西歐經濟火車頭」，經濟實力雖比之德、日等國還有差距，但這一時期它的「全部要素生產率」（即企業使用資本與勞力的效率）卻居領先地位。這個世界最古老的工業國家又恢復了活力。有人說：「英國又趕上來了。」更有人借用達阿貝爾努勳爵的話——「只有差不多到了最後關頭，英國人的智慧才是最好的。」來稱讚撒切爾夫人。

然而，撒切爾夫人並不是完全摒棄經濟干預，而只是對以前干預過頭的一種矯正。事實上，撒切爾夫人正是通過對社會的干涉來實現經濟自由的。英國一些經濟學家甚至發現，英國在一九八七年間出現的經濟高漲應歸功於撒切爾政府暗中乞靈

於凱恩斯主義。[14]她還大力調整產業結構，發展高新技術，淘汰傳統工業，獎勵技術貿易，鼓勵技術進步，逐步形成「蘇格蘭挂谷區」、「科學園」、「倫敦西部走廊」等高技術開發、生產中心。這就更需要經濟干預。而當初凱恩斯其實也不是要國家包辦一切經濟活動，只是希望「讓國家之權威與私人之策動力量互相合作」；只是在後來各國的實踐中，私人的「策動力量」或多或少沒有發揮出來而已。貨幣學派與凱恩斯學派的目標是一致的，只是在策略上各有側重。面臨失業與通貨驟張的兩面夾攻，凱恩斯學派主張把減少失業放在優先地位，以圖擴大生產，促進增長；而貨幣學派則把抑制通貨膨脹放在優先地位，實質上是用緊縮貨幣供應量的辦法來製造失業壓力，以逼迫勞動者提高勞動生產率。

英國在本世紀的兩場經濟革命，說明了他們培育經濟秧苗的智慧：讓經濟自由成長是一切經濟發展的基礎和前提，而順應其自由生長規律的一切干預，猶如農夫對秧苗的鬆土、施肥、噴藥，是為了使其健康成長。同時我們還看到英吉利民族具有實事求是、勇於改革的經濟智慧，他們並不崇拜任何亙古不變的原則教條，不為所謂意識形態的純潔性而犧牲實際利益，而是實事求是，不斷進行經濟改革，以適應活躍且不斷發展著的生產力，求得民族的發展和進步。舉例來說，撒切爾夫人所在的保守黨曾經是一個帝國主義的政黨，然後成為非殖民化的政黨，進而成為「不折不扣」的凱恩斯主義政黨，接著又成為「貨真價實」的貨幣主義政黨。只要對民族發展有利，他們就趨之若鶩。

---

[14] 威廉·基岡：《撒切爾的經濟成效》，載英國《當代記錄》雜誌，一九八七年，第三期，第十七頁。

Chapter 5
現世功利：講究實效的智慧

拿筆的「查理大帝」

在法蘭克國王禿頭查理的宮廷，有一位來自英吉利海峽彼岸的學者。在一次宴會上，他坐在國王對面。國王想取笑他，就問道：「酒鬼和英格蘭人相差多遠？（scot，司各特，這位學者的名字意為蘇格蘭人。sot：酒鬼。這兩個單詞讀音相近）」他絕妙地回答：「隔一張桌子那麼遠。」又有一次，國王請他吃飯，同席的還有兩個牧師。侍者送上來一盤魚，有兩條大的和一條小的，國王叫他把魚分一下。他把兩條大的放到自己的盤子裡，而把那一條小的分給了兩個牧師。兩個牧師很不愉快，抱怨分得不公平。他詼諧地解釋道：「這是一個小的（指著自己）和兩個大的（指著他盤子裡的兩條大魚。）」然後又指著兩個牧師和他們盤子裡的那條小魚說；「這裡也是兩個大的和一個小的。因此這是公正和平等的。」國王聽了哈哈大笑，兩位牧師也無可奈何。

這個聰明絕頂的人是誰？他就是：「中世紀哲學的查理大

帝」──約翰‧司各特‧厄里根納──生於愛爾蘭的蘇格蘭人約翰（厄里根納是「生於愛爾蘭」的意思）。

中世紀曾被人們形容為黑暗時代。那時，封建與迷信聯姻，宗教成了生活的基礎，信仰控制著思想。一個民族要取得長足的進步發展就必須擺脫迷信，首先在精神上走出中世紀。所幸由於獨特的地理位置所造成的與羅馬教廷若即若離的邊際狀態，在智慧的英吉利民族，教會的權勢始終沒有大到它在歐洲大陸上的那種地步。這就為英吉利民族率先走出中世紀，奔向現代社會的大門準備了條件。

與宗教所要求的虔誠信仰的精神生活相比，英吉利民族更注重功利實用的世俗生活。在諾曼征服以前，英國人就連那種並沒有得到很大的發展，且帶有很濃烈的不列顛特色的基督教也曾一度淡漠，不感興趣。正是在這樣一種民族土壤中，產生了司各特這樣的思想家。他有一句名言：「權威來自真正的理性，理性並不來自權威。」如果說中世紀是人類文明史上的一段黑夜，司各特的理性主義則是這黑夜裡的一束星光，呼喚著未來社會的理性曙光。

司各特在禿頭國王的宮廷學校當了二十五年的校長。他在這裡講授語法和邏輯，參加神學辯論，翻譯古代典籍，並以哲學來改造神學，建立起一套獨特的哲學體系。

他的學說為中世紀「大全」式哲學體系奠定了基礎，因而被稱為「中世紀哲學之父」、「哲學界的查理大帝」。

他主張在神學的形式中用人的觀點，對哲學進行獨立研究，認為宗教信仰和理性思維同等重要。上帝不是哲學的禁區，而是哲學研究的對象。此外，司各特崇尚知識，推崇理性，貶斥權威。他在許多方面都主張理性高於信仰。他說：「權威來自真正的理性；相反地，理性並不來自權威。不為理

性所証實的權威似乎都是軟弱無力的；與此相反，理性確定不移地依靠其本身的力量，並不需要通過任何權威的贊同來確証自己。因此，在我看來，真正的權威不是別的，就是由理性所發現的真理。」並聲稱：「不借助哲學，誰也進不了天堂。」

司各特的這些觀點顯然與主張盲目信仰權威的宗教格格不入，因而屢受教會譴責，斥他為「狂妄多言的人」，把他的著作稱為「司各特雜粥」。教皇尼古拉一世甚至要求禿頭王把司各特送到羅馬受審。禿頭王當然沒有理睬教皇的要求。

公元八七七年，禿頭王去世了。據說司各特回到了他的故鄉，應阿爾弗雷德大帝之邀，做了英格蘭一個修道院的院長，繼續為世界、為英吉利貢獻他那默默的智慧思索。

這樣一位思想自由、精神獨立、活躍、勇敢而智慧的人，為西方哲學發展的歷史增添了光輝，更為後來的「異端」和許多思想家敢於衝破宗教權威的藩籬開創了先河。當持刀的查理大帝的赫赫戰功灰飛煙滅，帝國基業分崩離析之後，這位握筆的「查理大帝」的思想仍具有強大的生命力，以至於幾世紀後的一二二五年，教皇霍諾留斯三世還要重新宣布它為「危險的學說」，並下令焚毀他《自然的區分》這本書的所有抄本。

不列顛人起步如此之早，近代英吉利能成為民族發展競賽中第一個衝出中世紀的「冠軍」就不足為怪了。

無獨有偶

十三世紀，地中海上的亞平寧半島為教會貢獻了一位「天使博士」托馬斯·阿奎那，他要求哲學充當神學的婢女。隨即，北海之隅的不列顛島就為理性貢獻了一批桀驁不馴的博

士，讓他們向宗教的蒙昧主義開火。他們是「奇異博士」羅傑‧培根，「細密博士」J‧D‧司各特和活躍在十四世紀的「無敵博士」奧卡姆。

你瞧：無獨有偶，他們之中既有繼承九世紀試圖使哲學獨立於神學的那位司各特理性主義衣鉢的當世司各特，也有開創十七世紀法蘭西斯‧培根經驗主義先河的「實驗科學的先驅」羅傑‧培根。正是他們承前啟後，使英吉利民族求實的理性傳統在黑暗的歲月裡香火相傳，維繫不墜，終於第一個迎來了現代理性社會的曙光。

這一位司各特是中世紀後期「唯名論」的代表之一。在經院哲學中，與唯名論相對的是所謂的「唯實論」。我們不能望文生義，以為唯實論是求實的。相反，正是司各特、奧卡姆這些唯名論者代表了神學中的唯物主義精神。原來，唯實論主張一般（共相）先於個別，存在於個別中的某種精神實體是唯一真實的存在；個別（殊相）只是它的幻影。與此相反，唯名論則認為：個別是唯一的實在，一般只是它的名稱。唯名與唯實是從經院哲學產生之日起，就存在於其內部的兩種對立傾向。這兩種傾向的鬥爭一直延續到十四世紀，最後導致經院哲學的解體。毫無疑問，與唯實論者以堅持精神實體來証實上帝的存在相反，唯名論是一支注重個別、具體的客觀事物，反對中世紀迷信的理性力量。

司各特作為在這支力量中戰鬥的一分子，宣稱上帝並不是形而上學的主題，甚至說宇宙的本質是由「愛」，而不是由上帝的先知構成的。在其著作《牛津講演》中，他堅持認為神學不是對上帝進行思辨的科學，而是對上帝進行實踐的科學。

與司各特相比，他的晚輩，另一位唯名論者「無敵博士」奧卡姆的戰鬥性更強。他不僅在理論上，而且在行動上反對羅

馬教會的精神控制，因此，被教廷投入監獄，等候審判。但他不畏強暴，堅持鬥爭，在牢裡被折磨了整整四年之後，才得以越獄潛逃，投奔巴伐利亞皇帝路易。當路易在行宮接見他時，他自豪地說：「如果你能用劍保護我，我將用筆保護你。」——的確，他後來用筆捍衛了這位皇位不被教會承認的人，出色地履行了諾言。

奧卡姆是中世紀最後一個大經院哲學（Scholasticism）家，他為人類的哲學思維貢獻了一把鋒利的「奧卡姆剃刀」，即「思維經濟原則」。他主張「如無必要，勿增實體」，以削除經院哲學的無用贅物。他認為，世界由單個具體事物組成，包羅萬象的實體是不存在的。在其著作《邏輯大全》中，他提出邏輯是可以獨立於形而上學和自然哲學的一種工具。科學與事物有關，事物是個別的，但在詞中卻有共相，邏輯就研究共相、關心詞或概念。

「奧卡姆剃刀」實際上是對邏輯簡潔性的要求。他的學說使邏輯開始自由獨立於形而上學與神學之外，為以後的人們以邏輯武器摧毀宗教迷信創造了條件。

英國不僅貢獻了一對司各特，還貢獻了一對培根。十三世紀的這位培根與其說是個狹義的哲學家，不如說他更是個酷愛數學和科學的大博學家。崇敬他的人稱他為「奇異博士」，憎恨他的人叫他「魔法師」。

奇異博士也好，魔法師也罷，無非是說他總是做出許多令人不可思議的事來。那麼他自己又是怎麼看的呢？夫子自道，他稱自己為「實驗大師」。中世紀的哲學家熱烈追求的是抽象論的幻影，而他卻宣稱：「別人像黃昏時刻的蝙蝠一樣，努力進行昏暗和盲目的觀看，我卻在光天化日之下做調查研究。」難怪別人只能坐而論道，而他卻能有所發明，有所創造，像呼

風喚雨的魔法師似的富有支配自然界的「魔力」。

他沒有停留在唯名論者只認具體事物為真實存在，否定獨立於事物之外的一般這一步，而是進一步提出了新的認識論和方法論原則，指出科學必須以具體事物為對象。他認為，在研究中，經驗尤其重要。經驗是認識的來源，也是驗証知識可靠性的依據。但要理解包羅萬象的經驗則離不開數學，數學是一切科學研究的基礎。培根指出：「迷信權威，因襲習慣，屈從偏見和炫耀外表的智慧以掩飾自己的愚蠢，是認識真理的大障礙。」

他的理論為科學的發展開闢了道路，因此後世尊他為「實驗科學的先驅」。但當時的人們對他並不理解，尤其是教會對他的異端思想驚恐萬狀，故意歪曲他，煽動人們反對他。由於他做了大量科學實驗，教會以「研習危險的事物」、「有巫術嫌疑」的罪名判處他分別為十年和十四年的兩次徒刑。但是，民族理性傳統的生命力是頑強的，真理的火焰是撲滅不了的，到了十七世紀的法蘭西斯‧培根那裡，經驗主義傳統終於發揚光大，流行傳承，成為英國求實的理性，從而成為區別於歐洲大陸各民族的顯著特徵。

英吉利民族思維史上這種無獨有偶的現象說明了他們那種求實的理性不是某一、兩個偉大人物的天才創造，而是在民族土壤中自然和必然生長發育的思維之樹。

綠村私奔風

中世紀西方教會針對人們的七情六慾制定了抑制法則，並把它以極大的規模強制推行。在這種宗教愚昧主義的統治下，

甚至合法夫妻也要避免肌膚相親。據說有的婦女為了在擺脫肉慾、保持聖潔與盡一個妻子生兒育女的義務之間求得妥協，甚至在同房時也是身著長袍，從上到下裹得嚴嚴實實，只在袍子的適當部位剪開一個小孔。

但人們的感情生活和自然本能豈是教會抑制得了的？中世紀後期騎士式的羅曼蒂克運動蓬勃開展，他們先是精神戀愛，然後自然發展到也追求實在的肉體歡樂。這是一場羅曼蒂克的革命，它宣告了殘酷、荒唐、反自然、不人道的宗教愚昧主義的破產。而英國的這場革命最遲在十三世紀就開始了。人們不僅享受美滿的合法婚姻的幸福，就是昔日完全為世人所不齒的私奔也成了一種時尚。英國的諸家報社，只要有可能，就經常刊登「格萊特納・格林村」（Green，格林，意為「綠」）常盛不衰的私奔生意。

在約瑟夫・布雷多克的《婚床》中有這麼一段描述——

> 卡萊文鎮上某一家客棧提供的輕便旅行馬車，套著四匹快步如飛的驛馬，以每小時十六英里的速度風馳電掣而來。每個馭手一邊用腳鐙使勁踢刺坐騎那汗淋淋的兩肋，一邊不停地揮動手臂，猛抽狂奔的前馬。當這些面如死灰、策動奔馬，猶如在一場不分高低的賽馬中做最後衝刺的馭手們從他的身邊掠過時，他看到車內的新郎從前窗伸出頭來，聲嘶力竭地高喊：「快呀！快呀！我們把他們拋下啦！準時趕到那兒，每人五十個幾尼！」

在英國，私奔的情侶一直在尋找他們的「樂土」。他們先在周圍海洋中的小島上築起愛巢，後來則把目光轉向更為便捷的蘇格蘭，而蘇格蘭的「格萊特納・格林村」就是一個理想的

去處。在這兒，英格蘭的法律是無效的，只要情侶們逃奔到此，便算擺脫了親友的追蹤；他們可以在一名「婚儀牧師」的主持下完婚。「一葉落而知天下秋。」身分不同，地位懸殊的男男女女在丘比特神箭面前平等、自由地相愛，標誌著人們價值觀念的變化。這種變化被馬克斯・韋伯稱為「世界的復蘇」。它表明人們的內心世界開始從一種中世紀的、神祕的、不可捉摸的魔咒世界轉變成一種職員、商人式的理性化世界。

羅曼蒂克革命實際上就是實踐中的人文主義，它在人文主義思潮勃興之前，就已經開始用有力的行動無言地否定了宗教蒙昧主義。以此為開端，人們把目光由上帝轉到人本身，由上帝的天國轉到此岸的世俗生活，追求現世的功利成為新的倫理價值觀的核心。標誌著現代英吉利民族形成的詩人喬叟，在十四世紀之際把這種變化付諸筆端，從而為英國人走出中世紀的腳步聲留下了極其珍貴的「錄音磁帶」。他具體描繪了人的生活、性格和慾望，在所有作品中都把愛情看作人的天性，把個人的幸福看作人的權利。

英國社會的這種變化並不是偶然的，它是一個長久的漸變過程，不過至此才蔚為壯觀。它與民族求實的理性傳統有很深的淵源關係。我們曾說過，在諾曼征服之前，英國人對宗教的興趣不大；諾曼入主英格蘭後，教會的勢力似乎重新興盛起來了，但神祕的彼岸仍然不像現實的此岸對英國人有吸引力。

十一世紀初，在諾曼底流行一種嚴格的禁慾主義宗教生活；當征服者威廉控制英格蘭之後，便從諾曼底挑選了有學識的宗教人士接管英格蘭各地的修道院。然而，主持這一工作的主教蘭弗朗克不久就發現，他的屬下很快就和世俗的修士沒什麼兩樣了；他們打獵、賭博、經商，沈浸在世俗的歡樂之中。他費了很大的勁，才在坎特伯雷制定了一些較為適度的教規，

並逐漸被其他教堂所採用。但無論在哪一個歷史時期，指引人們追求天國的教會都沒有強大到大陸那樣的程度。而從十三世紀起，羅曼蒂克運動開始在世俗社會生活領域衝擊他的權威。十四世紀的威克利夫和羅拉德派又在宗教內部削弱它要求人們盲從的權力。到十六世紀，亨利八世終於對熱衷於迷信和愚昧的天主教會進行了徹底的改革。

　　社會生活的這種變化給哲學提出了新的課題，為哲學完成主要為証明上帝、尋求終極原因的本體論，向為人們認識世界、改善生活服務的認識論轉折準備了充分的條件。哲學不再為上帝服務，而是為人服務了。難怪作為哲學家的培根要考慮制定一項可以經世致用、有助於日常生活的「科學復興的宏偉計畫」。

科學復興的宏偉計畫

　　在中世紀的漫漫長夜中，教會無孔不入，控制了人們的精神和世俗生活的方方面面，科學受到嚴重的壓抑和摧殘，「異端」、「巫術」的帽子會隨時扣到科學家的頭上。然而科學仍在緩慢地掙扎著發展，猶如一顆遠在天際的恆星，透過昏暗的夜幕，閃爍著暗淡的理性之光。一六二〇年，法蘭西斯・培根出人意料地宣布了一項改革人類知識的宏偉計畫，要實現科學的偉大復興。

　　培根的這項宏偉計畫是一樁亙古未見的偉大事業，是無與倫比的龐大工程。它包括六個部分，即：（一）對人類現有知識狀況的巡視、（二）對人類理智的研究、（三）為人們提供解釋自然的新方法、（四）自然與實驗歷史的編纂、（五）對

人在發明時思維全過程的考察、（六）運用新方法產生新結果的推廣運用，最後就是在上述各部工作的基礎上產生的「新哲學」。

為了建立新的科學大廈，必須先清理地基。培根在很年輕的時候就胸懷大志。他在一封信中寫道：「我承認我在默想著一個巨大的目的，猶如我有一些平常的公民的目的一樣，因為我已經把一切知識當作我研究的領域，如果我能從這個領域裡把兩種遊民清除出來（一種人以輕浮的爭辯來互相駁斥和說廢話，另一種人以盲目的試驗、耳聞的傳統和欺騙的手法造成了很多損害），我以為我能帶來一些勤勉的觀察、有根據的結論和有益處的發明與發現；這樣，就是那個領域中最好的情況。這個希望，不管是好奇心也好，虛榮心也好，天性也好，或者仁慈也好，已經深深印入我的心中而不能忘懷了！」然而他真正著手清理科學的地基是在其宏偉計畫制定出來以後。他把這種清除人類認識道路上種種障礙的工作，稱為他的「科學偉大的復興工程」的「摧毀性部分」。

培根的清掃工作是多方面的，但最主要的還是針對中世紀經院哲學而發。他與經院哲學進行了不懈的鬥爭，在西歐哲學史上第一個比較全面和深刻地批判經院哲學，為近代人們的思想解放做出了積極的貢獻。

經院哲學，又稱「煩瑣哲學」，討論一些玄而又玄、不著邊際、空洞無聊的話題，像「一個針尖上能站立幾個天使？」等等。培根對此深惡痛絕。他對經院哲學脫離實際、崇尚空談、玩弄概念、文字遊戲、空口詭辯等予以猛烈的抨擊和辛辣的嘲諷，認為這完全隔絕了人與自然的關係，堵塞了認識自然的道路。

不僅如此，培根還進一步揭露了在經院哲學長期統治下，

盤踞於人心中，阻礙人們獲得其理性認識的種種障礙。他稱之為「幻像」，並提出了著名的「四幻象說」。

一是「**種族幻象**」。這是指人們常把人的本性混雜到事物的本性中，以人的感覺作為萬物的尺度而歪曲了事物的真相。

二是「**洞穴幻象**」。這是指人們從自己特有的性格、愛好、所受的教育、所處的環境出發觀察事物，因而歪曲了事物的真相。如有的人極端崇拜古代，蔑視近代人提出的好東西，有的人卻又極端愛好獵奇，對已有的一切吹毛求疵，從而造成認識上的片面性、主觀性。

三是「**市場幻象**」。這是指人們在來往交際中，由於語言概念的不確定、不嚴格而產生的思想混亂。在此，培根嚴厲批判了經院哲學咬文嚼字、玩弄概念的遊戲。

四是「**劇場幻象**」。這是指盲目地信服傳統的或當時流行的各種哲學體系及權威而形成的錯誤。他認為，一切流行的體系都不過是許多舞台上的戲劇，只是根據一種不真實的布景方式來表現他們自己所創造的世界觀罷了。盲目崇拜這樣的體系和教條，只能使思想受到束縛，認識受到阻礙。

為了反對經院哲學這個禁錮人們思想的「權威」，為了清除認識上的這些障礙，培根大聲疾呼：「真理是時間的女兒，不是權威的女兒。」從而為人們走進「建築在科學上面的人之王國的大門」掃清了障礙。

培根的目標不僅是破除中世紀的黑暗（這只是他全部工程的第一步），主要是把人類領進科學的陽光地帶。

培根認為應把自然現象作為觀察、研究的對象，並尊重自身的感性經驗。《新工具》開卷便道：「人作為自然界的臣相和解釋者，他所能做和能懂的只是如他在事實中或思想中對自然進程所已觀察到的那樣多，也僅僅那樣多；在此以外，他既

無所知，亦不能有所作為。」

　　但是，培根並不是一個狹隘的經驗主義者，他還提倡理性與經驗的「婚配」，使之組成一個永恆、真正的和睦家庭。他還用著名的蜘蛛、螞蟻和蜜蜂的故事來比喻說明感性與理性的關係：單純重視感性知識的經驗主義者就像螞蟻一樣，只知採集，不知加工；只愛推理的經院哲學猶如蜘蛛一樣，只知從肚子裡吐絲，不知採集材料；真正的哲學工作應該像蜜蜂那樣，既要從花園和田地採集材料，又要加工消化，製出蜜來。

　　培根不僅僅是一個勤奮的思想家，還是一個腳踏實地的實幹家。一八二六年三月的一天清晨，培根踏著積雪，迎著春寒，從倫敦騎馬到郊外去，一路上思考著肉類的冷凍儲藏問題。他決定馬上著手做個實驗。因此，他下馬向一個農婦買了一隻雞，親自宰殺，並把冷雪填入雞腹中。這時他已凍得支撐不住，被人抬到一個朋友家裡。終因他年老體弱，感受風寒，遂一病不起。可是臨終之前，他還在喃喃地問：「我的凍雞怎麼樣了？」

　　培根「科學復興」的偉大計畫終其一生也沒有完成。這個計畫並不是一個人或一代人所能完成得了的。但他在《新大西洋島》中描繪了科學主宰一切的理想社會圖景；居民使用望遠鏡、顯微鏡，還有電話、蒸汽機、飛機、潛水艇等，用化學方法生產農作物，治療各種疾病……這無疑是培根以文藝形式表達了他科學偉大復興的思想信念。

石林中的密碼

　　不列顛島上的不少地方矗立著遠古人類創造的巨大石林，

每當曙光初照，晨曦升騰，巨大的石柱就在地上投下長長的影子，莊嚴而神祕，令人心生遐想，久久不能忘懷。

人們習慣於從原始胚芽中探求一種民族文化的遺傳基因，例如中國傳統文化的許多特徵就可以在《周易》中窺見一些端倪。而太古時期的英國文化狀貌，由於屢遭外族入侵造成的文化中斷，今天的人們就只能借助於揣測和臆想而略知一二。但遍布於英倫三島的這種史前文化遺存——石林（stone henge）也像《周易》一樣貯存著文化密碼，只是破譯的難度遠遠超過《周易》而已。

從康沃爾到奧克尼島，已經發現的石林有八十處以上。它們特別集中於五個地方：索爾茲伯里平原上的阿封地區、泰晤士河的明德普斯高地、約克郡的里彭、愛爾蘭的博伊恩河谷和因弗內斯郡的莫里灣。這些石林由巨大的石柱拿構成，每根石柱高達四‧五米，削切成一定的形狀，規則地排列在大地上。這些石柱有的重達五十噸以上，需要從幾十里外運來。是什麼力量驅使人們建造這樣巨大的工程呢？

這些工程技術上的高難度還表現在：把約三十塊重五十噸的石柱立成一圈後，還要在每兩塊立著的石頭上打凸榫，在第三塊石頭上鑿卯眼，並把第三塊石頭高高地架在立著的兩塊石頭頂部，成為「三石塔」，用四個「三石塔」組成一個馬蹄形圓圈，再由這些圓圈擺列成兩個同心的半圓或圓圈。

如此高難度的工程究竟緣何而建？早先人們曾猜測說，大概同其他地方的遠古先民一樣，石林是為了公共祭祀或貴族酋酉的喪葬。但當今科技的進步為人們破譯石林密碼提供了一把鑰匙。由衛星拍攝的石林照片，經計算機的分析表明：石林那獨特的結構同太陽的某些極端點——冬至、夏至等有關，也同星辰、日月的運轉有密切的聯繫。

其實，如果不被原始人類都只肯為祭祀和喪葬而大興土木的文化偏見遮蔽視野，那麼人們可以很容易地把它們看成以日影計時的日晷。即使在祭祀和喪葬論者中，許多人也注意到各式各樣的石林裡，有一類在石林入口約三十米處排列著大石（Heel stone）頗為獨特，因而推測可能是為了考察仲夏太陽的升起和天文觀察。

現在我們終於知道了，北海之隅的海島居民就是與其他民族不一樣，當別處的人們熱衷於交通鬼神之時，他們卻在為現世的功用下大功夫。

英國著名的人類學家馬林諾夫斯基說；「無論怎樣原始的民族，都有宗教與巫術，有科學態度與科學。一般都相信原始民族缺乏科學態度與科學，然而，一切原始社會，凡經可靠而勝任的觀察者所研究過，都很自然地具有兩種領域：一種是神聖的領域或巫術與宗教的領域，一種是世俗的領域或科學領域。」❶然而，這兩個領域，即彼岸與此岸，哪個更重要，各個民族的價值卻並不一致。英吉利的原始居民似乎更看重此岸世界的世俗生活，頗有點孔子所謂「不能事人，焉能事鬼」的味道。有人說中國的傳統文化，尤其是儒家文化中彌漫著一種世俗的人文精神。而在這一點上，我看處在古代西方文化邊際狀態下的英吉利與我們是不謀而合的。

這種注重現世功利的求實精神，正如我們說過的，即使在黑暗的中世紀，也有其頑強的表現，並最終戰勝了宗教蒙昧主義對塵世幸福的束縛和窒息。當培根站出來否定以本體論為主導的形而上學時，他列舉的第一條理由就是思辨式的玄學不符合現世功利的求實精神，它們只開花，不結果，儘管飽綻絢麗

---

❶　馬林諾夫斯基：《巫術、科學、宗教與神話》，第三頁。

的思維之花，卻不能給人予現實的實惠。

這種求實精神反映到後來的工業經濟生活中，即使在工業革命之前的手工工場時期，英國人就重實用甚於重虛榮。當貴族的奢華刺激著巴黎的化妝品生產和意大利的金銀飾品時，英國的貴族們卻鼓勵航海、造船，向海外開拓商業市場。這使英國的工業一開始就成為生產型而不是消費型的。提高生產效率的需要又呼喚出了產業革命，使英國成為邁進現代工業社會大門的第一人。

人生好比航海

「Life is compared to voyage（人生好比航海）」這句話不是出自某一本冷僻的哲學書，而是活躍在普通英國人嘴邊的諺語。它生動反映了英吉利民族的生存環境和發展遭際。早在建築石林的遠古新石器時代，不列顛居民就依賴海洋為生。在考古發掘中，始終沒有發現他們生產穀物的痕跡，相反卻發現了海魚、海貝和用鯨魚脊椎骨做的骨槌、骨杵（磨具）。這以後，島上的居民有許多本身就是漂洋過海而來的海盜和入侵者。中世紀莊園經濟時代，也始終存在著大規模的海外貿易，近代更是與海洋結下了不解之緣，海上商路成了民族經濟的生命線，並先後與西、荷、法等國爭奪海上霸權，開拓殖民地和海外市場。總之，英國人從未離開過海洋而生活。

有人把我們的民族稱為大陸民族，把西方民族稱為海洋民族，認為由於海洋國家腹地狹窄、資源單一，便促成了朝海外拓展的意向，發展出一種敢於冒險、進取開拓的民族性格。如果此說能夠成立的話，那麼我要說，英吉利較之歐洲大陸各民

族，更是海洋民族的典型。潮濕多霧的氣候、狹小零碎的平原，使這個民族不得不依賴於海洋而生存、而發展，所以他們從海洋生活的經驗中總結出的諺語就特別多——

It's hard sailing when there is no wind。

（無風難駛船—重視條件的智慧）

Hoist sail when the wind is fair。

（乘風揚帆—即趁熱打鐵、把握時機的智慧）

Every tide hath its ebb。

（漲落有時—認識規律的智慧）

Never offer teach fish to swim。

（不要教魚游泳—即勿班門弄斧、謙虛謹慎的智慧）

……

難道海洋生活僅僅培養了他們行事的具體智慧，而對於民族的哲學思維沒有重大作用嗎？不是的。我們將繼續從諺語中反映的哲學智慧來看海洋生活對英吉利思維的決定性作用。的確，在反映普通人思維的諺語中，有著和哲學書中一樣多的智慧。例如「the last drop makes the cup run over（最後一滴導致整杯滿溢）」簡直就是哲學發展觀中的「量變質變原理」，「Brevity is the soul of wit（簡潔是智慧之魂）」則是日常生活中的「奧卡姆剃刀」。那麼在英國諺語中，有哪些反映了海洋生活對哲學傳統的決定性影響呢？

我們知道，歐洲哲學思想在十七、十八世紀，完成了由本體論向認識論的轉折，哲學家不去力圖把握世界的「一般」這種形而上的東西，而是關心人類的認識能力、認識方法和認識途徑等等，力圖致用於形而下的現實世界。但這種轉折在英國卻早在十三世紀就開始了。羅傑·培根旗幟鮮明地說：只有個別事物是真實存在的，並不存在獨立於個別事物之外的一般；

人類科學必須以具體事物為對象，人的認識以經驗為來源。即使到了文藝復興時代，整個哲學界都參與這種轉折時，英國人也比大陸思想家轉折得更為徹底。

法國的笛卡兒雖然也重視經驗科學，說我們不是從「形而上學」的樹根，而是從具體科學的枝梢上採集果實的，但他畢竟承認過去以本體論為主的哲學才是學問的根本。他說：「全部哲學就如一棵樹似的，其中形而上學就是根，物理學就是幹，別的一切科學就是幹上生出來的枝。這些枝條可以分為主要的三種，就是醫學、機械學和倫理學。」而經驗主義的英國人卻直截了當地說，古代的「形而上學」以「作為有的有」為主要研究對象，是不科學的；因為，「作為有的有」是超經驗的，無法研究的。人類的知識都是從經驗來的。因此，哲學不是要去研究經驗無法確証的世界本質或實體，而是應對經驗進行分析、歸納，由此得出不可避免的邏輯結論。

英國人為什麼比歐洲大陸民族更重視經驗呢？這固然與各民族在近代史上的遭際有關，但遭際對思維傳統的影響畢竟只是流而不是源。那麼英國經驗主義哲學的源頭何在？英國的思維智慧來源於他們的海洋生活。早在以自然經濟為基礎的社會裡，海洋生活就遠遠不像「日出而作、日入而息」的田園生活那麼平靜，而是充滿危險的勇敢者的生活，夾雜著海難的悲傷和收穫的欣喜。英國人對海洋危險性的認識是那麼刻骨銘心，以至於在諺語中比喻可怕的事物常常以它為例。如「Bacchus has drowned more than Neptune（美酒為害，烈於海水）」。作為揚帆大海的船員，英吉利民族深知，在他們變動不居的生活中，在狂風惡浪面前，去煞費苦心地領會水的「一般」或「本質」是無濟於事的。徒勞地研究「本體」，是一種「Grasp the shadow and let go the substance（抓住影子放脫人）」的不智之

舉。即使這種哲學能夠對人有所助益，但在海上不測風雲面前，卻是遠水救不了近火。如果它只是對上帝屬性的研究和認識，那麼「We must not lie down, and cry, God help us（求神不如求己）」。在海上苦苦掙扎、努力奮鬥的人們遠不像農居生活那麼有對神祕本體產生強烈興趣的閒暇。對於他們來說，求生方法的探索比對生存目的的研究更具有直接的意義。特別在險象叢生的海上，任何可以擺脫困難的辦法都是好的。而正是在對工具方法的探討中，他們悟出了「Every shoe fits not every foot（不可只用一種尺度衡量一切）」、「Life is made up of little things（生活是由瑣碎的事物構成的）」等等道理。

從「人生好比航海」到「生活是由瑣碎的事物構成的」，生動地反映了海洋生活對經驗主義認識論的影響。難怪英國人那麼重視實實在在的具體事物而不是抽象理念，因為他們所面臨的問題正是一個個具體瑣碎的難題。由此就造成了英國哲學的客觀性、具體性和大陸哲學的主觀性、抽象性的差別。這影響到社會生活的各個領域，使我們看到他們在政治社會生活中酷愛個性自由，反對強求一律：在經濟生活中提倡自由競爭，反對過多干預；在藝術生活中提倡生動豐富的具體形象，反對抽象觀念和情感的簡單抒發；在社會價值取向上不重視理論教條，而是「All's well that ends well（結局好就一切都好）」。

英國人解決生存和發展問題的大智慧就是這樣從生活經驗中總結得來的。英國諺語說：「Experience is the father of wisdom（經驗乃智慧之父）」。英國理性思維的方法論，不論是歸納法，還是數理邏輯，或者別的什麼，千方法、萬方法，歸根結柢，就是從瑣碎的具體經驗材料出發，實事求是的思想方法。實事求是對英吉利民族其實已不僅僅是一條抽象的箴言，而是印在了腦海裡，融化在血液中，成了全民族的思維習慣。

大磁鐵地球

　　還在十六世紀末，一位醫生做了這樣一個實驗：他製作了一個球形的天然磁石，管它叫「特洛拉（Terrella）」。然後用一個小型指南針來測試，特洛拉的磁極就找到了。十七世紀頭一年，他出版了說明這個實驗的著作：他的特洛拉其實是一個微型地球，而地球就是一個大磁鐵。他所証明的地球磁鐵本性解釋了海洋上水手使用指南針的道理。他說：「因此，在地球中存在著一種磁力，就像特洛拉一樣。」與此相關聯，他還研究了電吸現象；與研究磁吸的工具指南針類似，他發明了最早的測電器。

　　這位醫生就是女王伊麗莎白和詹姆士一世的御醫W・吉爾伯特大夫，這部著作就是一六〇〇年出版的《論天然磁石、磁性物體和大磁鐵地球》。十七世紀的英國是近代科學的中心，實驗和類比是典型的英國研究方法，而吉爾伯特大夫則為該世紀英國科學的發展貢獻了一個「大年初一的開門紅」。更為可貴的是，一般認為十七世紀的科技進步為十八世紀的機械化準備了條件。可誰想到，其實十七世紀頭一年，吉爾伯特大夫就為十九世紀的電氣化奠定了第一塊基石呢？今天，他被尊為「電學之父」、「英國實驗科學之父」、「磁學和電學的締造者」以及「繼羅傑・培根之後英國最偉大的科學家」。德國哲學家K・拉斯威茨認為他是「第一個真正的物理學家，第一個可信賴的有方法的實驗家」，這種說法應該不過分。要知道在當時，法蘭西斯・培根從哲學理論上給出的類比實驗和邏輯歸納方法還遠遠沒有誕生。吉爾伯特所處的時代的理性氛圍對他的成功很有利。傑出的科學史家F・H・伽里森指出：「十七世紀是莎士比亞和彌爾頓、威拉斯奎茨和萊姆布蘭特、巴赫和普塞爾、塞文茨和莫里哀、牛頓和里伯尼茨、培根和笛卡兒、斯賓諾莎和洛克的時代，是一個智力

和精神極端個性化發展的卓越時期。」而《天然磁石》則是這個世紀為我們留下的第一個紀念品。

通過對地球磁學的研究，吉爾伯特成了哥白尼學說的熱心倡導者（在英國是第一人），並提出了理論支持；這種理論的重要性不亞於哥白尼的測量實踐。這在當時的歐洲需要有足夠的勇氣。在《天然磁石》出版的同一年，布魯諾因提倡「日心說」，在意大利被燒死於火刑柱上，伽利略也很快被宗教裁判所判決有罪。進入意大利的《天然磁石》印刷本受到嚴格審查，所有提到「異端邪說」之處都被刪除了。吉爾伯特幸虧生活在歐洲的邊陲——不列顛，山高教皇遠，沒有遭到宗教迫害。但他對轉變他的反對派的錯誤思想不抱任何希望。在這本書的序言中，他表達了對自命不凡的純理論信奉者和愚昧的反知識者的蔑視——

> 我為什麼應該把這一高貴和新鮮的科學呈交給那些毫無主見的人、對藝術最無知的敗壞者、博學的小丑、文法學家、詭辯家、裝腔作勢者和頑固的暴民，聽任我的著作受到指責，被撕成碎片，並受到極其無禮的對待！只對你們，真正的哲學家，誠樸的心靈，不僅從書本中，也以事實本身尋求知識的人，我才獻上這些磁學原理。

最後這句話道出了作者治學的關鍵所在：只有建立在實驗和觀察基礎上的科學知識才是有效的；無根據的推測和理論一錢不值，除非它們能得到可演示的証據支持。在今天，重視科學實驗的實踐活動已經是老生常談的淺顯道理了，這使我們難以想像在一六○○年，實驗証據的概念是多麼富於革命性。《天然磁石》建立了作為科學的電磁學，為後來直到法拉第時

代的進一步研究鋪平了道路。然而，我以為其更重要的意義在於：它演示了實驗的價值和重要性；它使作者在當時就贏得了研究其他自然現象的所有科學家的仰慕。伽利略在讀了它之後說：「因為他所做的這許多新的和真實的觀察，我認為他應該得到最高的讚譽，以此來羞辱那些自負而說謊的作者——他們的著作不是出自他們自己的知識，而是重覆他們從笨蛋和庸人那裡聽來的一切，並且不通過實驗來証實這一切。」

我們由此看到，早在實驗（經驗）哲學理論系統化之前，英國人就在不知不覺地實踐著實驗哲學的方法。而之所以如此，乃在於他們的求實精神。吉爾伯特是在這樣一個背景下從事其研究的：英國人世世代代依賴於海洋生活，而這時更兼重商主義浪潮方興未艾，海上商路成了民族經濟生活的生命線，英國又剛剛在海上打敗了西班牙無敵艦隊。吉爾伯特之所以以地球磁場為研究對象，正緣於它對航海活動有著性命攸關的功用。吉爾伯特科研的選題和方法，再一次証明了英國理性思維中求實的經驗主義傳統是源自海洋生活的智慧。

不僅如此，以吉爾伯特為開端的十七世紀理性思維還得益於英吉利民族在當時的歷史遭際。為了維護新生的民族國家，抵抗歐洲天主教敵國的干涉，清教主義在英國悄然興起，並在該世紀演出了驚天動地的社會活劇。而清教衍生自喀爾文主義的「命定說」和「通過成功的世俗活動的必要性」這兩者的特定紐結，使它和科學氣味相投；在清教倫理中居十分顯著位置的理性主義和經驗主義的結合，也構成了近代科學的精神實質。清教徒，這些眼睛盯著來世，雙腳卻牢固地踩在現世的人們，熱忱地支持新的實驗科學。他們堅持經驗主義，堅持實驗方法，這同清教把思辨跟遊手好閒視若等同，把體能消耗、對物質客體的處置跟勤勞刻苦視若等同具有密切的聯繫。與中世

紀的理性主義（或大陸上的理性主義）相反，他們把理性看作從屬和輔助於經驗主義，這就鑄造了重視經驗實踐和現世功利的英國理性思維傳統。

銀行鬼影

一九九三年二月二十五日，上海《報刊文摘》第四版摘登了題為《倫敦銀行鬼話連篇，召來巫師與鬼對話》的消息。消息說：庫茨銀行在其雇員報稱看見穿伊麗莎白時代服飾的無頭鬼影後，祕密請了一名驅鬼師。

原來，四名接待員於不同場合，在倫敦市中心該銀行總部的門廊裡看見一個鬼一樣的黑影，緊接著便是氣溫驟降，冷得刺骨。該銀行召來退休工程師和兼職的巫師伯克斯和那個鬼交談，並說服他離開銀行。伯克斯說，這個鬼是一個貴族，因拒絕服從皇室要求而在該銀行附近被砍頭。

這則消息說明了什麼？銀行雇員作為白領階層的精英、社會棟樑、中產階級的代表，無疑是高智商的專門人才。在科學昌明的今天，這些聰明人怎麼會疑神疑鬼、神祕兮兮呢？如果聯繫到「尼斯湖怪」、「麥田巨圈」等超自然的神祕現象，似乎具有悠久實驗科學傳統的英國人至今仍熱衷於無法驗証、超自然的神祕主義。實際上它說明的問題遠不止這麼簡單。在英吉利民族引以為自豪的大科學家牛頓身上就存在著這種理性與神祕共存互助的悖論。當他所創立的力學體系對天體運動的本質和天體橫向速度的來源無法解釋時，他就把上帝請進了他的科學體系。他宣稱：「沒有神力之助，我不知道自然界還有什麼力量能促成這種橫向運動。」「沒有神的力量就絕不能使它

們做現在這樣的繞太陽而轉的圓周運動。」❷

這種矛盾現象不僅沒有否定，而且還再次証實了英國理性思維的求實精神。諺語云：「Don't throw out the baby with the bath water（不要把嬰兒和洗澡水一起潑掉）。」惡劣的生存環境養成了英國人冷靜理智的處世態度，他們善於從實用的目的出發，從容地區分良莠，擇善而從，擇惡改造；改造後仍為我所用，而不是感情衝動，魯莽地良莠不分一起拋。當英國理性精神在中世紀苦苦掙扎時，它所反對的就不是宗教本身，更不是為反對宗教而反對宗教，而是反對那種窒息科學精神的無用贅物──宗教蒙昧主義。

中世紀的理論工作者都是僧侶，對於這些生活有保障而毋須關心世俗之事的人來說，神學和形而上學是一種有趣的智力遊戲。他們並不關心他們的研究與思考是否與實用技術有關。相反，由於中世紀的教會希望保持自己對思想的統治地位，也由於中世紀的人們面對的幾乎是不變的世界與生活，理論家與實幹家工作性質的脫節就不會引起社會干預。同時，由於科學實驗往往得出與《聖經》不符的結論，危及教會的思想控制，所以它總是千方百計地予以壓制。只有在處於中世紀意識形態之邊際狀態的英國，科學的火種才得以傳承。但就是在英國，只要是以原始的經濟為基礎，以思想控制為特徵的社會，就沒有科學長足發展的機會。類似於哈格里夫斯的珍妮機的紡紗機在十三世紀就出現過，但不久就因其「破壞了」中世紀的社會經濟生活秩序而被禁止使用。

英國理性精神所反對的就是這樣一種中世紀的宗教。它反對的不是作為認識世界（儘管是扭曲的認識）之知識的宗教哲

---

❷ 轉引自《外國歷史常識（近代部分）》，第二十九頁。

理，更不是有著許多社會功能的宗教倫理，而是要求人們迷信和盲從的驕橫的思想暴君。威克利夫首先在宗教內部發難，要把過時的教義改造為一種新的哲學；羅傑‧培根更是力圖將宗教按照理性的模式進行改造，而不是否認它在社會生活中的作用。培根認為理性的方法是實驗方法，神學的武斷教義在邏輯上也許講不通，但在宗教上來說則是真實的。這是一種劃分「勢力範圍」的嘗試，為科學占領了許多陣地，同時也為超自然的世界保留了一席之地。甚至在莫爾人道主義的「烏托邦」裡，也為未來社會的宗教安排了適當的位置。就像在政治改革和政治變遷中「舊瓶裝新酒」的智慧一樣，在人類的思維領域，英國人也是注重取得實質性進展，而不是某種形式上的勝利。他們之所以不希望思想領域的變革向極端主義方向發展而寧願與宗教妥協，除了英國已經開始形成的政治影響的傳統之外，還因為英國一直處於中世紀天主教意識形態的邊際狀況，教會權威對思想的壓制從未達到歐陸那種駭人聽聞的地步。像威克利夫的「異端邪說」就長期在牛津的校園裡流行，理性主義者因此得以從容考察包括宗教在內的思想遺產。正是英格蘭教會從來不具備事實上行使極端主義的權力，使理性主義對它也採取了相應的寬容態度。

今天他們更清楚地認識到宗教以及神祕主義的功用。例如，如何賦予短促的人生以價值和意義？理性無法解決自身的價值系統問題（它不能自己証明自己）。這時宗教的功能就突顯了。我們曾引過英國人類學家馬林諾夫斯基的話：「無論怎樣原始的民族⋯⋯都很顯然地具有兩種領域：一種是神聖的領域或巫術與宗教的領域，一種是世俗的領域或科學的領域。」當神聖領域對世俗領域的侵犯被制止，「侵略軍」被驅逐之後，神聖領域仍然有其存在的理由。英國是實驗科學最早發展

的國家，理性也最早在英國取得勝利；但英國就其民族整體來說，卻從來就不信奉無神論（和法國不同），它充其量只願推崇自然神論。

今天的英國，科學、理性與宗教、神祕各司其職：當人們判斷客觀世界，處理實際問題時，運用理性；當人們蜷縮進純粹的精神生活時，只要他願意，就完全可以用宗教的觀點理解一切。中世紀的盲從和愚昧被打倒了，但理性仍為虔信留下一席之地。從培根開始，經過牛頓、波義耳到洛克、到休謨，甚至斯賓塞和赫胥黎，都在一定程度上體現了這樣一種兼容性質。最後，連本世紀的大哲學家羅素，作為一個實際上的無神論者，也認為：當宗教擺脫了迷信和專斷後，它會和理智一道給人類的社會生活提供一些積極的東西。

英國人就是這樣以一種實用的眼光看待宗教與神祕主義的。英國人包容兼蓄的寬容精神本身也是一種實用的表現；他們厭棄極端主義，這是一種智慧的態度。實際上，極端往往會走向反面。例如法國人革命性強，無神論者不乏其人，而天主教是具有保守性質的宗教，法國歷史上宗教鬥爭異常殘酷激烈。可是出乎意料，統計數字表明，今天的法國竟還是一個天主教國家。這與英國「狂熱」的清教徒中科學人才輩出同樣構成一個人類思維史上的悖論。即使在無神論占統治地位的社會主義國家，今天也有一部分承認宗教的社會功能，實行宗教信仰自由的政策。

戰場與官場

十九世紀的克里米亞戰爭，對參戰的英國軍隊來說，簡直

是一場惡夢。他們在戰場上的主要表現就是指揮不力，計畫不周，顢頇無能。

一八五四年十月的巴拉克拉瓦戰役，英軍「輕騎旅」向俄軍炮兵陣地發動了兩次衝鋒，奪取了敵人的大炮。可是衝鋒後點名時，該旅只剩下几兵力了。更糟糕的是，他們的勝利同這次戰爭中的許多功勳一樣，是由於指揮錯誤而建立。軍官拉格倫勛爵的命令含糊不清，使部下誤解，以致「輕騎旅」選錯了進攻的目標。而戰爭的核心戰役「占領塞瓦斯托堡」更是一個錯誤的決策。從雙方力量的對比來看，該地任何時候都可以輕而易舉地攻取，但英法聯軍的指揮者卻過分小心地採取了正式的圍攻，以致分散兵力，久攻不下。而且圍攻的部隊對嚴寒隆冬的突然來臨毫無準備。英軍駐紮在風雪中，沒有帳棚、茅舍和衣食，凍餓病死者不計其數。雖然英國是當時建築業最發達的國家，其官員居然沒有想到為自己的軍隊從巴拉克拉瓦港到營地之間鋪設一條僅需五哩長的簡易鐵路！翌年九月，好不容易攻下塞瓦斯托堡，但作戰計畫的錯誤也就此暴露無遺：從克里米亞攻進俄國根本不可能！最後戰爭只好不了了之。只是由於沙皇俄國更加腐敗，才打成了和局。

戰場上的情況影響到官場，成了官制改革的催化劑。因為戰爭中指揮官的無能，有力地說明了舊官制的危害性。於是一八五五年，新上台的首相帕麥斯頓用樞密院的方式設立了一個皇家文官委員會，負責對申請官職的候選人進行考核，文官制度的改革拉開了帷幕。

本來英國的理性傳統是注重實際、追求效率的。只有平等競爭、選拔人才的文官制度才會提高行政效率。文官制度區別於傳統宗法社會的官僚政治，是反映高級工具性之合理性的科層制組織管理體系的用人制度。然而人類社會組織管理的歷史

型態有一個從家長制到科層制的發展過程，雖然家長制、裙帶風常常損害辦事效率，不符合理性精神，但當它作為一個歷史發展階段而存在時，求實的英國也不能例外。所以在改革以前，英國政府各部門的文官職務也都是由貴族及其黨徒把持的，並由此產生了一種貪污無能的官僚政治。當然，這時就政治的整體來說，早已不是家長統抬式的封建制度了，然而作為從封建母體中脫胎而出的現代國家制度的管理形式，在幼年時還不可避免地帶有舊時代的胎垢。

英國官場的腐敗，在十八世紀未就成了眾矢之的。在帕麥斯頓之前，一八四八年，下院一個特別委員會調查文官經費問題後，導致建立了一個專門機構來研究文官制度。一八五四年，該機構提出了「關於常任文官組織的報告」，即著名的「諾思科特─屈維廉報告。」報告對現行的裙帶關係網提出指責，建議建立以人的才能為依據的文官制。然而報告引起既得利益集團的強烈反對，因此得不到批准。只是在克里米亞戰場上的事實駁斥了既得利益者胡攪蠻纏的意見（如「執行者無需有才能」之類）後，新首相才痛下決心，採取斷然舉措。

克里米亞戰爭給官制改革提供了有力的理由，「有力的理由造成有力的行動。」（莎士比亞《約翰王》）但務實傳統還體現在行動步驟上。為了化解既得利益者的阻力，一八五五年第一個樞密院令主要目的是把最不合格的人淘汰掉，到一八七〇年，第二個樞密院令才確立公開競爭的原則。至此，一切有志於文官工作的人，不分出身、不論貧富，一律得以參加皇家文官委員會主持的考試，合格者由委員會向政府各部門推薦錄用，試用期半年。政府各部都屬「文職機關」，規定統一的錄用標準和工資報酬、工作條件等。

這次改革拔除了官場腐敗、裙帶作風的總根子，宦海沈浮

中一榮俱榮、一損俱損的「跟人站隊」式人身依附關係，被穩定的正常工作關係所取代，人治徹底讓位於法治。從此，任何出身、任何社會背景的人只要有才能，就能在行政管理中一試身手，從而湧現出一批精力充沛、幹勁十足的新型文官。同時，那些無能之輩靠祖宗蔭庇或權勢者恩寵而安安穩穩當「官」的道路已經被堵死了。一切人都要靠自己，靠自己的能力和勤奮去爭取升遷。官制改革是在議會改革之後進行的，實際上是現代民主政治對舊官場的改造。

在保護無能者方面，其實所有傳統的舊官場都一樣。晚清大官僚李鴻章有句名言：「當官是最容易的職業，連當官都不會，就什麼也不會了。」這就是對官僚政治的絕妙寫照。

英國官場經過民主改造之後，政府官員就不再是凌駕於民眾之上的老爺和奉承權勢的走狗奴才，而在原則上成了「社會公僕」、「國家雇員」；政府機關也不可能再充當懶漢和官老爺的庇護所了。如果說戰場曾充當了官場變化的催化劑，很快這種變化又影響到戰場的主體——一八七一年在軍隊中捐官的慣例也廢除了。追求實際效率和辦事合理化的理性精神徹底戰勝了既得利益。

前面說過，在人類社會的組織管理型態上，由於農業社會和工業社會兩種社會型態的差別，管理方式也經歷了家長制和科層制的不同歷史型態。不管科舉制度使人們在踏上仕途的關口能做到多麼「公平」，實際上整個官場仍是高度集權、任人唯親、分工不清、責任不明的，常常因人設位，也難免有一些官員任職採「家長式」的終身制。而現代文官制度是在合理化謀利的市場經濟基礎上建立起來的職務分等、權力分層、責任明確、照章辦事的科層制政治體系的一個具體方面的制度。科舉制度的出發點是為了維護帝王的家長式統治，把才俊之士「引入殼中」，不致使

他們遺落民間成為異己力量、作亂禍首；而一旦踏入仕途，就不妨讓他們在官場大染缸裡鑽營終身。而文官制度卻是著眼於行政效率，它體現了一種「目標合理」性，排除人為因素，具有規則化、有序化和尊重個人能力等特點。

文官制度的合理性是英國理性傳統「重功利、求實效」之特徵的典型體現。

輝煌的水晶宮

《金氏世界紀錄》曾記：英國歷史上在位最久的維多利亞女王留下的日記數量驚人。女王天天記日記，而一八五一年五月一日則是她最難忘的一天。她說：「今天，是我一生中最偉大、最光輝的日子。我親愛的艾伯特的名字將和這一天同樣永垂不巧。對於我來說，這是最值得驕傲和喜悅的一天。此刻，我的心充滿了感激之情。」原來就在這一天，在倫敦的海德公園，由女王的丈夫艾伯特親王親自策劃主持的「萬國博覽會」開幕了。舉行這一博覽會的意圖在於炫耀具有世界最先進之技術的英國的地位，並以此為背景，進一步促進自由貿易。

為了舉行博覽會，英國人建造了作為主會場的玻璃展覽大廳——「水晶宮」。這是人類力量、尤其是英國力量的顯示，水晶宮裡陳列的一萬四千種展品中有一半以上出自英國及其殖民地。在「機器時代」，英國是作為「世界工廠」而嶄露頭角的。英國人為他們征服自然的顯赫成績所陶醉：他們自認為是大自然中的優等生、上帝的寵兒。甘迺迪在其名著《大國的興衰》中記述了英國人當時的心態；「像在一八五一年水晶宮大博覽會期間，噙著驕傲的淚水高呼的金斯利那樣，大部分維多

利亞時代中期的人們寧願相信，自然界的命運在起作用；『珍妮紡紗機和鐵路、丘納德的班船和電報對我來說……在某些方面，至少是我們與宇宙和諧相處的跡象：是有一個威力無比的神……安排一切、創造一切的上帝在我們中間起作用的徵兆。』」當然，這命運不是「上帝」無條件奉送的，而是通過進取開拓、艱苦奮鬥，從「上帝」──大自然手中換取的。據一位英國史家記載，當時的人清楚地認識到：「水晶宮，是一個動腦筋的時代一種突出的象徵。它在半個世紀以前是不可能出現的……它是中世紀時代的騎士們所不能想象的。」❸

　　這個新型的玻璃建築物是由戴文希爾公爵的園丁約瑟夫‧帕克斯頓設計的。此人是自學成才的典型人物。人們往往把這幢建築跟一座廟宇進行比較──它的長度是聖保羅大教堂的三倍，占地十九英畝，把場地的所有樹木也包含在它的玻璃和鐵架結構之內，真正是十九世紀的人間奇蹟。展品陳列其中，使人們對社會進步的理解更為直觀和生動，這比統計資料更有說服力。樂觀的維多利亞時代的人相信，經過人類的開拓奮鬥，不僅「征服自然」成為可能，而且「改善物種」也是可能的。

　　當時的一位作家S‧斯邁爾斯用熱情奔放的文學語言宣稱，這是「一場財富和繁榮的收穫。」「我們是古老的民族，但卻是一個年輕的國家……被我們稱為『大眾』的那種文明才剛剛開始。」作為第一個工業民族的英國，其成就確實令人眼花撩亂。

　　水晶宮的一位法國參觀者寫下這樣一個悖論：「非常奇怪的是，像英國這樣一個貴族的國家竟能成功地供養它的人民，

---

❸　Ａ‧勃里格斯：《英國社會史》，第二三〇頁。

而法國這樣一個民主的國家，卻只善於為貴族階級生產商品。」❹這個悖論所涉及的內容我們在別處已有過闡述，這裡它又為我們認識英國人征服自然的能力提供了一個佐証。

由於英國人自己取得了偉大的成功，他們中許多人對「優勝劣汰」的社會達爾文主義頗為熱衷。他們的自信，與當初成功的清教徒先輩堅信自己為「上帝的選民」並無二致。與此同時，他們對大自然的恐懼和敬畏之情就更淡薄了。

實証主義學者柏克爾就在這樣一個背景下觀察了人與自然的關係，重申了「知識就是力量」的信條。在他看來，人類在改造客觀世界的同時，也改造了自己的主觀世界。如果自然的力量過強，人類的思想就會受到壓抑，不切實際的幻想就會導致迷信。但如能對大自然令人恐怖的地方加以抑制，人類就有信心，就敢於思考；一旦能夠思考，人就贏得了對自然的鬥爭──人類思想是社會進步的主要動力。宗教迫害的銷聲匿跡就是由於人類知識的發展；戰爭越趨於消失，就越能通過將戰爭限於職業階層而使思想獲得解放；政治經濟學知識越多，就越能摧毀商業上敵對的學說；機器使用越普遍，就越能使人們更多地相互結識。人類理性及其智慧的結晶──知識，是促使文明發展的主要動因。

如果說培根宣稱「知識就是力量」時，更多地是出自一種樂觀主義的信念；那麼柏克爾則是在人類理性已征服了自然、文明世界的適當運轉仍需要依靠人類知識的時候來宣稱這一真理的，他更多地是出自於對社會發展規律的深沈思考。

「知識就是力量。」這句培根預言一個新時代將要誕生的咒語，卻成了柏克爾總結這個已經成熟的時代之箴言。這時不

---

❹　Ａ・勃里格斯：《英國社會史》，第二三〇頁。

用說，運用人類理性去戰勝自然，而不是依賴神力委屈地生存、膜拜自然，已成了彌漫全民族的帶有自信、進取色彩的理性共識和民族精神。

一塊白板

英國有句諺語說：「choice of the end covers choice of the means（目的的選擇包含著手段的選擇）。」英國理性主義的目的既然是為了解決具體問題，有用於現世人生，這就決定了它的經驗主義認識論和實驗方法論。從羅傑‧培根到法蘭西斯‧培根，都是走的這條路子。當時，作為他們對立面的宗教蒙昧主義沒有邏輯力量向他們做理論上的挑戰。可是當笛卡兒思辨的理性主義「黑馬」出場後，「培根」們就再也不能高枕無憂了。雖然「培根」和「笛卡兒」都把蒙昧主義當作自己的敵人，可他們之間在各自所操武器的性能優劣上也不是沒有比賽和競爭的。由於改善工具性能的需要，新一代經驗主義哲學家應運而生了；他們針對人類理解力的問題做了許多文章。

最早為哲學認識論拿出「一塊白板」的是博學的洛克。我們已經知道他是一個偉大的政治學家，「光榮革命」出色的辯護人。而在哲學、政治經濟學等諸多領域，他也頗有造詣。「白板說」是其唯物主義認識論的出發點，也是當時英國理性思維的重大成果之一。

洛克大學畢業後，開始從事醫學和實驗科學的研究。這期間，他結交了不少當時著名的新興科學的代表人物，如波義耳、牛頓等人，這對他科學世界觀的形成產生了深刻的影響。但真正對他的思想起到解放作用的則是笛卡兒。笛卡兒的哲學

猶如一陣清風，啟發他拋棄了那使人昏昏欲睡的經院哲學，他決心去建立一個新型的哲學體系。這樣，經過他二十年的潛心研究，終於寫出了一部使他聞名於世的不朽著作《人類理智論》，從而給英吉利民族的智慧寶庫增加了一份光輝的寶藏。

在書中，洛克論証了在培根的觀點中沒有得到詳盡論証的關於知識的起源、確定性和範圍等問題。

洛克認為，要說清知識的起源，首先就要清除那些對於知識起源所持的各種錯誤見解，比如笛卡兒的「天賦觀念論」和萊布尼茲的「天賦實踐原則」。「天賦觀念論」在西方源遠流長，從柏拉圖到經院哲學，乃至笛卡兒時代，人數眾多，勢力強大。所以，洛克在《人類理智論》開卷便對其展開抨擊。

「天賦觀念論」的一個重要論據，就是以為有些邏輯規則、數學公理，如「物體有長高寬三個向量」、「整體大於局部」、「無不能生有」等都是人類普遍同意，不証自明的，因而天賦觀念確實存在。

洛克指出，這個論據根本站不住腳。因為假定這種觀點能成立的話，那麼所有的人，不管大人還是小孩、理智健全的人或白痴，都應該具有這些觀念。可是事實上，新生嬰兒、白痴以及沒有受過相當教育的人，對此卻毫無所知，怎麼能說這些邏輯規則或數學公理是天賦的呢？因此，洛克針鋒相對地提出了著名的「白板說」，認為人的心靈是一張白紙。

既然「人的心靈是一張白紙，上面沒有任何記號，沒有任何觀念」，那麼人的觀念從何而來呢？在他看來，心靈後來出現了知識和觀念，那是來自經驗。比如，新生兒幾乎整天處於沈沈睡眠中，他們既無知識，也無思想，以後的知識全是後天獲得的。可見，心靈的本質是白板，觀念並非天賦；知識由經驗而生，隨經驗而長。離開了經驗，離開了同外界事物的接

觸，認識根本不可能發生。例如，人們不能「想像一種未曾刺激過上顎的味道」也不能想像「一種自己不曾聞過的香氣」「一個兒童如果在一個地方，到了成年以後，所見的仍然是除了黑白以外，再無別的，則他一定不能有紅或綠的觀念。」否則「一個瞎子也有顏色的觀念；一個聾子也有關於聲音的真正、清晰的概念了。」所以，他斷言：「我們的一切知識都是建立在經驗上的，而且最後導源於經驗。」這樣，洛克在批判天賦觀念論的基礎上，建立了自己的經驗主義認識論體系。

而且洛克對「天賦觀念論」的批判，無論從深度和廣度看，都超過了他的前輩。在他之後，傳統的「天賦觀念論」雖還偶爾興風作浪，捲起幾個漩渦，但終於被排除在哲學主流之外，漸漸被人們淡忘了。

洛克的經驗主義式理性主義與笛卡兒的思辨式理性主義截然不同。對經驗的推崇，在洛克這裡又一次表現為英國理性主義最重要的特色；這一點又反過來在科學上留下深深的印記。與德、法或其他國家不同，英國科學特別講究實用和類比。英國科學家主要致力於通過實驗來觀察研究對象如何作用，比其他任何民族都更習慣於通過感覺達到科學，而不是通過單純的抽象思維去達到科學。英國科學這種依賴於健全的常識和講求實際態度的傳統，在哲學上的開創者就是洛克。

洛克建構否定天賦觀念的經驗主義，實質上已經否定了上帝的存在。這必然引發神學界的反駁。貝克萊主教為了摧毀「唯物主義」以及它隱含或公開的無神論，發表了反擊洛克的著作《人類知識原理》。他研究人類理解力的成果就是一句著名的主觀唯心主義口號：「存在就是被感知，」它的意思是：所謂客觀的存在，無非是我主觀的經驗感覺。可見經驗主義傳統在英國是多麼根深柢固，不僅唯物主義者以它証明世界是物

質的，連唯心主義者為了否定世界的客觀物質性，也不得不求助於人對自然界的經驗感覺。雖然結論是荒謬的，方法是蠻橫的，但論証的起點卻說明了英國人務實的傳統，即求諸經驗常識而不是神思玄想。貝克萊強調感知的目的是為了証明上帝的存在，人們之所以會產生感覺，能從經驗中獲得知識，那是由於上帝的「巧妙」安排；而在我們感覺之外的存在，既然不在我心中，那就一定存在於上帝的心中。總之，世界最終是精神的。但他在論証中採用大量經驗材料的做法（否則不可能使辯論有條理地進行），實際上很大程度上默認了洛克的原則。

一七八四年，又一本研究人類理解力的書出版了，這就是休謨的《人類理解力研究》。和洛克一樣，休謨否認天賦觀念的存在，甚至同意貝克萊的觀點，認為除了特殊的觀念外，所有的一般觀念都不存在。他還認為，最生動活潑的思想都抵不上最遲鈍的感覺，因而，休謨是一個比他的前輩更為徹底的經驗主義者，他結束了經驗哲學的一個階段。

休謨比他的前輩更為深刻的方面是他對心靈知覺的理解；他把它區分為「印象」和「觀念」，而後者則是前者的模糊影像。印象是經驗的最初材料，借助於記憶和想像，印象就轉化為觀念。複合而成的觀念雖然並不會完全與印象重疊，但一切簡單的觀念都是與印象相似的，並在大多數情況下確切地再次印象。就像貝克萊從物理學中趕走了實體概念一樣，他在心理學中也驅逐了實體這一抽象概念。休謨的經驗主義導致了不可知論和懷疑主義。但這種懷疑主義也為英國的理性思維做出了很大的貢獻。英國人對任何未被經驗証明的事物，都習慣於用一種冷淡、漠然的態度對待，絕不像有些民族那樣輕易地熱烈擁抱一種新理論或撲向一種新事物。這形成了英國人穩重的民族性格和漸進的改革道路。

經驗主義認識論對英吉利民族思維方式和行事技巧的影響是巨大的。

生物與社會

超凡的預言家，《論英雄和英雄崇拜》的作者卡萊爾曾評論一個同時代的人：「他不是個男子漢，卻是一個才智之士。」此人自認，這個評論是中肯的。他為自己缺乏熱情和情感而不快。他年輕時曾與瑪麗安・伊文思（即後來以筆名喬治・艾略特著稱的女作家）有著親密的友誼，人們經常見到他與伊文思小姐在一起，於是猜測著他們的風流韻事，甚至斷定他們會訂婚。然而，所謂的「風流韻事」就只有一件，就是他在自傳中寫到的對伊文思的觀察：「平常的頭顱不是這兒扁平，就是那兒凹陷，而她的頭顱卻是處處突出的。」這位坐懷不亂的「柳下惠」，世界、人生的冷靜觀察者，就是大社會學家赫伯特・斯賓塞。

在斯賓塞那個時代，自然科學的長足發展，尤其是它令人信服的科學方法，它所具有的精確性、可操作性等優點，令人文學科的研究者飲羨不已。雖然學者們對科學的輝煌心嚮往之，但不是每個文科學者都具備使自己的學科成為科學的能力和素質，否則早年的興趣和社會選擇早就把他領進了自然科學的王國。但斯賓塞那善於冷靜觀察的素質無疑是類似於自然科學家的，而且他早年的智力發展似乎也偏重於理工科而不是文科。他的父親是一個鄉村教師。他自小體質羸弱，上學不多，只是與父親及其學生一起收集生物標本，做物理、化學實驗。十三歲時被送到叔父那裡去，叔父堅持要他上大學。但他卻越

來越喜歡獨立分析事物和探討新問題，特別是愛好數學和機械學，對上大學沒有絲毫興趣。於是又回到父親身邊，喜歡什麼就研究什麼，就這樣完成了基本教育。他沒有學過希臘文和拉丁文，在本國語言上也沒有受過正規訓練。然而，他竟以自己沒有多少英文語法知識而自鳴得意！

　　但是成年以後的斯賓塞卻成功地把自然科學的方法引進社會科學領域。這說明了他自身的素質、尤其是知識結構對於治學方法的形成具有巨大的影響。《社會學原理》完成之後，斯賓塞被譽為英國學術界的「思想泰斗」、「維多利亞英國的亞里斯多德」。然而這部「綜合哲學體系」的成就不過是為社會科學引進了生物學的方法，以生物有機體來類比社會。不管其理論大廈何等宏偉，而設計方法並不複雜。由他開創的「社會有機體」學說把社會看成是由各個具有不同功能的獨立系統組成的有機整體，它像生物有機體一樣，也處在不斷的進化、發展之中。很顯然，由此誕生了一種新的社會哲學，它與洛克、潘恩等等的自然權利說是完全不同的，雖然其中仍有自然權利的影子。如果說在此之前，經驗主義已成為英國理性傳統的重要特點，那麼斯賓塞則進一步將它推上了實證主義的新台階。

　　經驗主義已然適用於自然科學並演化為實驗方法，同樣它也曾適用於早期的社會科學。英國的運用性古典社會科學是比較發達的，他們有霍布斯、洛克，直至柏克等人的政治學，更有從配第到斯密、李嘉圖的古典經濟學。這些學者觀點各異，結論不盡相同，但都遵循著唯物主義經驗論的路線，從可感知的經驗事實出發，以大量的經驗材料作為立論的依據。不僅在英國，經驗主義在國際學術界也曾有過巨大的影響。馬克思曾發現；「洛克成了英國、法國、意大利的政治經濟學的主要

『哲學家』。」❺但經驗主義本身也並非沒有局限。從經驗主義原則出發，也可唯心地解釋世界，甚至也可用來証明上帝的存在（貝克萊主教就是一個例子）。與經驗主義相比，實証主義雖然與其有著直接的淵源關係，但卻「出於藍而勝於藍」。它要求擯棄一切虛妄、揣測、不確定、不精確和絕對性概念，檳棄一切神祕和唯心主義的東西，而將實証性、科學的理性思維放在至高無上的地位。

　　但斯賓塞這個社會達爾文主義者太過於極端了。人類社會並不完全等同於動物世界，他的「社會有機體」理論的普遍進化原則顯得過於冷酷。於是赫胥黎又把它撥向合理方向，發展了其「社會進化論」。赫氏強調了人類進化的意義與內容，認為這種進化應該主要是一種倫理的進化。但赫氏對道德進步機制的論述也是含混不清的。最後，著名的實証主義大師柏克爾從英國「求實思維」的背景中走出來，借助於科學的方法而不是內容來解決赫胥黎未曾解決的問題。他用社會進步的事實，實証地重申了培根的名言：知識就是力量！至此，實証主義方法才完善地寫在英國的思維史上；他們試圖努力使人類的社會科學也能和自然科學一樣，建立在穩固可靠的基礎上。

　　實証主義是英國在經驗中求實的理性思維必然的邏輯結果，它從又一個層面詮釋著英吉利民族求實的理性。

新星座

　　近代西方哲學發展到康德、黑格爾，可謂「獨上高樓，望

---

❺　《馬克思恩格斯全集》第二十三卷，第四二八頁。

盡天涯路。」他們眼高心雄，縱覽古往今來，通觀宇宙人生，建立囊括一切的哲學體系這一學術興趣與其博學、智慧和雄心這種精神素質一拍即合，遂構築起各自壯觀的理論大廈，顯示出人類在思維方面達到的激動人心的宏偉境界，令學子、書生仰面而視，頓生「決決乎」、「巍巍乎」之歎，並於景仰之中產生這樣的感覺：宇宙人生的一切美妙和聲似乎都來自這兩架轟鳴的鋼琴，一切哲學問題都在他們手中解決了。

然而誰能想到，當這兩顆璀璨的恆星光彩四射，躍上中天之後，一拿新星已從天空的角落轉出，終於以自己的光彩遮蔽了兩星的光芒。在本世紀初，哲學經歷了一個被思想史家稱為「革命」的那種迅速發展的時期。新運動的中心在英國，特別是在劍橋，它的領導人是摩爾、羅素和維根斯坦。曾幾何時，德意志博大精深的形而上學體系君臨天下，令其他各國的哲學界匍匐在地，不敢仰視。英國素有經驗主義傳統，但德國的唯心主義挾其思辨之力進逼英倫，在十九世紀前半葉導致了英國思想的所謂「革命」；這場「革命」雖然並未徹底消滅它的對手，卻確立了它自己的統治地位。但在該世紀末，經驗主義者發動了一場更為成功的反攻，從而誕生了「現代分析哲學」。

這是一種新的時代精神，哲學家不再去創造形而上學系統這種高度想像、推論的傑作，而必須試圖按照人類思維的實際樣子去描繪和理解人類思維。英吉利民族的務實精神又一次在哲學界占了上風。因此，從英國傳統的的延續和復蘇的角度來看，這場革命並不是晴天霹靂，它在許多方面同早期的哲學流派有所聯繫，特別是與洛克、休謨的哲學有著最為密切的親緣關係；但它也受惠於唯心主義者以及邏輯學家的新流派。它的目的是在所有這些哲學的基礎上，去理解我們的思維方式。於是，分析哲學流派曾達到了「邏輯原子論」這樣一個奇怪的結

果。羅素自信地宣稱：「只要是真正的哲學問題，都可以歸結為邏輯問題。」

作為一個著名的思想家、數理邏輯學家、英國求實理性的現代代表，羅素不僅對數學及現代自然科學有深刻的了解，而且在哲學方面也做出了卓越的貢獻。他從邏輯出發創造的分析方法，開創了「現代分析哲學」這個在西方哲學中影響最大的流派，從而開闢了現代哲學的一個新方向。

羅素出身名門貴族，從小酷愛數學，在數學史上可以說是一位很有影響的人物。青年時代，他在哲學方面信奉新黑格爾主義。但二十七歲那年，一個偶然的機會，他接觸了萊布尼茲的哲學著作。他發現萊布尼茲的每一個命題都是由「是什麼」（that）和「怎麼樣」（what）這兩個方面組成的，這促使他渴望尋求一個新的工具以建立一種新的哲學。恰好，第二年，國際哲學大會在巴黎召開，他有幸與意大利著名的數學家皮亞諾相會。他發現皮亞諾的論述比別人都更嚴謹，在辯論中總是占上風。他了解到原來皮亞諾有一套嚴格的符號邏輯體系。羅素對這套符號體系極感興趣，認為這正是他多年尋求的工具，於是他很快掌握了這個強有力的新技術，並把它推廣到哲學領域。然而，他的哲學思想的真正轉機，還是在他結識奧地利哲學家維根斯坦之後。一九一二年，維根斯坦專程到劍橋大學去聽羅素的課，從此兩人有了密切的交往。在羅素的引導下，經過兩人相互切磋，一個引起二〇年代歐洲哲學革命性變革的思想產生了，那就是「邏輯原子論」。

「邏輯原子論」是用邏輯分析的方法來說明世界結構的一種哲學學說。羅素認為，既然在數學中可以把一切複數與虛數規定為有次序的成對實數，把實數規定為有次序的成對有理數，把有理數規定為有次序的成對自然數，使一切不同種類的

數都可以用 0，1，2，3，4，5……掛追些自然數列來下定義，那麼，哲學的語言也可以運用邏輯分析的方法，找出其最基本的元素和「原子」來。這樣的元素，他稱為「原子命題」，即用來陳述一件簡單事實的命題。如「這是紅的」、「今天下雨」、「甲大於乙」等等。有了原子命題，通過邏輯的運算或程序，就可以得到「否定命題」和「複合命題」。由許多複合命題進行推理，就可以構成科學的知識體系了。由於原子命題是一些最明白、最確切的命題，所以，一個陳述只要能夠歸結到原子命題，就合乎邏輯，就有意義了。

由原子命題描繪的事實，羅素稱為「原子事實」，它是不再包含其他事實的事實。正如一切知識的大廈都由原子命題構成一樣，無限多樣、變化萬端的物質世界也由「原子事實」所構成。所以原子事實是世界的終極對象。同時他認為，只有原子事實──也就是他所認為的「感覺材料」──才是真實的，而由原子事實所組成的「構成體」，如桌子、椅子、原子、分子等等，則只是邏輯上的虛構。

羅素從語言結構推知世界的結構，進而只承認「感覺材料」（殊相）的真實性，否認一般概念（共相）客觀性的看法，實際上是走上只強調感性認識而忽視理性認識的經驗主義老路。他以形式主義代替了認識過程中的辯証法，因而也就無法把握這個世界的統一圖像或它的本質了。但是形而上學的本質本來就不是他追求的目標，他只求有助於日常生活而已。這正是務實的英吉利傳統智慧所要求的，也是現代分析哲學的特徵。

在人類哲學史上，出現過邏輯實証主義和分析哲學與沒有出現過這種哲學，那是大不相同的。這派哲學（英美傳統）恰與人本哲學（歐陸傳統）雙峰並峙，互益互補。現代哲學家如果在自己的知識貯備中缺乏邏輯分析哲學這種素養或是輕巧地

繞過這一座哲學山峰，那不僅是一種無知，更是一種愚蠢。羅素說：「現代分析經驗主義和體系締造者的各派哲學比起來，有利的條件是能一次一個地處理問題，而不必一舉就創造關於全宇宙的一整套理論。在這一點上，它的方法和科學方法相似。我毫不懷疑，只要可能有哲學知識，哲學知識非用這樣的方法探求不可；我也毫不懷疑，藉著這種方法，許多古來的問題是完全可以解決的。」❻

民族傳統在哲學家身上的體現是頑強的。處於天主教意識形態的邊際狀態之英國人培根早就譏訕主要由大陸哲學家構造的經院裡的形而上學體系說：「他們的確在構造學術之網，其精巧的絲線和作品令人讚歎，但卻毫無用處。」但德意志人卻一仍舊轍，編織錦繡巨網，而且比過去更宏大、更輝煌。而德意志思辨力量的巨大衝擊，也不能改變以羅素為代表的島國哲人重具體、重經驗的思維方法。兩種治學思路，一個從抽象的森林概念出發，不顧各種樹的差別，另一個則從具體的樹木出發，研究了樺、松、柳、榆、楊、檸……最後了解了整個森林。這裡還明顯存在著悖論：以致用塵世為目的，從個人主觀感覺經驗所提供的材料出發的具體分析哲學是客觀性的；而力求窺破客觀世界一般本體的思辨體系卻是主觀性的人本哲學。分析具體的問題，常能窺一斑而見全貌，無意中發現一些普遍規則；而追求普遍法則的人們，有時卻只求得自己的一孔之見──他宣稱屬於世界的，原來只屬於他自己。

英國人的思路，始終是在經驗中求實。

<hr>

❻　羅素《西方哲學史（下冊）》，第三九五頁。

Chapter 6
實在具體：發明創意的智慧

文豪約翰遜和紳士「約翰牛」

英吉利民族有著眾多的英雄，如群星璀璨。這些英雄各有其獨特的個性，在民眾心目中的形象也各不相同。例如，納爾遜海軍上將以勇氣見長；「阿拉伯的勞倫斯」以其傳奇性魅力取勝；而大文豪約翰遜則是英吉利民族行事創物中頑強與執著態度的典型代表。

約翰遜主宰英國文壇達半個世紀之久。他的作品有名詩《人類慾望的虛幻》（一七四九）、《東方寓言拉塞勒斯》（一七五九）、《詩人傳》（一七七九～一七八一）、《莎士比亞集序言》，以及題名為《漫遊者》（一七五〇、一七五二）的小品文集等等。然而其主要成就首推《英語辭典》（一七五五）。這部辭典是在艱難的條件下，未獲任何恩主的扶持，獨立問世的。這在英國文學史上具有特殊的意義，它莊嚴地宣告英國文學擺脫了依靠貴族庇護和資助的束縛而逐漸步上了獨立的階梯。當然，這同時也使作者創作得比有人幫助時更為艱難。約翰遜在辭典的

《序言》中說：「這部巨著不是在輕鬆、默默無聞的隱居環境中，或是在學術磋研室的蔭庇下完成的，而是在困難重重和煩擾不堪的情狀下，在疾病和憂患的坎坷中完成的。」❶類似的意思在這篇短短的序言中得到了再三表示，這說明撰著過程中的種種艱難情狀在作者心裡烙上了不可磨滅的印象。然而他終於克服了一個又一個巨大的困難，堅持完成了這部恢宏的巨著。因為激發它創作活動的不是一時的藝術衝動，而是一種持久的內驅力，一個偉大而神聖的目標，一種使命感。

狄更斯在小說《荒涼山莊》裡寫道：「如果自以為憑著一股熱情，不論什麼大小事情都能辦到，那你還不如趁早打消這種錯誤的想法。」但是，如果「為了一個偉大的神聖目的，去千方百計、歷盡艱辛地奮鬥，是完全值得的。」

約翰遜的成功驗証了後輩文學家狄更斯的觀點，他創作的目的是「以自己的著作給英國文學的聲譽增添點什麼。」在《序言》裡，他還說：「倘若我的勞動成果足以照亮知識的寶庫，並增加培根、胡克、彌爾頓和波義耳等人的聲譽，那麼，我將認為，我的艱辛工作並不是沒有用的，也並非是不光彩的。」正是這種不憑藉於智力遊戲的靈感衝動，而依賴於實效有用的堅定信念的精神狀態，支撐著他頑強的創作態度。而在人類行事造物的技藝中，態度占據著很重要的地位。如果沒有執著的創作態度，很難設想英吉利民族會在短短幾百年間創造出燦爛的現代文化、創造出威力巨大的工業文明。

態度的形成是客觀環境和主觀意志相互作用的結果，因此它常常是變化、發展著的。客觀世界每時每刻都存在著要使我們改變態度的有意識或無意識作用力的機會，這使態度自身的

---

❶　引自《英國十八世紀散文選》，第一一五頁。

理性結構和調節藝術，尤其是態度主體價值取向的選擇作用顯得特別重要。而主體的價值取向則往往體現著民族智慧，它是在民族文化積澱中形成的具體個人的主觀選擇力量。

一七四七年，當約翰遜接受一批書商的雇用，打算編寫一部英語辭典時，他指望能得到切斯特菲爾德伯爵的資助，並興致勃勃地在著作之前為伯爵題上了獻詞。但是伯爵大人卻不予理睬。這對約翰遜來說，不僅是一個情感上的挫折，還造成了很大的實際困難。這時他的態度是知難而退，還是抱著「有資助固然好，沒有也一定要幹到底」的頑強精神，這就體現出認知上的價值取向了。所幸約翰遜生活在這樣一個文化氛圍之中：這個民族的文化傳統和特有的價值標準外化為一種「紳士風度」，而「紳士風度」的重要內容之一就是堅韌不拔、勇往直前的氣概和不幹則已，一幹到底的精神。可以說，正是這種民族性的行事智慧造就了頑強的約翰遜，而約翰遜則又為這種智慧增添了光彩。

約翰遜為自己克服困難的能力而自豪。當一七五四年辭典編成，而伯爵也有所表示時，約翰遜給切斯特菲爾德寫了一封信。此信聞名遐邇——

> 老爺，當初我在尊府外客廳恭候求見，也可算遭到拒絕。現在算起來，七個年頭已經過去了。七年來，我吃過種種苦頭，但始終沒有中斷我的寫作。這不用抱怨，因為抱怨是無濟於事的。現在，我終終使它接近出版，雖然我沒有得到一點幫助的行動，沒有聽到一句勉勵的話語，也沒有看到一次讚許的微笑。

約翰遜的一生就是頑強工作的一生。一七七五年辭典的出版確立了他的聲譽，但並沒有增加他的收入。在一七六二年開

始領取政府年金之前，他始終沒有停止過為生活而掙扎，也沒有停止過創作。

　　約翰遜作為英吉利民族頑強執著的工作態度之典型是實有其人的，而這種態度的另一位代表——「約翰牛」則是一個虛構的象徵。十八世紀，蘇格蘭有位名叫約翰‧阿布什諾特的英國作家，在一七二七年出版了一本名為《約翰‧布爾的歷史》的書，書中刻畫了一位名叫約翰‧布爾（布爾bull，意為公牛）的性情急躁、滑稽、個子矮胖、舉止笨拙的紳士，藉以諷刺當時輝格黨（後演變為自由黨）的戰爭政策。此後漫畫家又把約翰牛畫成一個頭戴小沿帽，身穿騎馬衣，足蹬長統靴的矮胖紳士。由於人物刻畫逼真，形象生動，因而很快傳播開來，終至家喻戶曉。以後，「約翰牛（John Bull）」逐漸成為英國或英國人的代名詞；而約翰牛的形象也被賦予能夠代表英國人堅韌頑強之精神風貌的性格色彩。英國人為維護個人與國家的榮譽在所不惜，這是舉世聞名的。一九四〇年夏，當法國投降，全歐淪入希魔之手時，漫畫家大衛‧勞在《旗幟晚報》上發表了一幅漫畫：一個頭戴鋼盔的士兵站在海峽旁，舉起一隻拳頭說：「好吧，就我一個人來幹！」這種英國式「單」勁就是「約翰牛精神」。約翰牛是一個英國紳士，其倔強精神是紳士風度的一個重要內容。

　　除了約翰遜，不列顛土地上世代生活的千百萬英國紳士也都是一條條頑強的約翰牛。正因為這種執著的頑強態度，使他們得以成就其事業，發展其民族。

有心栽花也成蔭

　　在古中國，科學的發現、技術的發明和器物的創造常常處

於一種「無心插柳」的狀態，煉丹煉出了火藥就是一個典型的例子。中國智慧最初只依靠相當有限的基本發現和發明，它們提高了我們對自然的應對能力：火、手工具、犁、輪車、數字、曆法、金屬、文字……等等。這些發明、創造很少是有意識的計畫，而常常是偶然發生的。每一個智慧物的發明和發現，一般不過是在原有的方式中產生一些小的變化。例如，漆的發明，就是從漆樹的自然分泌物形成的漆膜，想到可以給器物穿上抵禦風寒的衣裳，又偶然地發現摻入桐油可以改善漆膜的性能……正是這些小的變化使中國擁有了智慧與創造的昨天。但是也因為這只是一些直接的意圖，而缺少智慧之發現那種持久不懈的意向和執著的態度，使中國自近代以來落於人後，而苦惱不已。

相反，倔強的約翰牛們卻偏是執著於發現和發明。織工凱伊天天感受這樣的困難；織工們被要求織出相當寬的織物，而把梭子從一隻手遞到另一隻手的現成方法，卻使織物的寬度只能按照臂膀的長度來調整。於是他刻苦鑽研，發明了「飛梭」。工程師瓦特則是在英國機器工業初步發展對動力能源有了緊迫需求的背景下，孜孜以求，改良了蒸汽機，並逐步發明了各類相關裝置，使它適用於各個工業領域。發現和發明之於他們，不是消閑遣懷的「雕蟲篆刻」，不是炫耀智力的「奇技淫巧」，而是「一個偉大的神聖目的」。為了這個目的，發現者、發明者們，如同狄更斯說的那樣，「永遠得不到安寧，永遠得不到滿足，老是追求著永遠得不到的東西，情節、計畫、憂慮和煩惱永遠縈繞在腦際——不管這是多麼離奇，有一點是明白無誤的：那是一種不可抗拒的力量。一個人就是在這種力量的的驅使下，去制訂人生的計畫！」（《狄更斯傳》）

這個不可抗拒的力量就是時代的召喚，就是偉大創作者所

具備的一種使命感。工業革命時期那些燦若星河的創造與發明，就是被這種力量呼喚出來的，而不是源自發明者的偶然靈感。莫爾頓曾清楚地看出了這一點：「產業革命的基本原因就是對於數量日增的標準貨品的需要，而不是這個或那個發明家的天才。在理論上，瓦特、阿克萊特或羅巴克在技術上的發明是任何時候都可能做到的，雖則這些發明當然有賴於前幾世紀的技術進步。實際上，它們所以在十八世紀將終的時候做出來，正因為當時的情況迫使人們將其才智用於商品的大量生產問題，又因為資本積累已達到能充分應用大量生產的方法之程度。」❷

　　在莫爾頓提到的幾位發明家中，阿克萊特是「有心裁花也成蔭」的典型。他一不是工匠，二不是技師、科學家，對發明創造既無以往的經驗，又無系統技術和知識。但是他卻硬是在那種「不可抗拒的力量」驅使下，執著於他的事業，終於取得纍纍碩果，成為產業革命中的傳奇人物。

　　阿克萊特本是理髮店裡的學徒，繁重的勞務使他沒有時間學習基本的文化知識，所以到五十歲時才學習語法和拼寫法。他的開端沒有任何逸事性的趣味，也沒有任何東西使人預見到他的發明家生涯。他不像約翰‧凱伊和「珍妮紡紗機」的創作者哈格里夫斯那樣做過織工，也不像畢生從事於各種機械發明、屢挫不餒的懷亞特那樣做過木匠。他對紡織工業及其需要，乃至紡織工業所經歷的危機等情況，只是通過一些在他的剃鬚店裡的談話或者在蘭開夏鄉村中兜圈子時的聊天中才得知的。他雖然不具備發明家的知識和技術條件，但是卻具備了更重要的素質：強烈而持久的創作衝動。他希望提高自己的地

---

❷　莫爾頓：《人民的英國史》（上），第四三三頁。

位，富有發跡的本領和深思熟慮的精神，最後還具有牟利的辦法，也就是負販和捐客的智慧手段。他把這些本領都調動起來，為他的發明服務。他的歷史洞察力使他看到了工業革命的遠景，趕上這頭一班車，以迅速致富的強烈願望支撐著他的執著態度。而正是這種態度，把思想的各種手段組織起來並達到了智慧性成果。從這一點上來說，智慧的本質不是過程，而是創作意圖和態度。

阿克萊特的主要發明物——水力紡紗機的來源是非常模糊不清的。當時的人們迷失於他的傳奇當中，他們樂意把他的成功想像成只憑天賜的聰明和偶發的靈感而凱歌行進中輕鬆獲得的。有人說，紡紗機的原理可能是由於看到一個把熾熱的鐵條拉得細長、圓筒形的拉絲機而體悟到的。另一些人猜測：他可能在德比研究過捻絲機的操作；或者可能在剃鬚店裡聽到一個水手敘述過中國人所用的一種機器；更有人斷定，他是從一個名叫布朗的細木工那裡學來的寶貴竅門——人們不知道布朗是怎樣發現這種竅門的，但布朗卻不會利用它，其原因也同樣是神祕的。

發明史越是模糊不清，阿克萊特的創造事業史就越清楚易懂。這個機器是一七六八年在沃林頓的一個鐘錶匠的幫助下製造出來的。問題不在於這個機器本身，他發明機器的執著態度，他四處奔波籌集到資金，動員來人力，最終取得發明專利証並廣泛應用於生產——只有從這一系列活動的整體輪廓才能窺見他那創造者的智慧。該機器的原始模型現在還保存在肯辛頓博物館裡，它很像一七三三年約翰·懷亞特所發明、劉伊斯·保爾加以改良的那架機器。可是，在許多比阿克萊特更有發明力的人都慘遭失敗的道路上，他卻獲得了成功，這只能歸因於他生意人的才幹和執著不懈的創意。

阿克萊特憑藉這種機器，試圖在諾丁漢建立大企業，並成功地取得銀行家賴特兄弟的資助。但賴特兄弟在一年終了時就收回其合夥股金。阿克萊特又憑藉其百折不撓的精神和執著的態度，巧妙地擺脫了困難：一七七一年，他和兩個有錢的針織品商、諾丁漢的尼德和德比的斯特拉特訂了合夥合同。他們雇用大批在家勞動的紡工，同時也擁有用織機織襪的作坊。這樣，就在接近手工工場的生產制度之上嫁接了工廠制度。

　　阿克萊特的智慧與一般意義上的發明家一樣，首先表現在自覺的意圖和執著的態度，所不同的是他的意圖更直接體現了工業革命的時代精神，所以他的作品不僅有機械發明物，還有工廠制度。假如我們把人為物的自身性質及其組成部分視為「內在」環境，就會發現，阿克萊特特別善於使這種內部環境與它所處的外部環境相互適應，從而使他的發明物發揮出巨大的社會歷史效益。不僅如此，在創造物內部環境的營造中，他還不但「善假於物」，更「善借於人」，利用別人的智慧和力量，把握時代的趨勢，從而在產業革命和人類進步史上確立了自己無與倫比的地位。在某種意義上，他同文學藝術品的作者一樣，也是時代的「先知」、文明的先驅者。人類智慧創造物的作者，但凡是由技而進乎藝、進乎道，表現出一種「創造性直覺」，而達到人生與藝術合一的境界，就不僅是普通的工匠，而是把人類心靈最深層的特殊個性、能力與氣度賦予其作品的巧奪天工的巨匠。

　　英國十八世紀產業革命湧現的大量機械發明物，是英吉利民族智慧所創造出的「藝術品」。正是它們，把人類領進了工業社會的大門。

桅杆上的老人

　　真正的藝術家，必定是執著於藝術的人。對於普通的藝匠，藝術充其量只是一種謀生手段，而藝術家則把它看成是生命的一部分。假如有來世，他來世必定選擇自己的藝術，雖九死而不悔。

　　特納就是這樣一位藝術家。他是活躍在上世紀前期，英國傑出的海洋風景畫大師。特納對海洋的觀察和生生死死的愛，尤其令人吃驚。六十七歲那年，他居然堅持要在一次暴風雪中出海。他要求水手把他緊緊捆綁在桅杆上，以便讓他能仔細觀察暴風雪和猛烈衝擊船側的惡浪。四個多小時冒險觀察的成果，便是完成了一八四二年的名畫《暴風雪》。它的主題是描寫海洋同天空的一場瘋狂、凶猛的搏鬥。

　　如果說發明家以器物表現智慧，科學家以公式探索真理，文學家以語言預知未來，那麼畫家則是用線條和色彩思索自然的先知。我們生活在深沈浩渺的宇宙之中，但假如我們沒有執著的藝術追求，那麼我們就體悟不到宇宙精神。自然界中的白雲、浪花、樹木和露珠的原形還不算文化，它們只有透過藝術家的主體精神世界，投影在畫布上，才成為一種不朽的文化；風景畫高於自然界的山水，正如貝多芬的《田園交響曲》高於自然界的暴風雨和雨後放晴的田野一樣。一般來說，我們這些普通人並不能直接從大自然中感受到她的莊嚴、寧靜和力量，而必須借助於自然科學、自然哲學、風景畫、音樂作品和詩歌的長期薰陶和啟迪，才能漸漸使自己具有一種理解大自然的心理和酷愛大自然的性格。而藝術家之異於常人，就在於他們更早更多地具備了這種心理和性格。他們有一種持久的衝動，要做大自然的代言人。這種持久的衝動造就他們執著的工作態

度。一個連死都可以不顧的人，還有什麼挫折能使他一蹶不振、荒於創作呢？當然，暴風雪中綁在桅杆上的特納，主要表現了約翰牛積極主動的進取精神，而不僅僅是一種牛脾氣。

特納這時早已是名震全歐的人物了，又垂垂老矣，但卻仍執著於創作。直到逝世為止，他堅持每天觀察和研究自然界，從未間斷。在旅行中，他總是不停地作畫，用鉛筆迅疾勾勒大自然的輪廓。特納的記憶力和勤勉是成正比例的，從來沒有一個人能在頭腦裡積累如此大量的大自然印象，並把這些印象隨心所欲地化為美麗的圖畫。靈感之於他不是偶然光顧的稀客，而是伴隨左右的情侶。而他獲得靈感青睞的方法其實很簡單，就是他在暴風雪中堅持觀察的那種執著的態度。他不認為靈感是可遇而不可求的機遇，而認定它是藝術家積極經驗客觀世界的勞動報酬，正如英諺所云：Dexterity comes by experience（熟練來自經驗）。而這種對執著態度的推崇，對經驗功夫的重視，又一次表現為民族智慧的重要內容。

卡萊爾說，作為英雄的詩人不是蜷縮在家中無病呻吟的幻想家，而英國藝術家又確實善於經驗世事。〔像王爾德這樣在歐洲大陸藝術思潮的影響下創作，既無重大的社會影響，又是曇花一現，轉瞬即逝的唯美主義者算是一個例外。然而正如英諺所謂Exception proves the rule（例外証明規則），反而証明了經驗世事是英國藝術的傳統。〕難怪在英國創作史上幾乎找不到「江郎才盡」的對應成語。

人們天天都在生活，都在經驗世事，然而創造者的經驗方式又與常人有別。對於他們而言，創作的靈感是人的靈悟與可變的環境有機的偶合，而不是單純的客觀事物所提供的形成創意的機會。所以他們不是被動地等待靈感襲來，而是積極主動地去追求，在經驗中尋覓靈感。他們堅信自己的能力，有一種

「天生麗質難自棄」的執著和衝動。英國文學自喬叟至今，歷來存在一種現實主義傳統，他們對經驗世事的主動和執著態度自不待言。就是在與現實主義方法相對的浪漫主義者那裡，主動地執著於經驗世事仍然是創造者唯一的靈感來源。湖畔詩人的山水詩，如果不是出於對大自然的經驗觀察，真難以想像會有如此魅力。赫茲利特在《我與詩人們的初交》中生動地記載了湖畔詩人經驗自然的積極態度。例如，柯爾律治就曾在雷雨中，「光著腦袋奪門而出，說是要去領教一番『岩礁谷』中各種自然力的交鋒。」❸而「反叛詩人」在經驗世事上也不遑多讓。拜倫在東方之旅的行程中就曾寫信給母親說，此行為了「看看人類，而不是只從書本上談到他們。」

　　總之，作為創作者的「約翰牛」們的執著不是安於一隅，等待機會，然後抓住不放這種被動的執著，而是採取一種前傾式的進取姿態，主動尋找機會，抓住現在，抓住當下。他們首先是要求於自己，然後運用自己被激發起來的技能去作用於環境。除了作家、畫家這些狹義的藝術家，凡作為發現者、發明者的英國人莫不如是。如果有誰宣稱：一個中樞神經殘廢、肌肉嚴重衰退，失卻了行動能力，手不能寫字，話也講不清楚，終生要靠輪椅生活的青年，憑藉一個小書架、一塊小黑板，還有一個他以前的學生做助手，竟然在天文學的尖端領域──黑洞爆炸理論的研究中，通過對「黑洞」臨界線特異性的分析，獲得了震動天文界的重大成就，你一定會感到驚奇，難以置言：哪個民族能出如此奇人？然而這卻是不容置疑的事實，他為此榮獲了一九八〇年度的愛因斯坦獎金。

　　他就是大名鼎鼎的史蒂芬・霍金，英國人，當時只有三十

---

❸　見《十九世紀英國文選論選》，第十八頁。

五歲。更有趣味的是，作為天文學家，他從不用天文望遠鏡，卻能告訴我們有關天體運動的許多祕密。他每天被推送到劍橋大學的工作室裡，幹他那饒有興趣的研究工作。這充分說明了不論人的生存條件和創造條件如何，只要保持積極進取的執著態度，就有無可限量的人生希望和創造潛力。成功的機會不是遇到的，而是求來的。

「約翰牛」式的進取與執著，確實是人們行事造物過程中值得借鑑的一種技能。

造諺之藝

諺語是什麼？英國的《朗曼現代英語詞典》解釋說，它是「一種廣為流傳的表達人們智慧的簡短格言；它語言凝練，常具有鮮明的形象和一定的韻律，易於記憶。」

不管我們對它如何定義，毫無疑問，它是人類智慧所創造的藝術品。英吉利民族創作諺語的藝術，正如這部詞典的作者所解釋的，就是以凝練簡潔的鮮明形象表現智慧的藝術。富有意義的格言短句是諺語的一般特徵，而簡潔的具體形象之提煉和創造則是英國特色的造諺技藝。與抽象演繹相對，我把這種用具體的形象概括或代表各種複雜現象及其中之哲理的藝術方法稱之為具象歸納的技巧。

英諺的魅力首先在於其生動的形象性。它表達意義的形式不是抽象的理論教條和枯燥的術語概念，而是生動可感的具體形象。這使它既有個別性、具體性，又有典型性、概括性，具有強烈的藝術感染力。學習它、運用它，人們在得到經驗教誨的同時，又能得到美好的藝術享受，如飲甘泉，如吸芳香，沁

人心脾。像下面這些諺語，作用於人的就首先是一幅幅鮮明的圖畫和逼真的形象——

All cats are gray in the dark.（人未成名，狀如凡夫。）

A black hen lays a white egg.（出乎意料之外。）

Every cloud has a silver lininy.（禍兮，福之所倚；或：黑暗之中有光明。）

以上這些諺語，其字面意義就是一個個逼真的形象：貓蹲在暗處，顯出一團灰濛濛的毛色；一隻黑色的母雞生下一個雪白的蛋；一朵朵烏雲的邊際透射出燦爛的金色陽光。這一個個諺語有如一幅幅靜態寫生繪畫。

The devil may get in by the key hole, but the door woun't let him out.（禍端一開，便難挽回。）

這條諺語的字面形象又描繪得多麼富於動感；魔鬼千方百計從鎖孔裡爬進來；一旦進來，你開著大門去攆都沒法讓他出去。其形象的生動性猶如一幕電影。

Shoemaker's wife goes barefoot.（鞋匠的老婆沒鞋穿。）

這像一個特寫鏡頭，鞋匠老婆赤著腳赫然在目，形象鮮明，令人難忘。

這些諺語在字面上只是一些生動可感的形象，然而這些個別的、具體的形象卻包涵著異常豐富的生活經驗。例如，第一條諺語，我們只根據它的常用意義進行了一番意譯。其實它除了概括社會生活中大量存在的對潛在性人才的輕視這一普遍現象外，自然界中無論何物（包括人）何事，在其優點、長處還沒有顯露時而被人忽視、輕視等現象，無不被它概括了。一個具體形象，能夠概括如此大量的現象，其創造者必然要從大量重複的經驗中篩選提煉，斟酌加工才行。有趣的是，作者原來可以用抽象的概念來概括這些現象，並演繹出一番道理；可他

卻偏要從多次重複的經驗中歸納出一個典型，用這個理想狀態的經驗來代表所有類似的經驗，以此說明問題。這體現了英國人重視經驗的傳統。而其創作技巧則是經由自己的創作衝動，在頭腦中形成一個鮮明的形象，然後把它固定下來，表現出來。正如馬克思曾指出的：人之造屋與蜂之築巢的區別，正在於人在造屋之前已有了房屋的樣子；活躍在內心意象中的諺語形象，體現了英國人的造物智慧。

英諺創作是一種「意——象——諺」的過程，是具象歸納的過程，它和歐陸民族更多是訴諸主觀理念、情感而夾雜抽象概念的思維、創作過程大異其趣。這一點我們將在兩者文學創作技巧的比較中著重闡述。

英諺中具象歸納的痕跡是明顯的。當然，說諺語的創作技巧是具象歸納，並不是說他們始終就不用抽象概念。如果這樣，我們就過分低估了英吉利民族的思維能力了。事實上，有一些抽象性很強的道理，不用概念來表達是不行的。然而就是抽象的概念，他們也必得用一個具體的形象來置換或形容，顯示出實在的意象在思維中的重要地位。這就有了諺語創作中的比喻和比擬等技巧。

Beauty, uncompanied by virtue, is as a flower without perfume.（美麗而無德性，猶如花之無香。）

把抽象的德性與具體的花香聯繫起來，是為明喻。

Deeds are fruites, words are leaves.（行動是果實，言語是葉子。）

把抽象的「行動」、「口語」概念直接說成具體的可感形象：「果實」和「葉子」。是為暗喻。

A hedge hetween keeps friendship greem.（淡泊之交使友誼長青。）

以具體形象的「籬笆」（hedge）置換了抽象的「一定距離（a certain distance）」，是為借喻。

除了比喻的技巧，比擬也是英諺把抽象概念具象化的一種方法—

Adversity is a great schoolmaster.（逆境是個好教練。）

「逆境」這個抽象概念有了一個較明朗的形象—看得見、摸得著的一個人。

Truth is the daughter of time.（真理是時間的女兒。）

兩個概念之間產生了親屬關係，不但使抽象的關係具體化了，而且也形象化了。

Truth hath a good face, but ill clothes.（真理面目善良，但衣衫襤褸。）

Lies have short leg.（謊言腿短。）

給抽象的概念裝上了頭臉、身軀，或使其有五官、四肢的功能，穿衣戴帽、能跑能跳，產生一種有趣的生動形象。

由此可見，起碼在諺語的創作中，英國人創造智慧物的技巧，就是其內心創意中具體實在的意象活動——意象的典型歸納、意象的概括和類比。

其實，作為一種思維方法和創作技巧，它不僅僅體現在諺語創作中。語言是思維的外殼，英國人長於運用具體實在的意象這種技巧還廣泛體現在他們的寫作和講話中，這就是隱喻。初步掌握一些英語的外國人聽到或看到一些英語詞句，常常感到困惑莫解，因為這些詞句所包含的意義不可能由組成它們的各個單詞的意義推斷出來。而英國人也習慣於自己的語言傳統，無意識地利用了這樣的詞句卻並不知道它們的來源，或者不知道賦予這些習語的意義都是非常任意的。例如，英國人想要表達「勉強維持生活」、「賴以糊口」這個概念，就可以

說，To keep the wolf from the door.（拒狼於門外。）「狼」象徵著飢餓等一些生活困境。

原來在冬天，餓狼常來農村覓食。這句習語就使用了象徵的隱喻，十分形象、生動地表達了社會生活中的這種現象，其象徵符號不是抽象的概念，而是可感的形象。又例如，英國人想要表達「預期發財」這個概念，就可以說「when my ship comes in（當我的商船回到港口的時候）」，用一次具體的經驗事實來代表抽象概念，因為商人們往往把裝滿貨物的商船送往外國去販賣，當貨物售完，商船回港時，商人預期能夠賺一大筆錢，這種典型經驗就被一般地用來代表「預期發財」了。

諺語乃至各種習語作為民族成員集體創作的作品，與民族特定的歷史、經濟、文化、生活、風俗習慣、地理環境等等有著密切的關係，它的創作技巧體現了民族的創造智慧，因此往往也是該民族創造其他各種智慧物（包括物質文化——器，和精神文化——藝術作品、學術理論、典章制度、風俗習慣等一切智慧的結晶）的技巧。

蘋果與飛梭

發現、發明的智慧本質不是論証、製作的過程，而是意圖；正像藝術本質上也不是操作技術，而是匠心獨運的創意。

在物理學的發展史上，人們先後領略了笛卡兒的機械世界、牛頓的引力世界和愛因斯坦的時空世界。笛卡兒是個天才哲學家，卻不一定是經得起時間考驗的科學家，尤其不是實驗科學家。作為科學體系的物理學，自牛頓始；儘管有相對論，但牛頓的世界在它自己的範圍內仍是自足的、永恆的。

牛頓的「引力世界」是如何創立的呢？據他夫子自道，是：「在靜坐沈思時偶然有一只蘋果落下來而引起的。」一雙智慧的眼睛，可以從相對平凡的事物中發現偉大的真理。凡人只見蘋果往下掉，而牛頓則從這次蘋果砸頭的經驗中，分明看見了地球那隻「引力之手」在牽拉著蘋果。「萬有引力定律」原來並不只是抽象概念構成的定理，而是一幅生動的圖畫。「萬有引力」的發現者雖然不是一個狹義的藝術家，卻與詩人和藝術家一樣具有「創造性直覺」，他的發現過程類似於英國造謎之藝，是一種「意——象——定理」的過程。意，即是他要發現天體萬物運動規律的一種科研的衝動和工作意圖。

　　不僅是總括其引力世界的這一定理，其餘林林總總、大大小小的定律，幾乎也都得自於牛頓這種具象的創意技巧。凱因斯在其有關牛頓的研究中有這樣一段記述——

　　　　我相信，牛頓是把難題記在心裡，幾小時，幾天，甚至幾周，最後揭開祕密。然後他再以其數學權威的特殊能力加以「裝飾」，以使其解題過程較為完善。但是最不尋常的是他的直觀力。他的科學家同事摩根評論說：「他的推測太正確了，看來他知道的事情比能夠証明的還多。」如上所述，証據是隨後加以裝飾的東西，而不是用於發明的工具。有關天體運動的一項根本性發現，牛頓曾向天文學家哈雷作過說明。哈雷聽後說：「的確如此。可是你怎麼知道的呢？証明了嗎？」牛頓很是驚奇：「這是我在幾年前就知道的事；給我兩、三天時間，一定可以証明給你看。」不用說，牛頓做到了。[4]

---

❹　轉引自麗月塔《紳士道與武士道》，第二○○～二○一頁。

牛頓有一種科研探索的創造衝動和執著態度，對於一個科學家來說，這毫不足怪。但是牛頓發現真理的方式、技巧卻是獨特的，只有不列顛島上的科學家才會這樣：通過所謂「直觀力」——即活躍自己在慧眼中的生動意象——看見了真理。這就是具象的創意。在英國，人們比在任何其他國家都更習慣於通過經驗感覺（源於其經驗主義的民族理性傳統）來發現科學，而不是通過單純的抽象思維去達到科學。想像是建立在經驗的基礎上，並且往往是具體而形象的。法拉第把力看作是一種管狀的東西，照他的想像力，似乎具有橡膠製品的性能。盧瑟福則把原子當作鄉村集市上一種投擲骰子的遊戲來加以研究，他把粒子投到原子上去，然後看看有什麼碎片落下來。歐洲大陸的科學家，誰能像他們的島國同行，有這麼多得自經驗的具象創意呢？

　　英國人的科學發現得益於具象的創意，發明製器也莫不如此。改變歷史的產業革命從紡識工業開始，而在改變紡織工業的發明物中，開頭的第一個就是舊織機的簡單改良——凱伊創造的「飛梭」。我們曾介紹過凱伊為克服織布工作中的實際困難而努力創造的執著態度。凱伊為了使梭子突破工人手膀長度的限制，想像由另一種「手」使它從織機的這一邊到那一邊來回運動，使織物的寬度超過一膀之長。於是飛梭就發明出來了。他把梭子裝上小輪子，並把這樣的梭子安在一種滑槽上，以致不會妨礙經紗的輪流上落；為了使它來回運動，就在左右兩邊安置兩個木錘吊在橫桿上，這兩個木錘被兩根細繩連在一個柄子上，以便用一隻手就能使梭子向兩方面跑。原來梭子必須從織工的左手遞到右手，再由右手遞回左手，運動幅度以一膀為限。現在，織工用手猛撞一下，就能使桿上所吊著的木錘輪流動作起來；梭被猛擊後就沿著滑槽滑走了；每根桿的一頭

都有一根彈簧，以便止住滑過來的那個木錘並使之回到原來的位子上。這樣，既能織出更寬的織物，又能織得比以前快得多。

其實，梭子還是先前那種梭子，加在上面的輪子、橫桿等等則是人們臂膀的延伸。飛梭的發明，與其說使人們得到了一部機器，不如說是一件新工具，一隻延長了的「手」。這隻「手」是一具複雜的機械裝置。而它的創造者之所以選擇這些輪子、滑槽、木錘和曲柄，卻不是在一套理論指導下為綜合這些零件的功能而著意安排的；當時，一位織工還不可能有掌握系統理論的機會。他也不是在創作飛梭的過程中碰巧先後選擇了輪子、滑槽……而摒棄了可能的零件。飛梭的創意，取決於他「延長手臂」的特殊意圖。這是出於自覺或者無法言說的意圖而發明的活躍在內心意象中的器物。

一種流行的錯誤在於到處都把技術發明看作是科學發現的結果。我們絕不想否認科學對技術進步所起的決定性作用，尤其從十九世紀起更是如此。但是，仔細研究就會發現，這種進步在十九世紀以前有著兩個十分不同的階段。科學僅在第二階段才出現。第一階段全靠經驗和摸索，經濟需要及其所引起的自發努力足以說明這一點。任何技術問題，首先是實用的問題，在具有理論知識的人面前作為問題提出之前，對於藝人和工匠來說，已經作為必須克服的困難或者作為想要獲得的物質利益而提出了。那裡好像有一種本能的行動，這種行動不僅發生在有思考的行動以前，而且還是有思考行動的必要條件。一七八五年，工業革命中的傳奇人物阿克萊特的辯護律師說：「工藝各部門中最有用的發明並不是關在書房裡專務理論的哲學家的創作，而是通曉使用技術方法、從實踐中得知什麼構成

其探討課題的靈巧工匠的創作，這是眾所周知的事。」❺發明家對其既往經驗進行具象歸納，從而產生出一個新的意象（似乎是突然產生的），而這種意象的運用又似乎同樣突然地造成了經濟革命，使英國發明史蒙上了一種傳奇色彩。

由此可見，智慧的產生並非取決於特殊的過程，而是取決於特殊的創意。當普通的心理過程在有能力的人那裡是由智慧性的意向所引導時，智慧創造物就會出現。當然，發明史不僅是發明家的歷史，而且也是集體經驗的歷史，因為集體經驗逐漸解決集體需要所提出的問題。發明物作為一件「藝術」作品，雖直接來源於作者的創意，而創造本身卻來源於經驗。

有人也許會說，英國人的具象創意並不是一種獨特的民族智慧性行事技巧，因為「以象制器」正是我們的「國粹」。但是自從《周易》把「象數」作為中國傳統「抽象概括方式」的基本「型式」之後，使中國「意象」有了這樣一些基本特點：（一）由於「象」是聖人制的，因而往往把包含在理性概括中的「客觀事理」，同由聖人對於「客觀事理」所做的主觀陳述混淆起來。（二）由於「象」過早地符號化，因而長期保留了占卜的成分。這種符號化的卦象及其運演成了教條化、公式化的東西，對象數的崇拜是一種理性化的迷信，它使人們對物內在數理關係的合理探求變為簡單化數學關係的隨意套用。(3)「象」和「象兆」密切相連，「象」是通過對徵兆的解釋、模擬而得出的。這種抽象概括的方式偏重於類比和類推，不同於作為科學基本方法之一的歸納法。❻

以此與英國的具象創意比較，起碼有三點區別：（一）後

---

❺　轉引自芒圖《十八世紀產業革命》，第一五九～一六○頁。

❻　見顧曉鳴：《追求通觀》，第一○一頁。

世的中國意象常得自聖人先驗的教條，而英國意象則來自個人的經驗。（二）中國意象常用於不同性質的現象之間筮卜般地類推，英國意象重在對既往經驗的歸納，如法拉第從機械力、引力、電力、蒸汽張力⋯⋯的某種共同性能中，歸納出「管狀」的「橡膠製品」似的力的典型形象。（三）中國意象既為對聖人抽象教條的主觀推演，就有點像笛卡兒從其主觀理念推演出的「機械世界」，其創意是抽象的；而英國意象如前所說，是從既往經驗中歸納出的、以一當十、足以說明一般的具體而典型的意象，然後，在科學發現的論証過程、發明創造的概括推廣過程中，才運用到抽象手段。

永恆的莎士比亞

在許多人心目中，莎士比亞和牛頓好像是僅次於上帝的兩位偉人。「前者是舞台詩人兼哲人，後者是數學物理詩人兼哲人。」在這兩者之間有著許多令人驚異、神祕的相似之處。牛頓為我們勾勒出了宏觀物理世界的一幅完美又壯麗的圖景，以至於後來許多大科學家都認為今後只需要做些修修補補的工作就行了。但是兩百多年後，冒出了一個新牛頓——愛因斯坦。

莎士比亞則為我們勾勒出了有關人物的一幅驚心動魄、色彩斑斕的圖景。四百多年過去了，人類卻沒有貢獻一個新的莎士比亞。今天，誰又能拍著胸脯保証將來肯定會出現一個新的莎士比亞呢？❼

英國創造智慧的最高成果無疑是莎士比亞的著作。莎翁的

---

❼　見趙鑫珊：《哲學與人類文化》，第一八○～一八一頁。

語言，作為思維的外殼，已深藏在每個英國人的心裡，活躍在每個英國人的嘴上。卡萊爾說：「我們產生了他，我們依據他說話和思想。」另一個例子是：一位老太太看完「哈姆雷特」的演出後，抱怨這齣戲「全都是熟知的諺語和警句」！原來莎翁的語言已溶融在普通人的思維和表達中，而他們卻不知道這些詞句的出處了。

因此，要了解英國的創意技巧，最好先研究莎士比亞。他的作品直接或間接地塑造了以英美為代表的整個英語世界，甚至現代西方的思想方式、道德觀和人際關係。

莎士比亞的語言之所以能深入人心，當然首先歸因於其形象性。牛頓作為一位科學家，在憑藉「創造性直覺」意象發現了真理之後，卻又不得不以抽象的語言論証它。莎士比亞則幸運多了：他不但能以意象把握真理，也可以以意象描述真理（這也是一種証明方式）。大量的莎劇語言成了諺語；而英國「意──象──諺」的創作技巧，我們在《造諺之藝》中就曾專門探討過。

莎士比亞筆下的語言是生動、形象的，莎士比亞筆下的人物也都是活蹦亂跳的一個個具體人，其個性的鮮明、獨特，使我們一眼就能從人群中把它分辨出來，過目不忘。凡是看過《哈姆雷特》的人，誰能忘記那位憂鬱的王子呢？

在劇中，有三個人面臨為父復仇的問題。與哈姆雷特的猶豫、牽涉到了相對照的是兩位騎士的行動：雷歐提斯聽到父親被殺的消息後，出於封建社會的家族觀念和騎士的榮譽感，匆匆忙忙趕回丹麥，不問青紅皂白地煽動拿眾衝進王宮，結果被克勞狄斯所利用，充當他謀害哈姆雷特的馬前卒。另一位騎士福丁布拉斯為報父仇，則四處招兵買馬，日夜操練。但被叔父訓斥一頓後，就輕易地放棄了這個目標。即使是兩個跑龍套的

角色，莎翁也不願翻模複製、批量生產；他們一個魯莽，一個沈著（但並不執著），全都個性鮮明。

由於兩位騎士的「復仇」純粹是個人問題或家庭問題，跟整個社會沒有關係，所以仇報不報、如何報，都是一個容易解決的小問題。只有王子哈姆雷特在報仇問題上遲遲不發，不斷觀察，反覆認識生活中存在的矛盾與罪惡，把「報父仇」和「改造社會」結合起來，跟整個現實發生衝突。以哈姆雷特為主的三條近似的復仇情節線索，交錯發展，互比互補，既使作品本身顯得豐富多彩，又把每個人物區分得更加鮮明，讓哈姆雷特的性格和崇高的行為得到了最高、最徹底的反映。

哈姆雷特的性格是獨特的，它決定了這個角色就是哈姆雷特而不可能是另外一個人，更不是抽象的人類。「時代整個兒混亂顛倒！啊，真糟！天生我偏要把它重新整好！」哈姆雷特有一種人生使命感，因為他已經不是把克勞狄斯的罪惡視為個別現象，而是看成普遍的社會罪惡了。雷歐提斯在解決和外部的矛盾中，並沒有產生任何內心衝突，而哈姆雷特卻不一樣。在他「重整乾坤」的呼聲裡，人們感觸到了作為王子的他為父復仇的決心和整頓社會的氣概；可是一聲「啊，真糟！」的感歎又讓人觸摸到他在面對「顛倒混亂的時代」和「天生重整」的責任時那悲愁、沈重和無可奈何的心情。

當哈姆雷特和整個現實處於尖銳的矛盾狀態時，也顯露了因為這種矛盾而引起的內部矛盾——堅強與軟弱集於一身。有了這種內在矛盾，哈姆雷特就不是一個臉譜化的類型人，而是一個實實在在的具體個人；也就是英國評論家佛斯特所說的「圓形人物」，而非「平面人物」。一個活生生的哈姆雷特從紙面上站了起來。

莎學家H‧克雷格說：「哈姆雷特是一個普通的人，他的

缺點和麻煩，還有他的德行，僅僅是人類所具有的共性。他不是一個典型的拖延者或悲觀主義者，但是他的拖延、他的缺乏自信以及他的痛苦卻是人的一生中可能遇到的。」[8]這是講他是一個真實的人。另一位評論家則說：「他是一個處死波洛涅斯和朋友的人；利用了伶人的人；在奧菲利婭的墓地旁刺死了雷歐提斯的人；首次登上海盜船的戰士；冷血而無情的代言人；人民的偶像；其強大的力量和受歡迎的程度使國王為之膽寒——這個人既不是理論家，也不是唯美主義者，他是一個『組合人』……」這句話一語道破天機：哈姆雷特是莎翁用具象歸納法創造出來的。有人說，從莎士比亞對人性的透徹了解可以看出，莎士比亞心地是善良的，但又是老於世故的。哈姆雷特就是莎士比亞從豐富的閱人經驗中歸納出來的一個形象，即魯迅所謂的「雜取種種人，合成一個。」因而是一個代表了生活中許多個人的典型人物。同時他又是具體而實在的個人而不是臉譜化的類型人——他有自己的生命，他的思想、性格、語言、外貌、動作都是獨特的。這就是具象歸納：既是從豐富經驗中歸納、選取的典型經驗；又確實是個別的、自足的具體經驗形象，人們之所以重視它，是因為可以窺一斑而見全豹，具象中有真理。

　　莎士比亞這種具象歸納的技巧是圓熟的。哈姆雷特是一位憂鬱王子：「我近來不知為什麼，失去了一切歡樂，我慣常做的事情都懶得做。我的心境非常沈重！大地這副大好的框架在我看來，彷彿只是一片不毛的地岬；天空這頂最壯麗的帳幕，請看，這美好的覆蓋一切的蒼穹，這嵌滿金色火點的莊嚴的屋頂，在我看來，只不過是一大灘污濁、瘴癘的霧氣。」沒有憂

---

[8]　轉引自 I・B・唐斯：《塑造現代文明的一一〇本書》，第七十一頁。

鬱，就沒有丹麥王子，也就沒有莎士比亞悲劇。莎士比亞創造過無數的憂鬱人物，但哈姆雷特的憂鬱卻只屬於哈姆雷特，其主要特徵不可能體現在別人身上，就像他的指紋不會與別人相同一樣。

憂鬱是十六、十七世紀之交，英國乃至歐洲普遍流行的一種「世紀病」，在文學裡屢有反映。莎士比亞的《威尼斯商人》一開始，安東尼奧就說；「真的！我不知道我為什麼這樣心情沈重！？我感到厭煩！你們也說你們感到厭煩。但我怎麼得的這種毛病？哪裡找來的？哪裡碰上的？它的成分是什麼？是什麼地方產生的？我卻不知道。沈重的心情把我變成一個傻子，我對我自己都很不理解了。」這沈重的心情就是憂鬱。在《皆大歡喜》裡，莎翁創造了一個憂鬱的典型傑奎斯。他喜歡坐在樹蔭裡胡思亂想，說自己能「從一支歌裡嘔出憂鬱來」。還說；「我犯的不是學者的憂鬱病，那是好勝；不是樂師的，那是幻想；不是宮廷侍臣的，那是驕傲；不是軍人的，那是野心；不是律師的，那是權謀；不是貴夫人的，那是挑剔；也不是情人的，那是集以上之大成的。我的憂鬱是我獨有的，由許多元素組成，從許多事物裡提煉出來的，是我遊歷中所得的各種觀感，由於時常反覆思考，把我籠罩在一種非常古怪的沈重心情之中。」其實誰的憂鬱不是他自己獨有的？原來莎翁像傑奎斯一樣經驗過（看過）形形色色的憂鬱，他的悲劇中那些憂鬱人物就是從這些經驗中歸納出來的。但哈姆雷特、安東尼奧，還有傑奎斯等人物，誰又會因為他們都有憂鬱的特徵而混淆了他們，辨別不清呢？不會！因為他們是一個個具體的人物形象。如果是抽象的憂鬱類型，這些人物還會這樣具體可感，一眼可辨嗎？

用鮮活實在的意象發現真理，是文學的普遍規律。然而技

巧如此圓熟，功夫如此老到，卻只有不列顛上的文學家，尤其是莎士比亞。《哈姆雷特》中有句台詞：「天地之間的事物，比你在你的哲學中所夢想到的多得多。」莎劇是一部部人生哲學的巨著，可他卻不是膚淺地演繹道理，而是堅持讓經驗中得來的具體意象說話。你可以從這些意象中引申出許許多多的道理，所以這些意象永遠不會過時。

不要以為這些技巧符合文學的普遍規律，它就不體現英吉利民族的特殊智慧。相反，正因為民族智慧與普遍規律的合拍，其土壤裡才會生長出莎士比亞這顆高不可攀的大樹。馬克思就曾把這種技巧和方法稱為「莎士比亞化」。

有人認為莎士比亞是德國文學之父。確實，德國文學的迅速發展是與萊辛把莎士比亞介紹給德國，與威蘭德和施萊格爾把他的作品譯成德文緊密相聯的。但是德國文學的創作傾向卻與所謂的「莎士比亞化」相反，「是席勒式地把個人變成時代精神的單純傳聲。」❾拿「莎士比亞化」的標準來衡量德國文學，甚至連德國文學的「珠穆朗瑪峰」、歌德的代表作，「從整體上看，嚴格地將它作為一部詩作來衡量，《浮士德》是有缺陷的。」❿在莎士比亞的哺育下，德國卻發展出一種「觀念性」的文學。其所以如此，同這個民族強調國家權威和集體主義，反對個性自由的政治文化傳統和唯心主義的形而上學思辨方法大有關係。

英國人注重經驗實踐的思維方式，決定了他們藝術創意中的具象技巧。卡萊爾比較但丁和莎士比亞之異同說：「但丁給我們提供的是信仰或靈魂方面的東西；莎士比亞則以同樣高貴的方式給我們提供了實踐或肉體方面的東西……但丁深刻、猛

---

❾　《馬克思恩格斯選集》第四卷，第三四○頁。

烈，就像是世界中心熊熊燃燒的烈火；莎士比亞則寬厚、溫和而高瞻遠矚，就像是懸在空中，將世界照亮的太陽。」[11]中這一輪紅日其實是英吉利智慧造就的。

蒸騰在心中的意象

「瓦特與茶壺」的故事是人們所熟知的。正是小時候看見茶壺蒸騰水汽，噴薄而出，震得蓋子噗噗作響的那次難忘的經驗，使得蓬勃有力的蒸汽形象一直縈繞在瓦特的心頭，促使他成年以後致力於開發利用蒸汽張力，改良了蒸汽機。

「智慧的創意」只有通過經驗材料之中規律性東西的把握，才能藝術地創作出有用的器物。然而，把握規律的行為卻有自覺和不自覺的兩種。如果說凱伊的飛梭是通過純粹經驗體悟的方法創造出來的，則瓦特的蒸汽機就是在理性智慧的參與下，「經驗和理性合法婚姻」（培根語）的產兒。

瓦特有一定的家學淵源，他的祖父教授數學，父親則是建築師兼造船師。他少年時期就愛好機械學，十三歲時就在父親的作坊裡造出了一些機器模型；青年時期又在格拉斯哥大學找到了職業，並嶄露頭角。科學家羅比森第一次看到瓦特時，就被他的博學和智力敏銳所感動。他說：「我希望找到一個工人，卻碰到了一位哲學家。」瓦特在英國和世界偉人中所占的地位，他的創造性發展及其持久性的後果都告訴我們，他不是

---

[10] M·阿諾德：《詩歌題材的選擇》，載《十九世紀英國文論選》，第一八九頁。

[11] 卡萊爾《論英雄與英雄崇拜》，第一〇二頁。

一般的發明家。

　　與凱伊為拓寬人手的功能而「無中生有」的創意不同，瓦特面對著現成的機器——帕平的蒸煮器和紐科門機器。自從帕平等發現蒸汽膨脹產生的強大張力後，蒸汽動力就開始應用於抽水機。然而，由於早期的抽水機力量有限，又很危險——人們既沒有壓力計測量壓力，又沒有調節裝置減少壓力，所以應用起來頗為困難。於是，不以危險的蒸汽張力來驅動機械的紐科門機器就誕生了。它與其說是蒸汽抽水機，不如說是氣壓抽水機。

　　紐科門是一位鐵匠兼鎖匠，他的合作者是一位裝配玻璃的手藝人。他們之所以捨棄對蒸汽張力的有效利用，說明他們並不是從已發現的科學原理出發，最優化地利用現有的技術條件，而是和凱伊一樣，在經驗的體悟中完成這一發明。後來像他們一樣的工匠還會在實踐經驗中對這部機器進行局部的改良，但要進行徹底的改造，自覺地利用蒸汽張力，就不是這些手藝人能力所及的了。例如，它後來被在汽缸內加了個注水虹吸管，使冷凝作用更完善，機器的動作又被一個帶、桿系統所加速。這些改進並不是某位科學家所為，而要歸功於青年工人漢弗萊‧波特的偷懶——他負責看管一台紐科門機。

　　到了瓦特手裡，情況就不同了。他對小時候的經驗難以忘懷。「蒸汽具有不可思議的力量。」他想了想：「從來不曾有過哪個巨人能具有這麼大的力量。只消我們知道怎樣去駕馭它，我們可以利用它來作的事將是無窮盡的。它不僅可以舉起重物，還能夠轉動所有的機器。它將為我們拉動貨車，推動船隻；它能夠耕田種地；它可以紡紗織布。幾千年以來，人們一直在作工，然而對它，卻做夢也不曾想到去駕馭，使之成為自己的僕人。」

一七六三～一七六四年的冬天，一台紐科門機器的小模型交給瓦特修理。這是格拉斯哥大學物理課的實習用具。他觀察它的運轉，並對它做了系統的評論。力的消失是它的明顯缺點。他認為這與兩個主要原因相聯繫：一方面，在活塞每動一下之後，為了恢復氣缸內部的高溫，就耗費掉大量的熱素；另一方面，冷凝由於冷卻不足而非常不完備，這無疑是蒸汽力量的巨大浪費。於是瓦特腦中那水蒸汽的意象凸現出來，要求他調動各種思想、手段解決這個問題。思索的結論是：「為了避免任何無益的冷凝，蒸汽對活塞發生作用的那個氣缸必須經常同蒸汽本身一樣熱。為了獲得必要的空隙，冷凝必須發生在一個單獨的容器裡，這裡的溫度能夠按照所需要的程度得到降低，而氣缸的溫度卻不受影響。」整個冷凝器的原理就包含在這幾句話裡。從此以後，冷凝器就和氣缸分開；而在紐科門機器裡，它是同氣缸構成一體的。這第一項改進帶來了另一項更重要的改進；「為了不必用水來防止活塞漏氣，為了在活塞下去時防止空氣冷卻氣缸，那就必須使用蒸汽的壓力作為動力，而不是使用氣壓作為動力。」這樣，推理出的結果又回應了心中的蒸汽意象，重大的改革發生了，氣壓機變成了蒸汽機。在專利証書上，他賦予他的發明物以一個樸實的名稱：「減少火力機中的蒸汽和燃料的消耗量的改進裝置。」

「理性在關於人類行為科學中的角色，類同於自然選擇在進化生物學中的角色。」[12]對於蒸汽張力的利用之所以比對大氣壓力的運用更具智慧，因為它包含著自覺地把握經驗，改進器物意圖的理性，有比運用氣壓更深一層的眼光。瓦特說他的發明是「為了減少火力機中蒸汽和燃料的消耗量。」其實他不

---

[12] H·西蒙：《關於人為事物的科學》。

僅節省了能源，而且開發了能源；蒸汽不是作為輔助的力量，也不是為了使筒身出空，而是作為產生運動的積極力量。十三年後，經過一系列長期的實用試驗，蒸汽膨脹才被放在首要地位，氣壓機的原理才被最後拋棄。

瓦特的意圖是讓蒸汽做各種各樣的工作，蒸汽意象在他的腦中有力地蒸騰。為了補充其主要創作，瓦特調動起所有的智慧手段，又產生了一些次要的發明。這些發明應該引起我們的注意，因為蒸汽機的工業前途，在其歷史上的某一時刻，是由它們決定的。假如蒸汽機僅僅停留在自動抽水機的狀態，那它們在工業上的作用就很有限了：至多是水力機的輔助工具，承擔供水推動機輪而已。要使它能夠直接發動各種機械、實現花樣繁多的技術工作，必須解決一系列問題。

而首要的問題就是：怎樣使活動槓桿的振動變為圓周運動？瓦特發現了不止一個解決方法。最好的一個是仿效當時存在的一個最古老、最簡單的機器：磨刀匠的踏板輪。然而，智慧的創造者不僅要致力於創造物本身內部結構的合理性，還要顧及創造物所處的外部環境。另一個方法雖然較為複雜，但為了商業的原因，瓦特寧願採用它。這個方法也得自一個美好的具象創意：「行星的運行」。

適合各種機械的蒸汽動力裝置，其智慧框架的形成是一種理性的分析和綜合。它把裝置的各個部分、各個方面、各種因素的各個特點都聯結起來，在其總體目標的統攝下取捨、綜合、創造。假如我們把人為創造物的自身性質及組成部分視為「內在環境」，而同外在環境——它所處的外部環境發生關係的話，如果使這兩種環境相互適應，那麼這個創造出的「藝術作品」就能夠體現一種人為的智慧。而瓦特從紐科門機器入手，作用於兩種「環境」，動員起各種智慧的手段，創造出了

蒸汽機，又使它得到社會生產上的運用；這是一個包含著面對自然和社會外在的環境條件和已有的人為物，來對自身進行智力詰問，廣泛地列舉缺點，尋求優勢的思維過程。這個過程充滿了機趣。同是「以象製器」，它與凱伊、紐科門等樸素的創作過程不同，而是一個複雜的心智過程。

如果說創造物的智慧常常表現在三個要素上：物的創意、物產生的外部環境和構成物的內部環境（技術條件），那麼，不論是瓦特還是凱伊、紐科門，都首先具備了智慧的創物意圖——一種藝術衝動。但這種創意卻不是憑空產生的，它既是解決實際問題的需要，又是以經驗中產生的意象為思維起點的。

在這裡，英國重視經驗的求實理性得到了充分的體現。

發明、發現的意象不僅僅在瓦特的心中蒸騰，也不僅僅屬於發明家和藝術家。在以人類社會為研究對象的學術領域，也有它蒸騰著的倩影。例如以人類的經濟活動為研究對象的亞當‧斯密，其著作其實並沒有引人注目的獨創性概念；他的概念來自威廉‧配第和洛克，得益於貝卡里亞和杜爾哥，也得益於重農主義者，特別是與他同時代的同胞休謨、D‧斯圖爾特和F‧哈奇森。他曾向格勞秀斯和普芬道夫借鑑，甚至採用了中世紀經院學者的某些概念。但他卻是生動地寫述事實具象的能手，從古希臘、羅馬，從中世紀的歐洲、波蘭、當時的中國和美國舉例來說明他的思想（其實他的思想正是從這些經驗材料中形成意象的）。他詳細敘述了那些不顧經濟生活中種種事實的人所制訂的政策及其可以看到（驗証）的後果；他也想像了經濟自由實現後的世界圖景。

說到英國的歷史研究，更是充滿意象。最早有聖比德的《英吉利教會史》；以後的古英語著作《盎格魯‧撒克遜編年

史》，記述各年大事、教會活動、丹麥人入侵及十二世紀初內戰中的慘況，都很生動。

至於克拉倫敦伯爵以英國革命為對象的代表作《英國叛亂與內戰史》，雖是從保王（保皇）的立場寫革命的前前後後，但作為敘事作品，很接近我國的司馬遷。他突出了歷史人物，敘事則注意有意義而生動的細節，點明行動的動機，並加以分析議論，把歷史寫活了，很有文學意味，給此後的英國歷史著作立下了規範。

吉朋那部研究羅馬帝國興衰史的著作更是被一些批評家指責為並沒有對衰亡的原因做出明瞭的分析；因為他常滿足於讓史實說話。

人們常說，英國的治學方法就是歸納法，它總是以九十九條事實加一條發現構成學科體系。此說也許誇張了；但英國創意中的具象歸納技巧確實是明顯存在的。

Chapter 7
均衡和諧：行事節奏的智慧

雪萊《愛的哲學》

浪漫詩人雪萊有一首詩，名為《愛的哲學》——

涓涓的芳泉投入江河，
河水流入海洋；
天上的清風也耳鬢廝磨，
那情意多深長！
世上的一切都不孤零，
陰陽會聚大團圓。
萬物都融合於一個精神，
為何你我獨不然？
你看那山峰吻著藍天，
波濤互相偎依；
浪花兒也如姊妹兄弟，
姊姊絕不厭棄弟弟；

陽光摟抱著大地，
月光輕吻著海波。
高山大海尚知柔情，
何不吻我──以你的朱唇？

原來雪萊把愛情當作一種崇高的宇宙精神，是緣於他觀察自然時萬物偶偶相對的經驗。你瞧：山峰與藍天、陽光與大地、月光與海浪……那麼，男人與女人的配對諧合不也一樣天經地義嗎？這裡，詩人分明從對自然的經驗中體悟到了一種均衡、和諧的律動和節奏。

本來，只要熱愛自然，經驗自然，這種自然節奏是不難體悟到的。建築師體悟到均衡感，所以造出的房屋總是左右對稱而均衡的；園藝師體悟到均衡感，歐洲的園林也總是均衡有則的。但是，英國人對均衡的體悟又比其他的歐洲人更深一層。英國人營造秩序井然之環境的手段是歐陸各國、尤其是南歐各國無可比擬的。麗月塔在《紳士道與武士道》中寫道：「均衡是英國紳士概念中的絕對基本點。」就連英國的鄉村、道路也整整齊齊，體現了一種節奏，一種有規則的律動。不僅如此，就像雪萊所思索的，英國人還把這種均衡感推廣到人類社會生活的內部，不僅人作用於物時體現均衡，連人與人相互作用也要體現均衡。這樣，就形成了溶融於英國人行事處世、藝術創作等過程中均衡的律動節奏。

這種行事、創作的均衡感首先可以從狹義的藝術作品中直接看出。莎士比亞的劇作總是把人與環境（文化的、社會的或命運與概率法則）或背景的矛盾、衝突和對抗交織在一起，構成闡述著人生哲學的一片有著動態平衡的自足天地，使人格的偉大和剛強借助於矛盾對立的偉大和剛強而得以衡量。特納及

其同行們把天空、海洋、大地、房舍、樹木、繁花等等組織到畫幅上，其所以和諧統一而不刺人眼目，就緣於其中那均衡的節奏。

對此，本世紀初的英國畫家惠斯勒則更為自覺。他說：「大自然中固然包含著一切圖畫的色彩和形式的因素，就像琴鍵包含著音樂的全部音符。而一個藝術家生來就是要科學地取捨和組織這些因素。這樣做，其結果可能是美好的，就像音樂家組織他的音符，形成和聲，從渾沌中創造出動人的和諧。」他的名作《藝術家的母親》即以《黑色和灰色改編曲》為題。他說：「這幅畫中的人物對我來說，是母與子的關係，但對觀眾來說，只不過是黑白的節奏與韻律的感受而已。」如果畫家不掌握均衡的節奏技巧，卻能營造出一個巧奪天工的「第二自然」，這是不可想像的。

不僅是文藝作品，科學發現之於英國人，也有一種均衡感。比如蘇格蘭數學家馬克・勞林所創的數學公式就是一例。據大陸當代學者趙鑫珊說：「將馬克・勞林公式應用於函數柴$f(x)＝\cos x$，則$\cos x$可展開為無窮級數——

$$\cos X = 1 - \frac{x^2}{1 \cdot 2} + \frac{x^4}{1 \cdot 2 \cdot 3 \cdot 4} - \cdots\cdots$$

「該級數包含無窮多個項，取的項數越多，其結果便越精確。這是一種多麼精湛的藝術構思和高超的藝術？它會使我們情不自禁地想起莫扎特協奏曲的平衡、和諧與對稱。而應用馬克・勞林公式所得到的無窮級數也體現了這種性質類似的平衡、和諧和對稱。它們的差異只在於前者是情感世界的，後者則是理性世界的壯美旋律。」[1]

---

[1] 趙鑫珊：《哲學與人類文化》，第八十八頁。

英國科學家不但把均衡感融入其科研方法和科研成果之中，也以均衡標準要求於自身素質和知識結構，以免有所偏廢。因為知識的偏廢猶如機體的某種營養缺乏症，可以導致軀體的萎縮和功能的衰退，使創造智慧受到潛在的嚴重危害。其實知識結構的某種均衡是創造者的起碼素質，而試圖超越一隅，追求通觀的大學者或立志成為大學者的人，其自身素質均衡的重要性就更是不言而喻了。

　　達爾文對自己治學專門化後可能有偏廢傾向的懊悔和感慨，對均衡的嚮往，曾令我非常感動。他寫道：「在三十歲左右，我對密爾頓、格勒、拜倫、華滋華斯、柯勒律治、雪萊等人的詩是那麼入迷（當然，對莎士比亞的詩，尤其是他的歷史劇，從學生時代起就已經入迷了）。我不敢說，自己對繪畫和音樂也很感興趣。但是現在就大不一樣了。這許多年來，我竟沒有讀完一首詩。有一度，我曾試著去重讀莎士比亞的詩。但一拿起來就感到它乏味和厭煩。到現在，我對繪畫和音樂的興趣也開始喪失了……我的思想似乎變成了一種機器，它只是機械地從無數事實和原料中剔取一般規律。我真的不明白為什麼藝術愛好的喪失會引起心靈的另一部分能力——能夠產生更高級意識狀態的那一部分能力——的衰退。我在想，一個具有比我更高級和更為全面統一之意識的人是斷然不會像我現在這樣的。假如我能夠從頭再活一次，我一次要給自己規定這樣一個原則：一星期之內一定要抽出一定的時間去讀詩和聽音樂。只有這樣，我現在業已退化的那一部分能力才能在持續不斷地使用中保存下來。事實上，失去這種趣味和能力就意味著失去了幸福，而且還能進一步損害理智，甚至可能會因為本性中情感

成分的退化而危及道德心。」❷

　　達爾文是真誠而謙遜的，他這段話說明了他的科學發現得益於早年的文藝愛好和知識均衡，也表明了他晚年對可能失去均衡的警惕和懊惱。

　　均衡感並不只體現於那些天才的創造者、發現者。作為積澱在普通英國人心靈深處的民族智慧，為人處世的寬容精神就是其外在表現。他們容得了人，也容得了對立面。他們有一句話「Live and let live（自己活，也讓別人活）」，兩個「live」就體現了一種均衡。英國人不求徹底戰勝對方，只求「公平」基礎上的成功。「公平」所顯示的光潔、美麗、精確、均分等意象也體現為一種均衡的節奏之美。英國人行事既緊又張，活潑的創作個性和能力與嚴肅的創造態度都體現著均衡。

　　英國人特別注重效率，當「效率就是生命」的哲理日益滲透到情感世界和創造性生活的各個角落時，迅捷、有序、富於節奏的行為方式和審美價值也就隨之突顯出來了。因為均衡與節奏不僅是一種美感，也是一種合理性，他們的自控能力特別有益於節奏和效率。在英吉利民族的生命構成中，蘊涵著一種對生活節奏迅捷、有序的強烈追求，對生活秩序控制能力的自賞，對生活效率切實有效把握的自覺。所以他們律己以容人，公平以待人（這都是有自控能力才能做成的），追求富於節奏、舒緩有致的發展速度。

　　節奏，是英國行事技巧的內在生命。

---

❷　《達爾文自傳》，轉引自《審美心理描述》，第三五二頁。

嗨，悠著點

「約翰牛」式的執著態度是英國紳士的基本素質之一。但是這種執著並不是不考慮結果和效果的盲目投入；如果這樣，就是一條玩命的「瞎牛」了。紳士善於抑制感情，對於創造事業的執著熱愛也不會以熱烈的外觀形式表現出來，而寧肯「悠著點」。這就體現出了一種均衡感，一種行事節奏。

有一些民族，當目標明確時，就拼命去幹；而一旦目標完成，下面不知道該怎麼幹的時候，則顯得焦慮不安。與此相反，英國人視野開闊，擅長在伴隨危險的技術革新中（例如，原子能、超音速飛機）制約開發（一九五六年以後嚴格執行公害防制法），而保持平衡。懷疑主義的理性態度使英國人在目標相當明確時，也喜歡探索反對的理由，所以反對意見不斷出現。而這又體現了一種對稱和均衡。

「文武之道，一張一弛。」保持均衡的行事節奏不僅具有美學意義，也富於合理性。

常有人為了事業的成功，不顧一切地「拚命」，而在將要成功之時往往損害了健康；雖然擊敗了事業上的競爭對手，但卻被另一個敵人——疾病所打倒。這種拚命型的執著，無疑是不明智的。

在社交藝術中，均衡感也是合理而必要的。法國人比英國人更有禮貌，法國人在信的結尾常寫「請接受我熱切的問候」。而英國人只寫「yours sincerel（你真誠的）」。但是法國人雖十分注重禮儀，可一旦吵架，卻比英國人更沒有禮貌，吵架次數也遠比英國人頻繁。

從商的英國紳士認為，過於專注一件事情的人對公司是非常有用的，但是卻不能把他置於公司的最高職位。因為只埋頭

專注於一件事情，一旦失敗，在此打擊下，就難以適應，在一段時間裡無法進行工作。而如果成功了，心裡也會覺得過意不去——這次大概並沒有取得決定性勝利吧？他會這樣捫心自問。特別是這樣的人常常會對一些枝節問題斤斤計較，那些細小的事情如果沒有圓滿完成，就不能心滿意足。他為此拚命，消耗了很多時間和能量。而真正的紳士，在事情完結之後，無論勝負，都不會再去考慮，而是開創其他事情。

原來，標準的英國紳士應該是這樣的；他富有精力，又樂於拚搏，態度執著。但是富於均衡感的他，應該是失敗了不氣餒，成功了也不忘乎所以。他所希望的是成功，而不是帶有戰爭意味的勝利。成功是與體育運動連在一起的，它並不要求別人全面失敗。

英國實業界對紳士標準的這種要求歸結到這樣一句行業諺語：「Have the expert on tap noton top.（專家不在頭頂上，而在手邊。）」他們把專業人員只放在隨時都能使之開口說話，參謀大計的旁席，但絕不放在有決定意義的地位上。不僅在公司裡，甚至在體育場，也是尊崇「業餘愛好者」——紳士，而不推崇職業運動員。例如，英國每年都要舉行一次「紳士隊對職業隊」的板球賽。在比賽程序表上，作為業餘選手的紳士隊必定是以大寫字母署名，而職業隊只能把他們當中幾個在全國享有名氣的選手的姓寫上。所以「P·G·史密斯」肯定是紳士隊的，而「芬達」則是職業隊的。不僅如此，同工商界一樣，球員的領隊常常是非專業人員——紳士。比如由大部分職業選手組成的全英格蘭隊，領隊卻常由業餘選手擔任。這是個慣例。其所以如此，是由於他們認為紳士有別於只專一門的人，他們富有均衡感，有應變能力，而避免了思維方式的刻板、機械。

「悠著點兒」的均衡感反映到比賽場上的英國紳士身上，就是真正的體育家精神。小孩子們一旦得勝，便歡騰雀躍，一旦失利，則暴躁生氣，或灰心沮喪。而紳士則使體育運動儀式化、藝術化，並帶著極大的熱情去貫徹它，不會因為心理上的不平衡而受到困擾。英國體育代表團和許多民族的運動員不一樣，他們在國際比賽中即使輸了，也絕不會哭。同理，在大學生的比賽中，獲勝的一方大學也絕不會在比賽結束後得意炫耀。

　　執著與圓通的統一，構成了英國人行事處世藝術的平穩步調與均衡節奏。

幽默的倫敦佬

　　有一本介紹英國基本生活情況的小冊子這樣寫道：倫敦土音令人不愉快，但「倫敦佬」卻遠不是讓人不舒服的。他們機智、幽默，有堅強的毅力和富於冒險精神，並且樂於助人。他們辛辣的幽默往往是絕無惡意的，他們諷刺別人也取笑自己。即使在環境極其困難的情況下，仍還是愛開玩笑。這一特點反映在第二次世界大戰中尤為突出。在倫敦一座古老音樂廳裡唱的一首歌〈死要死得有骨氣〉，最能代表充滿悲傷而幽默的情感。

　　如今，由於大城市生活節奏的加快（儘管倫敦人總是反對這一進程），倫敦人運用機智和幽默感的機會減少了。但如果在公共汽車上、火車站、街頭市場和類似的一些地方你留神聽的話，那種倫敦人的幽默感依然大量存在。這裡信手拈來，略舉幾例——

上、下班的高峰時刻，一輛擁擠不堪的公共汽車緩慢地駛過大街鬧市。車上，一位乘客發現坐在對面的那個人緊閉雙眼。她好心地問：「你感到不舒服嗎，先生？」

　　「噢，是的！我實在很不忍心看到有些婦女和孩子們在車上只能站著。」

＊

　　隨著所有新的高速公路、環形公路、天橋和地下通道的建成，倫敦不久將成為駕駛者的樂園了——不過，你得不想停車才行。

＊

　　在交通法庭裡，一位汽車駕駛者為自己辯解說，他問過警察可否在某地停放車子，警察說可以。法庭的推事仔細聽完了他的申辯後對他說：「好吧！下次你再遇到那位警察時，告訴他，他欠你五十鎊。」

＊

　　有一份特別的〈告倫敦全體行人書〉：預計到二〇〇〇年，倫敦將有兩千萬輛私人汽車。因此，凡是想要穿越街道者，宜現在就穿越過去。

＊

　　有人說。近來，皮卡迪利大街一帶交通是如此繁忙，到達大街另一側的唯一辦法就是——在那邊出生。
……

　　英國人特別喜愛幽默，以有幽默感而自豪。這說明什麼呢？說明他們在緊張的工作、生活之餘善於超越緊張，略事放鬆，以調節生活奏。幽默（humour）一詞來源於拉丁文humor，在古希臘為生理學術語，指「體液」。十六世紀，它

正是披著生理學外衣登上美學舞台的。當時，英國著名的戲劇家班‧強生寫了兩部以「幽默」命名的戲劇。隨著時間的推移，「幽默」原含著的生理學意涵逐步讓位於它自身創造的特定內涵，成為人類表達機智風趣和處事藝術之美的精品。它常以婉轉多諷的和諧、誇張變形的聯想、富於詼諧趣味的智慧，博得情境綿長、風流個儻、出奇制勝的妙意。

一般而言、高尚優雅的幽默品質具有很高的美學價值，它能為人類的智慧染上一層神奇而又溫柔的光彩。而對均衡感很強的英國紳士來說，它首先還是體現了一種節奏：它是一種消除緊張的自控能力，使人獲得一張一弛的均衡調節；它又是消除劍拔弩張的人際關係的潤滑油，使社交場合的各方都能保持溫文爾雅、彬彬有禮的紳士風度，如果說是一種教養，也是OK 的。總之，它是一種超越現實的優越感。紳士的幽默感就是其自信心和優越感的表現形式之一。

魯迅曾指出：「法人善於機鋒，俄人善於諷刺，英、美人善於幽默。」❸然則英國何以會養成幽默的民族性格？洛追同英吉利民族智慧的其他許多方面一樣，不能不歸結到他們自古至今惡劣的生存環境。挪威著名探險家圖爾‧赫伊葉爾達勒曾說過：在洶湧的洋面上漂流，幽默不亞於「救生圈」。英吉利人作為一個海洋民族，自然不能少了這一道「救生圈」。如果神經高度緊張，一刻不得鬆弛，就是再牢固的纖繩也早崩斷了，遑論征服海洋。人們往往會發現，只有首先征服自己這個主體，才能更有把握地征服客體。

相傳古希臘喜劇家阿里斯托芬為了諷刺那些不講實際的玄想家，曾寫了一齣名叫《雲》的諷刺喜劇。劇中有一個角色就

---

❸　《「滑稽」例解》，《魯迅全集》，第五卷，第二七二頁。

是當時的哲學家蘇格拉底，他被作為諷刺的活靶子，用一只筐子吊在舞台上空，讓他在那裡出神冥想。恰好蘇格拉底本人也來看戲。他不但能克制自己不發怒，還能心平氣和、笑嘻嘻地站起來，摘掉帽子，面向觀眾，露出他有名的禿頂說道：「看呀，我就是蘇格拉底！」他這一包涵著大家風度和克制的意外舉動，深深震撼了觀眾，從而博得人們由衷的尊敬，被傳為千古美談。試想如果他勃然大怒，或罵或打，演出一場武戲，那是多麼煞風景。在緊張的時候以幽默平衡它，常能收到意外的效果。

蘇格拉底所表現的幽默感就是一種即便自己遇到了不幸，也要站在一個稍高的角度去看它，從而找到某種愉快的東西，如同觀看比賽的觀眾在看到一方給另一方選手以沈重的一擊時會感到興奮、快活一樣，以這種興奮去平衡原有的不幸。英國人對這種幽默大加讚賞，認為這與努力去掌握的自制不同，是一種自然流露出來、不受任何外界干擾的內部平衡。

蘇格拉底之死，也在很大程度上影響了紳士概念。蘇格拉底被處死之前，對他的弟子克利頓說：「我向亞斯克雷皮阿斯借過一隻雄雞，請替我還吧！」國內有些學者不諳典故，以為這表現了哲學家的鎮靜態度，面對死亡，還想到還一隻雞的債這類雞毛蒜皮的事。其實這反映了他的幽默。亞斯克雷皮阿斯是醫術之神，蘇格拉底讓弟子去神殿供奉些祭品，以醫治他死後「生命的傷痛」。英國人不喜歡極端行為，從而特別善於制怒、善於抑止悲憤之情，幽默常被用作平衡怒氣、悲情的手段。據說英國紳士不善造作誇張，他們不失常態和幽默的同時，暗中希冀能像蘇格拉底那樣去死。在很多著名的「臨終遺言」裡，都可窺測到他們有意無意地模仿著蘇格拉底的痕跡。

英國人的生活方式

英國人的生活方式（the British way of life）一語常被用來專指英國人豐富多彩的閑暇生活。他們有一句話：「Life is not worth living without leisure（沒有閒暇，生活便沒有意思）」。他們認為緊張的工作與舒適的閑暇恰好構成了一對均衡的節奏，賦予人生以美感和意義。豐富的閑暇生活，在英國有文化教育和社會傳統為其背景，從而活躍別緻，使英國人自豪於「There is depth in our societ（我們的社會生活有其深度）」。的確，有的國家，雖然物質條件改善得很快，但由於缺乏良好的文化教育和社會傳統，結果處處顯得淺薄易露，難免為識者所笑。有些美國人就自歎在文化上的淺薄，而處處羨慕英國人的文化傳統，嚮往其傳統精神和風度。而英國人的那種風度，在很大程度上就是由豐富的閑暇生活養成的。他們有一句諺語說；「work while you work, play while you play（幹活時幹，玩耍時玩）」。這一幹一玩的交替進行，就是一種均衡的節奏，紳士風度就在這種節奏美感的潛移默化中養成了。

當今盛行的大型體育比賽中的項目，大都發源於英吉利。這些運動，不僅僅是娛樂，也是一種很好的鍛鍊。而且，許多英吉利人即使本人不參加體育運動，卻是非常熱心的觀眾，甚至是體育迷。

足球、橄欖球、板球、網球、高爾夫球等等運動都是起源於英國，而且至今依然十分風行。據說，足球是英國最盛行的運動項目。但最能代表英吉利的傳統精神和待人接物態度的則是板球。

在英格蘭，幾乎每個村莊都有一個板球俱樂部。比賽多在星期六下午舉行，隊員們照例都穿一身白色運動服，慢條斯

理，不慌不忙地進行比賽。郡與郡之間的一場重要比賽每天打六小時，有時竟然要三天才見分曉。而觀眾也從容不迫，帶著啤酒、點心之類，邊看邊吃邊打盹。這真是最典型不過的紳士式運動員與觀眾了。

除了運動場，還有假地理之便，在節假日奔赴海灘，小住數日，以求在海的懷抱中得到休息和慰藉；或是欣賞一場莎士比亞的戲劇演出，品味一場音樂會，看一場電影⋯⋯而今，英國人又喜愛上一項新的消閑活動，那就是自己動手裝飾庭院和房子、家具等等。

不過，說到英國人的消閑活動，歷史最悠久的恐怕是讀書了。直至今日，英國仍是一個酷愛讀書、買書的國度；倫敦居民尤以愛書著稱。在書店留連更是人們的一大消閑辦法。在英吉利這個大男子主義的國度裡之所以湧現出一大批女性作家，這與英吉利愛讀書、愛藏書密切相關。像珍・奧斯丁、勃朗特姐妹等之所以走上文學創作的道路，就是與家裡有豐富的藏書分不開的，雖說她們的父親只不過是窮牧師而已！君不見，在那寒冷的冬夜，英國人往往全家圍坐在火爐旁，聽一個人朗讀小說或詩歌，享受著溫聲的家庭氣息，同時吮吸著知識的精華。諺曰：Reading is to the mind what exerces is to the body.（閱讀之於思想，猶如運動之於身體）。由此可見，運動與讀書，在英國是多麼深入人心。

總之，英吉利的消閑方式豐富多樣，每個人都可找到適合於自己的理想方式，並由此找到一些志趣相投的人。有了真有共同愛好的同伴時，社會上的中上層人士可組成俱樂部。比如，在倫敦中心皮卡迪利廣場旁就有一個「怪人俱樂部」，它是在維多利亞時期，由一些富裕的戲劇界人士所建的，今天有會員八百人，包括查爾斯王子在內，都是各界名流。「怪人俱

樂部」裡全是怪事：酒吧大鐘倒著走；舉行宴會時必須是十三個人；會員進入室內還打著雨傘；等等，不一而足。

一般人沒有能力和資格加入紳士們的俱樂部，則另有小酒吧供他們進行社交，組成進行共同閑暇生活的鬆散消遣團體。不論是紳士的俱樂部，還是凡人的小團體，這種不同於職業生活而在閑暇中組成的非正式團體，對於平衡緊張的職業生活，以形成有序的生活節奏，滿足個性均衡的發展需求，有著無盡的妙用。

它彌補了職業生活單一性的缺憾。人們往往渴望某種非正式的交往環境，增加生活的色彩，使個性的要求得到釋放和滿足。同時它還緩和了正式角色關係的心理緊張感，獲得心理的鬆弛和平衡。特別值得一提的，這種閑暇生活賦予個性發展新的空間，在人們自由選擇的角色中，無論是切磋技藝、溝通心曲，還是娛樂消遣，都可以從中得到心理的調節、精神的舒展，從而不斷地輸入生命的活力。

均衡的節奏賦予英國人的生活方式以一種美感，一種合理性，這確實是很值得人們借鑑的一種智慧。

勞碌與悠閑

近代以來，隨著宗教狂熱的消退，功利主義的勃興，英國「利義一致」的經濟智慧對義的闡釋，由為上帝增添榮耀，變為滿足自己和他人的生活需求。盡可能獲取物質資源以滿足自己生存和發展的需要，這是人類的天性。但一般說來，人的慾望需求卻是永無止境的。古人說：「天下熙熙，皆為利來；天下攘攘，皆為利往。」一些人幾乎只能做利慾的奴隸，在它的

驅使下忙忙碌碌，永不停止。因為人生如果只為滿足意慾的需求，事實上必然會產生這種情形：一種需求、一種意慾獲得滿足，同時必有十種需求、十種意欲慘遭壓制，而百種需求、百種意慾又因之產生，又復要求滿足。總之，意欲就彷彿是由山頂滾下來的雪球，越滾越大，乃至成災。

明瞭這種情形的德國哲學家叔本華曾用希臘神話中的三個故事說明人的慾望無限，不可能有恆常的滿足。這三個例子，一個是因迷戀神后，被綁於旋轉不息的巨輪上的拉皮薩王伊克賽恩；一個是被罰於黃泉中以篩盛水，不得停止的阿爾哥斯王達瑙斯的十四個女兒；另一個是神王宙斯之子坦塔拉斯，被罰站於下界之湖中，水泡到下巴邊，想喝水，水便退降，想摘果，枝便升高。其實我國神話中注定了不停伐桂的勞碌命者月中吳剛也是這類人物。

人們能否擺脫這種一生勞碌的命運呢？德國人善於玄想，提出問題，卻悲觀地認為無法解決。而英國人雖然沒有詳細研究這種情形，卻在實踐中努力試圖解決這一問題。實際上，人類不乏一些對人生有透徹了解的智者，能夠窺破利慾，樹立起智慧的人生觀。

有一則故事就是針對這種情況──兩個樵夫進山伐木，一個辛苦勞碌，不知停息，心裡總盤算著如何砍更多的木材，運下山，賺大錢；另一個隨興所至，倦即休憩。憩者問勞者：「勞不知倦，所欲者何？」勞者答：「為了日後享福，不再需要伐木。」憩者又問：「我此刻枕石飲泉，其樂陶陶，你說是不是一種清福？」

這裡勞者追逐於利，實在是永遠也不會過上他所憧憬的享清福的日子的，因為他貪圖的是財富；他富甲一方後，還會渴望富可敵國。英國人從不諱言物質利益，他們熱愛工作，敬業樂群，

從而建成了第一個工業化社會。但是他們也知道享受生活。他們原先是攜斧進山，奮力伐木的樵夫，但又不甘做一台工作機器。顯然他們又是樵夫中知倦知憩的智者。

關於勞碌與悠閑，有一個英國詩人這樣寫道——

這還叫什麼生活？光是忙忙碌碌，
沒有停一停，看一看的時間。
沒有時間站在樹蔭下，
像牛羊那樣盡情瞻望；
沒有時間看到，在走過樹林時，
松鼠把殼果往草叢裡收藏！
沒有時間看到，在太陽光下，
溪流像夜空星群點閃閃；
沒有時間注意到少女的流盼，
觀賞她雙足起舞蹁躚；
沒有時間等待她眉間的柔情，
展開成唇邊的微笑，
這生活就一定貧乏，倘若光是忙碌，
沒有停一停，看一看的時間。❹

這是詩人高雅的語言。老百姓的諺語則是：「只工作不玩耍，聰明傑克也變傻（All work and no play makes Jack a dull boy.）」今天，重視閑暇和田園式生活情趣，已經成了英國生活方式的特點。在鄉村，有無數古老而優雅的莊園，供客人忘

---

❹ V·H·戴維斯：《悠閑》，轉引自《讀者文摘》，一九八六年，第四期，第十一頁。

返留戀，供主人安度歲月；在倫敦，與意識流小說家弗吉尼亞‧伍爾芙筆下的「邱園」相似的林園不知凡幾，我們走進這些林園，就如再次細嚼伍爾芙文中的佳句。遊園之外，老人垂釣，雖大雨滂沱，亦雅興不改。年輕的劍橋才子則離不開康河──那被徐志摩謳歌的柔波激灩。普通英國人還有那北威爾士的漁火，約克郡的山痕……中國文人亦愛山水，有大量的山水詩為証。然而正如《文心雕龍》從發生學的角度所闡述的：「老莊告退，山水方滋。」這只是落魄文人的另一種人生追求，儒家的入世顯達難以獲得，索性進入釋道世界成佛成真。他們遇山僧則共話煙霞，聽斷鐘碎梵則了悟浮生，「山是廣長舌，水有清淨因。」在大自然中其實並不悠閑，而是進行緊張的精神修煉。

相比之下，英國人承繼的則是湖畔派詩人華滋華斯那恬淡、雋永的體味，他們徜徉於大自然中，沒有其他功利性目的，只為放鬆自己，將山川景色與人生融為一體。山水之外，還有那野餐、晚宴、午茶、爐邊閑話、紳士俱樂部、窮人小酒吧，無拘無束，自在悠閑，使人不能不感慨：他們真會享受生活。

然而，我們必須明白，英國人的生活方式是由其經濟基礎做保証的，再悠閑的樵夫也是樵夫而不是懶漢。沒有辛勞，也就沒有悠閑。正因為英國是近代產業革命的發源地，而且還占有廣大的殖民地，能保証英國擁有穩定的產品市場和原料供應，使英國人均收入比別國高，所以才有可能享受閑暇、安逸的生活。此後久而久之，英國人慢慢形成了一種傳統的習慣和觀念，把這種閑暇、安逸看成生活的必需品，以為缺了它，生活就沒有意思。但是，一旦這種悠閑的經濟基礎起了變化，別國已趕上或超過本國的經濟力量，還心安理得地抱定悠閑觀點

和田園情趣，厭棄工商，逃避現實，和原先的工業精神背道而馳，那就會由本來的智慧轉為不智，沒有出息了。

正如一九七九年三月英國外交官韓德林爵士退休前夕，向政府提出的告別報告所大聲疾呼的：「有人會說，英國的生活方式，即專心致志於追求悠閑的生活而非工作，總歸要優於其他國家的生活方式吧！這畢竟是人們所嚮往的。這種生活方式確實有其無法估量的價值，但我們不能為此心安理得。我只是想說明，跟其他國家相比，我們目前究竟是怎樣的處境；並提醒一下，如果繼續這樣衰落下去，將會對我們的生活產生什麼影響……無論怎樣，英國有很多人口，生活局限於不列顛諸島，他們習慣並且熟悉工業生活。如果我們與工業精神背道而馳，使這些人命中注定有朝一日要淪為與工業革命之前的祖先一樣的人，那麼他們的生活水平就只會大幅度下降。」❺

英國「利義統一、積極進取、合理謀利」的工業精神形成、勃興和淡薄的過程正是英國經濟發展速度先快後慢的演變過程。它給我們的啟示是：也許一個民族最初的發展並不一定要在理論的指導下進行；但如果在發展的過程中，始終沒有找到一種精神力量為發展提供助力，那麼其前景是暗淡的。同樣，如果一個民族形成了有利於發展的工業精神，卻不注意保持和發揚，也終將擺脫不了衰敗的厄運。

尋求和諧

培根以自然為人類認識、駕馭之對象的「戡天主義」（即

---

❺　韓德森《英國的衰落及其原因和後果》，第五～六頁。

是控制自然界使之為人類服務的主張）思想，是英吉利民族積極、勇敢、制天用天之生存方法的集中體現。在這種智慧的鼓舞下，英國人積極認識自然，積累知識，改造自然，增長財富，鍛鍊出驚人的征服能力。正是這些魯賓遜式的實幹家，建成了第一個現代工業社會。自培根把英國人對待自然的這種智慧一語道破，後世哲學家在這一點上無出其右。然而，到十九世紀末、二十世紀初卻有一個人站出來，對這種對待自然的態度和方法提出了修正。此人就是懷特黑德。

阿爾弗雷德·諾思·懷特黑德，作為出生在書香門第的一個書生，其生平不像厄里根納、培根直到羅素等大多數英國哲學家那樣富於傳奇色彩，妙筆生花的傳記作家在他身上是難以施其技的。然而，他的身軀雖然龜縮於書齋，他的心靈卻永遠遨遊在宇宙。一九二九年，在其著作《過程與實在》中，懷特黑德系統地提出了自然界是活的、有生命的，處於創造進化過程中的基本論點。這實際上是他一生豐富多彩、變動不居的心路歷程所達到的最重要的站頭。懷特黑德繼承了英國哲學的經驗主義傳統，認為自然中並不存在客觀的物質實體這一抽象概念。他只承認在一定的條件下，由性質和關係所構成的「機體」。機體的特徵是活動，活動表現為過程，過程則是機體各個因子之間內在聯繫的、持續的創造活動，而整個世界就表現為活動的過程。

在他這種思想旅行的早期，有一個基本論點頗引人注意，這就是「自然對心靈封閉」（Nature is close to mind）。[6]他斷然拒絕了康德「心靈為自然界立法」的說法，反對人們對自然界的任何「心理附加」。他與過去人們把自然界當作「被偵

---

6 懷特黑德：《自然的概念》，劍橋大學出版社，一九二六年，第四頁。

察、被戰勝的敵人」（所謂認識自然、征服自然）這一思維習慣不同，主張人們以自然界一分子的身分，用「同類的」方法思考自然，反對以「異類的」方式思考自然。這時人們考慮的不是自然界有什麼可資利用，可供征服，而具有非功利性、純客觀性。他說：「當我們想到自然而沒有同時想到思想和感覺意識本身時，我們就是在『同類』地思考自然。當我們想到自然，也隨同想到思想或感覺意識，或者連後二者一起思考時，我們就是在『異類』地思考自然。」可見，「同類」的思考是不帶任何「心理附加」的。

在懷特黑德看來，自然對心靈而言，是通過感官而在知覺中被感受到的，它是自足的，並且只有這一個自然，而沒有另一個。他抨擊任何把自然分割為現象和本體，或知覺到的自然和未知覺到的自然這一類企圖。這時他的「機體論」尚未蔭生，但他能以「同類」的眼光看待自然，認為整個宇宙層層連鎖，相互關聯，自然界發生的各種事件都與其他事件處於「內在關係」之中，沒有絕對孤立的事物；還要求人們在整體的具體經驗中認識個別的經驗材料等等，這些實際上是在為達到《過程與實在》的驛站加油添料。

後來在此基礎上，懷特黑德「同類地」思考自然，發現了自然界普遍存在著的是「進化過程中的機體」，甚至還發現了自然中存在著的永恆「價值」。

原來，隨著十八、十九世紀工業革命的勝利，人類征服自然的活動被推向高潮，在人類仰仗機器征服自然的過程中，人本身由對機器的崇拜而產生了某種程度的異化。拉美特里宣稱「人是機器」，就是這種異化的哲學表現。資本主義制度把一切生活方式都變成了功利性的、冷冰冰的競爭和交換，人類在征服和掠奪自然的同時也習慣於相互征伐和掠奪。特別在達爾

文主義征服科學界以後，哲學和社會科學界也興起了一股推崇生存競爭和自然選擇的世界性思潮，這一思潮很快就發展到極點，與業已奔湧近三個世紀的異教文明復興的世界性潮流合流，席捲了歐美各國，在某種意義上，把世界投入血與火之中。人對環境（包括自然與社會）的征服態度所造成的弊端這時已暴露無遺。

　　為救此流弊，懷特黑德以其普遍聯繫的機體進化觀，為人類找到了一條與環境、與他人共處的原則。他指出，生物界中有利於所謂共存的不同物種，它們彼此為對方提供生存的有利條件。有鑑於此，可知正如同一物種的個體相互有利於對方一樣，共存狀態的不同物種也同樣可能互利互惠。

　　這種共存、互動乃至互利甚至是自然界的普遍法則。他因此進一步指出，在氫核和圍繞著它的電子這兩種機體上，也能發現某種初步的共存狀態，它們相互隔離而又相互依存，構成一個和諧運行的體系，因而很難與其他對抗的種類發生尖銳的衝突和競爭，這在某種意義上說明了氫核與電子之間的巨大穩定性（今天氫原子的這種穩定性可以用量子力學理論得到更完滿的說明——筆者）。

　　針對流行一時的「物競天擇，適者生存」機體進化中殘酷的競爭觀念，他完整地闡明了進化機制的兩個方面，即機體必須適應一定的環境，但同時機體又在創造著他們自己的環境。當適應環境論者注意到生活資料的總量有限，不能滿足所有機體，把環境的固定性、冷酷性、永恆性當作支配的因素，認為殘酷的生存競爭和自然選擇是宇宙間至高無上的排他性的唯一法則，從而否定倫理原則對於人類社會的價值，在各類反道德主義、反民主主義、種族主義、唯意志主義氾濫時，懷特黑德特別強調機體對環境的創造，試圖以此來補救和匡正「適應和

競爭論」。如若機體可以創造環境，顯然不是單個機體力所能及的，這就必然要求眾多機體合作協調、相互依賴，這才聯合產生足夠巨大的群體力量，同環境相抗衡，並改造環境。因而合作、協調、利他主義正是機體進化的必要條件，倫理價值因此應運而生。

這種機體論在某種意義上類似於佛家禪宗「一切有」、「眾生平等」的精神，這說明了哲學家悲天憫人的襟懷。

實際上，懷特黑德作為時代精神代言人中的一個，在某個方面體現了民族智慧在轉折期的修正與發展。曾幾何時，「與天奮鬥，其樂無窮」的魯賓遜成了酷愛悠閑、徜徉山水的多愁善感之士；詩人們也從「煙霧瀰漫的城市喧囂」轉向「怡人心脾的鄉村景色」，他們歌頌自然，也歌頌與大自然朝夕相處的男男女女，讚賞這些農民與大自然的和諧契合，使自己也成了一道風景。在華滋華斯的湖區之外，英國的山川河流、平原海岸，無不刺激著這個島國的作家敏銳、細膩和廣闊的感受力，使他們幾乎都成了大自然的觀察者和崇拜者。

無論是柯勒律治、司各特，還是濟慈、雪萊、拜倫，這些創作品性截然不同的人物，都在不同程度上受到大自然的薰染。大自然由掠奪對象變成了熱愛的對象，昭示了英國人對待自然的智慧之變化，而懷特黑德明確地把這個變化變成了哲學語言。懷特黑德自己曾明白無誤地承認了英國山水詩對他的影響，還曾以山岳為例，說明永恆客體的含義。這些說明懷特黑德在對待自然方面，的確堪稱民族智慧的代表。

關於從自然中發現永恆價值，我想解釋的是，雖然用哲學語言說明這個問題時，似乎不得不用「異類」方式；但當初人們用自己的「審美觀照」去接觸自然時，卻必須達到「忘我」的境界，才會對此有所體悟，正如陶淵明所謂「此中有真意，

欲辯已忘言。」是一種無我的意境，是不假語言、不假思辨，「物我一體」的「同類」方式看待自然的結果。

英國人對待自然態度的這種轉折和發展是明智的。今天，環境保護、和諧共存的意識已深入人心；「綠色和平運動」方興未艾。這些新意識、新運動在英國人對自然態度的逆轉，在懷特黑德的哲學中，是否早就可以看出一些端倪？

有些同胞在人類面臨環境問題的威脅，生態學蓬勃發展的今天，驚喜於我們傳統「天人合一」、「仁者渾然與物同體」（程明道《二程全書》）的有情宇宙觀的大智大慧，認為我國傳統的精神文明畢竟比西方略高一籌，只是近世物質文明的發展不如人意而已。如此見解，我不想妄加評論。姑且介紹懷特黑德在追求「和諧」的價值時，是如何看待東方傳統「和諧」的價值取向與西方業已証明不乏弊端的「自由」價值取向，以反觀中國人樂觀自傲的見解。

懷特黑德把「和諧」劃分為互成對照的兩類形式。一是純粹的、定型化的初等類型「和諧」：平凡、馴順、模糊、平衡。它沒有強烈撼人的衝突對比，沒有不可預料的怪異和探險，與世無爭，聽任自然，「行到水窮處，坐看雲起時。」四平八穩，節奏舒緩，以抹殺個性為準，以中庸之道處世。對於自然，則寧靜無慾，安於現狀，適應環境。這種「和諧」價值觀對於社會的穩定確有助益；但僅此一端，長此以往，則不乏扼殺創造和進取精神的危險。今天的人們從「天人合一」到「樂天知命」、「知足常樂」、「君臣之綱」、「三從四德」的發展中，已經很清楚地看到上述因循保守的陰影。

另一種類型是有冒險性、新異性、高度理想化，攜有目標的「和諧」。此種「和諧」之中滲入了「不協」，它並不完全取消第一類「和諧」的所有特點，但更強調「創造」，強調多

樣性——即和諧之境各自組成成員的個性。這實際上是融入了
「自由」這一成分的「和諧」。懷特黑德認為，這種「和諧」
具有更為高等的價值。

　　原來英國人追求的「和諧」，不是消極順應的和諧，也不
是只見整體不見個體，只見理念不見實際的和諧；進取開拓，
是英吉利民族處理「物我關係」時，千秋不易的智慧。

跋 PREFACE

意猶未盡且嘮叨

陸偉芳

　　「智慧」之類題目的寫作，也是對作者自身智慧的一個考驗。特別是對一個遠隔千山萬水的國度進行智慧的描摹？很容易陷入「畫虎不成反類犬」的窘境。因此當我們這段浮光掠影的考察行將結束時，不免面紅耳熱，怦怦心跳，但想到敢於暴露自己的無知也算一種勇氣，而且如果能以此認識自己、鞭策自己，倒反是智舉，心下稍安。由於無學論識還是才力都很不夠，本書的篇幅又逼迫你只能提煉有限的智慧典型來說明問題，難免有掛一漏萬或剪裁不當的情況。

　　但是，我們又安慰自己，雖然選擇材料恐不夠精當，但英吉利智慧的大致輪廓卻勾勒得並不失真。討論英吉利智慧才值得注意的恐怕主要不是它區別於中國智慧或東方智慧的地方，而是它作為西方智慧的一種，有別於其他西方民族的地方。書中說：「英國思想方法的根本之點就在於務實。我們回頭再來推敲，覺得這種說法還真抓住了要害。在歐洲思想史由本體論向認識論的轉折中，確實沒有比英國人轉得更早、更徹底的了，所以實驗方法在英國特別發達。牛頓用數學方法討論了物體的運動，可是他的許多定理卻是在實驗中發現或證明的。許多英語課本上都有關於他如何專心於實驗而忘記吃飯時間，甚

至心不在焉地把手錶當雞蛋煮的故事。而持懷疑哲學的笛卡兒儘管宣稱要完成多少實驗，但在他的方法論中，實驗卻扮演了一個從屬性的角色。藝術上，英倫三島所創造的也主要是有具體形象的作品；在像數學一樣抽象卻不如數學實用的音樂領域，它始終就沒有產生過一個貝多芬或蕭邦。

這種思想方法反映在社會生活中，與歐陸民族只見人類而不見個人相反，他們是務實地看待個人，清醒地估計凡人的一切優點和缺點。所以他們不像把人們按倒在鐵床上的神祇普羅克拉斯提斯那樣，樹立一個標準強求一律，而是提倡個性自由，充分發揮人的創造力和主動性，尤其在經濟生活中更是這樣；同時針對人性的弱點，不是提出不切實際的要求，也不夢想有什麼「聖王」或「哲學王」來拯救眾生，而是確立民主的方法，雖不能保證最好，卻足以防止最壞。

這一切說到底，也就是「從樹木出發把握森林」的求實方法，它從具體事物出發，而不是從抽象原則出發。他們長於具體？雖然不一定短於抽象：舉凡政治學、經濟學、社會學以及各種實驗科學，人才濟濟；玄想神思，空言誤國，他們不為。他們是實幹家。他們尊重個人從而也尊重了人類，尊重個體從而也尊重了群體。正因為他們如此務實，所以避免了法國式的社會動盪，也避免了像現代德國兩度毀滅那樣的厄運。德國人名不拜權威，崇拜抽象物——如「絕對理念」、「自由意志」乃至「德意志國家」之類，結果卻被權威領進了戰爭，領進了失敗。而德國今日的復興，也正是在戰後個人權利得到保障的民主政體下大力發展市場經濟的結果。

上個世紀，美國作家愛默生評價莎士比亞時說：「偉人往往以淵博而不以獨創見稱。」我們不敢把成為偉人當作追求的目標，甚至做夢也沒想到把「偉人」二字同我們或我們身邊的

人聯繫起來──偉人畢竟離我們的生活太遠了。但是，正如牛頓說他有所發現是因為「站在巨人的肩膀之上」，甚至我們這本浮淺的小書也是借鑑了許多現有的研究成果才寫成的。不用說，其中就有我的老師顧曉鳴先生的許多真知卓見。還有錢乘旦老師等人的著作《在傳統和變革之間──英國文化模式溯源》，也給了我們很大的啟發和幫助。

感謝顧老師的提攜，也感謝出版社對我們的信任。沒有他們提供的機會，我們「積」得再厚，也沒有「薄發」的地方，何況我們本來就是「薄積不厚」的呢？本書的寫作，得自雙方單位領導和同事的幫助很多，我們揚州師範學院歷史系的徐易平、華淑娟等同學，以及江蘇農學院的范大興先生為抄寫書稿付出了很多勞動，在此深表感謝；還要感謝荀雲珍女士惠賜的《「凱恩斯革命」與「撒切爾革命」》一文）給本書增色不少。還有，沒有我的另一半余大慶的創意和筆耕，本書幾乎是不可能如期完稿的；可以說，本書主要是他的勞動成果，我之所以名列其前，乃是他效法英國紳士「女士優先」的風度。

最後，我還有一分感謝要留給讀者，因為你們的閱讀也將與參與這部作品的創造，也許你們還能體會出作者自己都覺察不到的內容。當然，我們更感謝能向我們表達各種批評和反應意見的讀者！

國家圖書館出版品預行編目資料

英吉利的智慧：始終在經驗中求實，陸偉芳、余大慶 著 -- 初版 --
新北市：新視野 New Vision, 2020.01
　　面；　公分 --
　　ISBN　978-986-98435-0-8（平裝）
1. 民族性　2. 文化　3. 英國

741.3　　　　　　　　　　　　　　　　　　108018069

英吉利的智慧

陸偉芳、余大慶　著

主　　編　顧曉鳴
企　　劃　林郁工作室
出　　版　新視野 New Vision
責　　編　林郁、周向潮
　　　　　電話：(02) 8666-5711
　　　　　傳真：(02) 8666-5833
　　　　　E-mail：service@xcsbook.com.tw

印前作業　菩薩蠻數位文化有限公司
印　　刷　福霖印刷有限公司

總 經 銷　聯合發行股份有限公司
　　　　　新北市新店區寶橋路 235 巷 6 弄 6 號 2F
　　　　　電話 02-2917-8022
　　　　　傳真 02-2915-6275

初　　版　2020 年 2 月